“十三五”职业教育国家规划教材
经全国职业教育教材审定委员会审定

中等职业教育国家规划教材
全国中等职业教育教材审定委员会审定

市场营销知识

（第6版）

杜明汉　孙金霞　编著

中国财经出版传媒集团
中国财政经济出版社

图书在版编目（CIP）数据

市场营销知识／杜明汉，孙金霞编著．--6版．--北京：中国财政经济出版社，2021.10（2022.8重印）
“十三五”职业教育国家规划教材　中等职业教育国家规划教材
ISBN 978-7-5223-0708-4

Ⅰ.①市…　Ⅱ.①杜…②孙…　Ⅲ.①市场营销学-中等专业学校-教材　Ⅳ.①F713.50

中国版本图书馆CIP数据核字（2021）第157779号

责任编辑：康　苗　　　　责任校对：徐艳丽
封面设计：华乐功　　　　责任印制：史大鹏

市场营销知识
SHICHANG YINGXIAO ZHISHI

中国财政经济出版社 出版
URL：http：//www.cfeph.cn
E-mail：cfeph@cfeph.cn

社址：北京市海淀区阜成路甲28号　邮政编码：100142
营销中心电话：010-88191522
天猫网店：中国财政经济出版社旗舰店
网址：https：//zgczjjcbs.tmall.com
北京密兴印刷有限公司印刷 各地新华书店经销
成品尺寸：185mm×260mm　16开　15印张　353 000字
2021年11月第6版　2022年8月北京第2次印刷
定价：35.00元
ISBN 978-7-5223-0708-4
（图书出现印装问题，本社负责调换，电话：010-88190548）
本社质量投诉电话：010-88190744
打击盗版举报热线：010-88191661　QQ：2242791300

第6版前言

《市场营销知识》是基于中等职业学校市场营销专业培养目标而编写的。全书立足工商企业销售服务人员工作实践，围绕学知识、强技能的要求，系统地介绍了市场营销的基本内容，突出了实用性、职业性和实践性的特点。本书在原中等职业教育国家规划教材的基础上进行了修订，于2020年被评为“十三五”职业教育国家规划教材。

本书在内容和展示方式上有以下特点：

第一，在内容上紧密结合工商企业市场营销活动实际，选取了工商企业营销活动中最基本的实用的知识加以介绍。

第二，在内容结构上，根据市场营销知识的内容，设计了7个项目、25个任务，并依据每个项目内容设计了7个综合实训项目。每个任务又按照“学习目标”“任务驱动”“必备知识”“案例分析”“善恶研判”“营销实训”六个方面对每个任务内容进行展示，突出了职业性和实践性。“学习目标”告诉学生本任务要培养的主要职业素养、职业能力和应学习的主要知识。“任务驱动”主要是以多维互动式的教学理念设计与本任务相关的一些问题，强化学生思考，让每一位学生都能根据自己对当前问题的理解，运用所学的知识和自己特有的经验，提出方案，解决问题。“必备知识”主要介绍本任务具体学习的陈述性知识和程序性知识。“案例分析”是为加深对本任务重点知识的理解，选取相关案例，举一反三，帮助学生巩固学习的内容，提高分析问题和解决问题的能力。“善恶研判”是依据本课程的特点，融入课程思政的一种设计。每个任务选取一个与市场营销伦理和职业道德相关的“实例”“案例”“背景资料”等，学生通过自主学习、小组讨论、全班交流、教师点评等环节，能依据营销伦理和职业道德规范做出研判。学生通过这种学习、交流、探索、分析活动，在活动中学习，在活动中提高，从而培养学生正确的营销伦理和职业道德观念。“营销实训”结合本任务学习目标，设计了相应的营销实训项目，包括背景资料、实训目标、实训步骤、成果评价等小项，目的是通过深入社会和企业调查、体验等方式，提升学生的营销职业素养和专业技能，丰富营销知识。综合实训项目包括背景与情境、实训目标、实训步骤、实训成果及要求、实训时间、实训评价等内容，旨在培养学生分析问题和解决问题的综合能力。

第三，借鉴了当代课程设计中几种行之有效的方法。

（1）依据课程育人的理念，在每个任务中增加了“互动问题”，主要围绕营销活动中的一些现象和做法，设计互动问题，让同学们从营销伦理和职业道德的角度分析问题，从而培养同学们正确认识问题、分析问题的能力，培养同学们的营销伦理观念和良好的营销职业道德。

（2）案例引导与问题导学相结合。每个项目都有案例引导，设有问题思考。任务学习过程中将重点知识设计了“小思考”，让学生扩展思考。

（3）自主学习与小组学习相结合。必备知识内容通俗易懂，便于学生自学。案例分析、营销实训设计大多由学生小组共同完成，目的是通过让学生在互动中交流，在交流中学习，在学习中思考，在思考中提升，培养学生与人合作、与人交流、分析问题、解决问题、创新能力等职业核心能力。

（4）课内学习与社会实践相结合。市场营销知识从书本及课堂上认真学习即可掌握，而营销实训必须要到企业或市场调研才能完成，通过体验、实践，可以熟悉企业主要工作业务流程和工作内容，增强职业认同感和责任感。在教学组织中，老师要注重体验和实践，突出实践育人。

（5）过程考核与结果考核相结合。注重过程考核，学习过程中每个任务实训都有考核，并有具体的考核规范和标准，重点考核营销职业道德和职业素养，也要考核营销技能和营销知识。每个项目都有相配套的练习与实训，可作为期末考试题库，进行结果考核。

第四，使用本教材的几点建议：

（1）课时安排建议见下表（4课时×18周=72课时）：

项目		任务	建议课时
项目一	走近市场营销	任务1　了解市场营销	2
		任务2　理解市场营销观念	2
		任务3　熟悉现代市场营销观念的新发展	2
		任务4　了解市场营销道德实践	2
项目二	市场分析	任务1　认知市场分类	2
		任务2　消费品市场分析	2
		任务3　生产资料市场分析	2

续表

项目		任务	建议课时
项目三	市场细分与目标市场	任务 1　市场细分	2
		任务 2　了解目标市场的选择	2
		任务 3　掌握市场定位策略	2
项目四	产品策略	任务 1　认知产品组合策略	2
		任务 2　学习产品市场生命周期策略	2
		任务 3　熟悉销售服务策略	2
项目五	定价策略	任务 1　熟悉企业定价目标	2
		任务 2　了解企业定价方法	2
		任务 3　掌握企业定价策略	2
		任务 4　掌握企业调价策略	2
项目六	渠道策略	任务 1　认知分销渠道	2
		任务 2　掌握企业分销渠道策略	2
		任务 3　了解产品实体分销	2
项目七	促销策略	任务 1　认识促销组合	2
		任务 2　熟悉人员推销策略	2
		任务 3　了解广告策略	2
		任务 4　掌握营业推广策略	2
		任务 5　掌握公共关系促销策略	2
综合实训			14
机动			8
合计			72

（2）关于营销实训。营销实训一般要提前安排，给学生留出调查和资料整理时间。根据情况，可让每个同学参与完成 25 个任务实训项目；也可将全班同学分成几个大组，把营销实训内容分成相应的几个部分，每个大组分为若干小组参与几个实训项目，全体同学共同完成营销实训项目。7 个综合实训项目也可以根据情况灵活安排。所有实训项目，学生应当在课前做适当准备，完成实训资料和调研报告的撰写，课上只做展示交流和评价，以提高学习效率和教学效果。在保证实训质量的前提下，希望学生尽可能多地完成营销实训项目，以培养学生的营销职业素养和职业能力。

（3）关于期末考试。在每个项目后有“练习与实训”，设有“基本概念”“填空题”“选择题”“判断题”“简答题”“案例分析”等题型，可作为老师组合试卷题目用于期末考试。

本书由山西金融职业学院杜明汉教授编写项目一、项目二、项目三、项目四，山西财贸职业技术学院孙金霞教授编写项目五、项目六、项目七。全书由杜明汉总纂定稿。

本教材在编写过程中，参考借鉴了国内外大量市场营销教材和文献资料，限于篇幅未能一一注明，在此表示诚挚谢意。由于作者水平有限，教材难免存在错误和遗漏，恳请读者批评指正。

为了方便老师教学，本书配有教学课件（PPT）、习题答案以及“善恶研判”参考答案。通过手机扫描封底课程码，可以查看书内二维码资源。

编者

2021年8月

目 录

项目一 走近市场营销

导读案例

市场营销创造需求

一家鞋业公司的总经理派他的财务主管到非洲一个国家去了解公司的鞋能否在那里找到销路。一个星期之后，这位主管打电话回来说："这里的人不穿鞋，因而这里一点市场都没有。"

接着该鞋业公司的总经理决定派最好的推销员到这个国家进行仔细调查。一个星期之后，推销员打电话回来说："这里的人不穿鞋，是一个巨大的市场。"

鞋业公司总经理为弄清情况，再派他的市场营销副总经理去解决这个问题。两个星期之后，市场营销副总经理打电话回来说："这里的人不穿鞋，但是他们有脚疾，穿鞋对脚会有好处。他们的脚比较小，所以我们必须要重新设计我们的鞋子，而且我们必须在'教育他们穿鞋有益'这方面花一笔钱，在开始之前还必须得到部落首领的同意。这里的人没有什么钱，但他们种植我未曾尝过的最甜的菠萝。我估计鞋的潜在销售期在3年以上，因而我们的一切费用包括推销菠萝给一家欧洲连锁超级市场的费用都将得到补偿。总地算起来，我们还可赚得垫付款30%的利润。我认为，我们应该毫不迟疑地去干。"

提示：市场营销是一个不断创新取胜的过程。从事市场营销，不仅要注意适应市场，还要想方设法地开发市场，依靠营销人员的努力去唤醒消费者的潜在需求，还要认真分析研究市场，提出开发新市场的可行建议，借此去开拓和经营市场。

任务1 了解市场营销

学习目标

素质目标：通过本任务必备知识的学习、案例分析、善恶研判和营销训练，培养同学

们喜欢市场营销、热爱市场营销的兴趣，提高自主学习市场营销相关知识的兴趣。

能力目标：通过本任务的案例分析和营销训练等活动，会分析市场与市场营销的关系，会分析需求、产品、交换和市场等的相互关系。

知识目标：通过本任务必备知识学习，能够叙述市场、市场营销和市场营销核心概念等内涵，了解市场营销的产生和发展等陈述性知识。

任务驱动

思考：社会上有些人认为："市场营销就是推销，把产品卖掉。"你同意这种观点吗？为什么？

提示：市场营销不能等同于推销，推销仅仅是营销的一部分。一个企业如果不能生产出适销对路的商品，缺少科学的营销策略，产品是很难被推销出去的。

必备知识

我们学习市场营销知识，首先要从了解市场营销开始，例如，什么是市场营销，如何理解市场营销。在市场营销含义中涉及交换、产品、价值、需要和欲望、效用和价值等关键术语，通过学习这几个术语，有助于我们加深对市场营销的内涵和外涵的认知，有助于我们了解市场营销的发展历程。下面我们就从市场营销及其相关知识学习入手。

一、市场营销及其相关知识

（一）市场营销的含义

对于市场营销的含义曾经有过多种不同的表述。一种有代表性的观点是，把营销等同于销售或推销，许多企业管理人员认为市场营销工作就是把企业的产品推销出去。我们认为这种观点是偏狭的。一个简单的事实是：如果企业不能生产出适销对路的产品，无论怎样努力地推销，也绝不可能收效于长久。所以，现代营销学的观点认为，企业的一切营销活动都必须以目标顾客的需要为转移，企业只能生产那些适销对路、卖得出去的东西，因而市场营销是比推销更广泛的一个概念，它包括市场调研、产品开发、定价、分销、促销、信息反馈、售后服务等一系列活动过程。所以，推销只是市场营销活动的一个组成部分，是企业市场营销人员的职能之一。

1960年，美国市场营销学会给市场营销下的定义为："市场营销是引导货物和劳务从生产者到达消费者或用户所实施的一切商务活动。"这种解释比"营销就等于推销"的认识进了一步，但仍失之偏狭。它仅把市场营销看作一种传递功能，局限于流通领域，好像市场营销活动是在产品生产过程结束后才开始的。事实上，企业为了占领市场、扩大销售，不仅要进行引导产品或劳务从生产者流向消费者或用户这一段的经济活动，还要进行一系列的产前活动（如市场调查、预测，了解顾客的需要，进行产品开发、设计等）和售后活动（如售后服务、收集反馈信息等）。可见，市场营销的范围既包括企业在流通领域内进行的活动，又包括生产过程开始前的产前活动和流通结束后的售后服务活动，如图1-1所示。

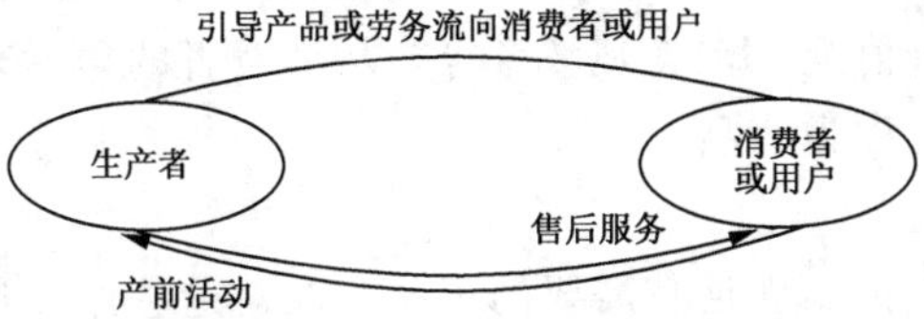

图 1－1　现代市场营销活动示意图

综上所述，所谓市场营销，就是在变化的市场环境中，为满足消费需求、实现营销目标所进行的整体商务活动过程。它包括市场调研、选择目标市场、产品开发、价格制定、渠道选择、产品促销、产品储存和运输、产品销售、售后服务等一系列与市场有关的企业经营活动。

（二）市场营销的相关知识

为了进一步解释市场营销的含义，我们有必要讨论与市场营销相关的一些知识。它们互相联系，如图 1－2 所示。

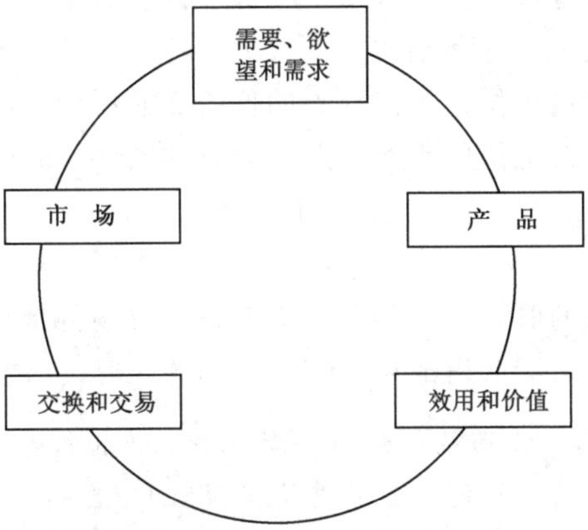

图 1－2　市场营销的相关知识

1. 需要、欲望和需求

人类的需要和欲望是市场营销活动的出发点。所谓需要，是指个人没有得到某些满足的感受状态。所谓欲望，是指对上述基本需要的具体满足物的企求，如为了满足“吃”的需要，西方人欲吃三明治、汉堡包，而中国人则欲求米饭、饺子、面条等。所谓需求，是指人们对以商品和劳务形式存在的消费品的需要和欲望。需求可分为现实需求和潜在需求。前者指具有明确消费意识和有足够支付能力的需求；后者指未来将出现的消费需求。

当一个人具有购买能力且愿意购买他所期望的产品时，欲望就变成了需求。

市场营销的实质就是不断开发消费者潜在的需求，并努力满足消费者的这种需求。

2. 产品

人类靠产品来满足自己的各种需要和欲望。市场营销中所讲的产品是广义的，任何能满足人们某种欲望和需求的东西都可称为产品，除了我们通常所理解的实体的物品外，还包括无形的服务和人物、地点、组织、事件、活动及观念等。例如，当一个人感到烦闷，需要消遣轻松时，他可以去观看表演或去某旅游景点度假，还可以参加一些俱乐部的活动，或接受一种不同的价值观、审美观教育等。从消费者的角度来讲，这些都满足了其消遣轻松的需求，因而都可称为产品。

3. 效用和价值

消费者通常面临一大批能满足其需要的产品，在对这些产品进行选择时，人们依据的标准是各种产品的效用和价值。所谓效用，是指产品满足人们欲望的能力。效用实际上是一个人的自我心理感受，它来自人的主观评价。所谓价值，是指消费者的付出与所得之间的比率。一般来说，消费者在获得利益的同时也要承担成本。所获利益包括感官利益和情感利益，所承担的成本包括金钱成本、时间成本、精力成本和精神成本。所以，营销人员应通过增加利益、降低成本来提高产品带给消费者的效用和价值。

4. 交换和交易

交换是市场营销的核心概念，企业围绕目标顾客开展的一切营销活动都与商品的交换有关。交换是指从他人处取得所需之物，而以某些东西作为回报的行为。交换的产生必须具备五个条件：第一，至少有交换的双方；第二，每一方都有对方所需的有价值的东西；第三，每一方都能沟通信息或传送物品；第四，每一方都可以自由地接受或拒绝对方的产品；第五，每一方都相信进行交换是合适的或称心的。具备了上述条件，就有可能发生交换行为。由此可见，交换是十分复杂的人类行为。

交易是交换活动的度量单位，是由双方的价值交换所构成的行为。一项交易要包括以下几个方面：至少有两个有价值的事物；双方同意的条件、时间和地点；共同遵守通行的交易规则。

5. 市场

交易的概念导出市场的概念。从某种意义上说，市场也是市场营销的核心概念，只有围绕市场开展的营销活动才能取得成功。有关市场的内容，将在项目三中作详细介绍。

【互动问题】有人说：“营销就是让消费者只关注价值，忘记价格。”请你从营销伦理和职业道德角度说说为什么营销就是让消费者只关注价值。

二、市场营销的产生和发展

市场营销于19世纪末20世纪初产生于当时市场经济发达的美国。纵观它的发展历程，可以看出人们对市场营销活动规律的认识是逐步深化的，它的发展大致经历了四个阶段。

（一）形成阶段（19世纪末至20世纪20年代）

19世纪末20世纪初，继英国的产业革命后，一些主要的资本主义国家也相继完成了产业革命，资本主义市场经济迅速发展，产品供应迅速增加，市场开始出现商品过剩。经营者为了扩大销售而绞尽脑汁，迫切需要科学的销售方法和技巧引领以刺激需求。为适应这种经营实践活动的需求，一些经济学家开始对如同“魔鬼”一般的市场进行研究。1902年，美国一些大学正式设置市场营销课程。1912年，第一本以“Marketing”命名的教科书问世于美国的哈佛大学。这本书的问世被称为市场营销学作为一门独立学科出现的里程碑。但是，这一时期的市场营销学还缺乏明确的理论体系，研究的内容主要侧重于实体分配和推销方法，其实质只是“推销”与“广告”的内容，而且研究仅局限于大学，还没有引起社会足够的重视。

（二）应用阶段（20世纪20年代至40年代末）

1929—1933年，资本主义国家爆发了空前的经济危机。在经济危机期间，商品积压，商店关门，工厂停产，工人失业。在这种情况下，企业为了争夺市场、解决产品的销售问题，开始大规模地研究市场营销活动。于是，市场营销学的研究从大学的讲坛走向社会，理论开始与实践相结合。这不仅促进了企业的经营，还促进了市场营销学的发展。不过这个时期研究的重点仍然局限于商品推销和广告宣传，还没有超出商品流通领域，只是研究规模和范围更大、更广了。

（三）变革阶段（20世纪50年代至70年代）

第二次世界大战后，美国在战争中急剧膨胀的军事工业迅速转向民用，第三次科技革命不断深入，劳动生产率大幅度提高，社会产品急剧增加。这一切都导致供求之间的矛盾更加突出。在这种情况下，市场营销活动发生了重大的变革，即从过去侧重于以推销为主转变为以消费者的需求为中心。这一基本观念的变革被西方称为“销售革命”，把它与资本主义的工业革命相提并论。这一变革要求企业把市场在生产过程中的位置颠倒过来。旧的市场营销理论把市场看作生产过程的终点，营销职能只是把已经生产出来的产品推销出去；而新的市场营销理论则强调开发潜在需求，把市场作为生产过程的起点，营销职能必须先调查、分析消费者的需求和欲望，据此组织生产和销售。市场营销活动开始突破流通领域，参与生产经营管理，市场营销的研究进入了一个新阶段，并得到经济理论界和企业界广泛的重视。

（四）现代化阶段（20世纪70年代至今）

随着科学技术的进步，社会政治经济形势的变化，企业营销实践的发展，近几十年市场营销的基本理论、学科体系、传播领域等都有了重大的发展，引进了现代科学技术理论的新成果，运用信息论、控制论、运筹学等理论和方法，提出市场营销模型等，将电子计算机运用于市场营销研究；提出了一些新的概念，如“大市场营销”，创立市场营销战略理论；创立了国际市场营销学、社会市场营销学等；20世纪90年代，又出现了定制营销、网络营销、知识营销、关系营销、直复营销、绿色营销等新概念。这些都极大地丰富了市场营销的理论与实践。进入21世纪，市场营销活动在营销观念、营销策略、营销手段等方面取得更大的发展，如个性化市场营销、虚拟营销、亲情营销、社会综合市场营销等。

相关链接

营销时刻在影响着我们

早上起床的时间到了，你的通用电气公司的报醒器是用嗡嗡的蜂鸣音还是播放你最喜欢的电台节目来叫醒你？电台播放的是摇滚乐、古典音乐，还是乡村音乐，或者是一则红十字的广告请你献血？你是否开始穿上李维斯牛仔裤和锐步鞋，或者穿布鲁克兄弟的做客服？你的早餐是琳达公司的巴奇尔斯奶酪，或是嘉乐士的糖霜酥饼（由来自美国腹地的谷物制造），或是用从日本进口的松下微波炉烘制的某种特别大的鸡蛋和奥斯卡·奥梅熏肉？你喝的是去除咖啡因的麦斯威尔咖啡（其咖啡豆生长于哥伦比亚），或是唐尼的某种速溶果汁？你是在家用餐还是与朋友约好在马里奥特经营的自助餐厅用餐——在那里你将付酬给早餐服务员？早餐之后，你是去学校，还是穿着流线型溜冰鞋在卡麦运动场溜冰，或是乘坐通用汽车公司生产的公共汽车到城里去？

当你每天考虑这些问题的时候，你实际上碰到的都是营销问题，这正是整个营销体制所做的事情。营销影响着我们生活的各个方面，它经常以我们没有想到的方式影响着我们。

——选自小威廉·D. 佩罗特、尤金尼·E. 麦卡锡：《基础营销学》，上海人民出版社2000年版。

案例分析

明华的承诺

在中国古代的一个村庄，有一个叫明华的年轻米商，加上他，村庄里一共有6个米商。他整天坐在米店前等待顾客的光临，但生意非常冷清。

一天明华意识到，他必须要了解乡亲们，了解他们的需求和愿望，而不是单纯地卖一点、算一点。经营的实际让他认识到，必须要让乡亲们感到买他的米物有所值，而且比买其他几个米商的米划算。于是，他决定对销售过程进行记录，记录下乡亲们的饮食习惯，确定订货周期和供货的最好时机。为此，明华首先开始走访调查住户，询问下列问题：①家庭的人口总数；②每天大米的需求量是多少；③家中米缸的存量有多大。

针对了解到的信息，他向乡亲们承诺：一是免费送货；二是定期将乡亲们家中的米缸添满。

问题：

年轻米商明华通过了解乡亲们的需求和愿望，向乡亲们做出承诺的做法对你有什么启发？请从市场营销的角度分析，说说你的看法。

讨论分析：

个人：每位同学根据案例资料和问题，在固定的学习本上记下自己的思考。

小组：每个小组6位同学，1人为组长，1人记录，小组成员都要陈述自己的观点，讨论后形成小组意见，准备在班级交流。

全班：各组派一位代表陈述本组观点。

教师：记录各组陈述要点，最后做点评。

善恶研判

背景资料：

我陪一个朋友到香港海港城购物，晚上9点多到附近坐地铁时，朋友走进一家街边药店。他本来是要买一瓶止咳露，结果对方店主说他面相似有疾病，需要服用一种特效中草药。我就对朋友讲不要过于轻信这些江湖郎中式的推销。但他听了很兴奋，跟随这个店主到了店里。店主指着一大瓶草药，说这个效果最好。朋友一看上面写着580元，就说可以买一些。店主称上一堆，然后问要不要打碎，朋友说可以。于是另一位店员迅速将这瓶草药打碎，然后包装好，说这些共80克，总价46400元。这简直变成了赤裸裸的商业诈骗！一番争执后，朋友最后不得不买了2000多元的药。结果这个店主用电子秤称完，药只有大半瓶。这只能说明这位店主开的是一家黑店，不但在价格上捣鬼，连分量也开始诈骗。

问题：

本实例中存在哪些营销伦理和职业道德问题？

讨论分析：

个人：结合已经学习的内容和多种渠道收集的资料，试对上述实例中的问题做出你的营销伦理和职业道德研判，并说明你做出营销伦理和职业道德研判所依据的行业道德和伦理规范。

小组：同学们每4人分为一个小组进行讨论，1人记录，形成小组意见，准备在班级交流。

全班：各小组推选一位代表陈述本小组观点。

教师：记录各小组陈述要点，进行点评。

参考答案

营销实训

从营销角度认识企业

1. 背景资料

在当今社会主义市场经济条件下，营销随处可见，很多企业将营销作为他们最主要的商业活动。有的企业在营销活动方面投入了相当多的精力和资源，有的企业或多或少地参与了营销活动，其目的都是为了更好地实现他们的经营目标。请同学们根据表1－1已经给出的例子，通过查找资料、实地调查完成空格处的内容填写。

表1－1　　参与营销的企业类型调研

完全投入参与营销活动的企业	参与较多营销活动的企业	扮演有限营销角色的企业
广告代理	制造商	律师事务所
进出口公司	零售商	学校

续表

完全投入参与营销活动的企业	参与较多营销活动的企业	扮演有限营销角色的企业

2. 实训目标

素质目标：通过参与营销的企业类型调研的营销实训活动，培养同学们小组合作和自主学习的素养。

能力目标：通过参与营销实训活动，培养同学们搜集信息和整理资料的能力。

知识目标：通过参与营销实训活动，让同学们熟悉市场营销和营销活动内容。

3. 实训步骤

（1）学生4人分为一组，推选1人为组长。

（2）组长说明任务目标和内容，并组织分配任务。每个成员找3家企业或组织（每一种类型中最少有一家企业或组织）。

（3）小组讨论。每个小组成员依次陈述自己调研或查找资料的结果，并说明属于哪种类型的企业及个人看法，其他小组成员可评价。

（4）填写内容。小组成员共同讨论后选出最有代表性并且争议小的企业或组织填写到相应的空格中。

（5）小组汇报。全班每个小组依次进行汇报并陈述理由，其他小组同学可发表个人看法，最后老师做评价。

4. 成果评价（见表1-2）

表1-2　从营销角度认知企业评分表

项　目 （分值）	标　准	小组 评分	教师 评分	实际 得分
素质培养 （30）	小组任务明确；任务安排有序；分工收集信息；相互合作表现较好；讨论中大家发言踊跃（每个方面6分）			
能力提升 （25）	汇报简洁；选择企业类型正确；说明理由充分；表达流畅；汇报过程注意形象、礼节（每个方面5分）			
知识应用 （45）	认知企业符合要求（每个方面15分）			
总成绩 （Σ100）				
教师评语	签名：　　年　月　日			
学生意见	签名：　　年　月　日			

任务2　理解市场营销观念

学习目标

素质目标：通过本任务必备知识的学习、案例分析、善恶研判和营销训练，认同现代市场营销观念指导下的营销活动对营销伦理与营销职业道德的基本要求的内容。

能力目标：通过本任务的案例分析和营销训练，会分析市场营销观念演变的历史过程，会从多角度分析新旧市场营销观念区别。

知识目标：通过本任务必备知识的学习，能准确叙述市场营销观念的历史演变、新旧市场观念的区别等陈述性知识。

任务驱动

思考：有人说，市场营销观念就是企业在开展市场营销活动过程中，在处理企业、顾客和社会三个方面利益关系所持的态度、思想和观念。这种说法对吗？试结合你熟悉的一个企业分析说明。

提示：市场是指由一切具有特定欲望和需求并且愿意和能够以交换来满足此欲望和需求的潜在顾客构成。企业在任何市场上从事营销活动，必须正确处理企业、顾客和社会三个方面的利益关系，才能使市场营销活动在诚信、规范有序中运行。

必备知识

我们了解了市场营销，还要了解什么是市场营销观念、营销观念的演变历史，了解传统营销观念和现代营销观念的主要内容和区别，熟悉市场营销观念演变的特点，自觉地更新市场营销观念，并根据不同的市场营销环境，合理确定企业营销战略和策略，提高企业营销竞争力。

一、市场营销观念的演变

市场营销观念是指企业从事市场营销活动的基本指导思想，它概括了一个企业的经营态度和思维方式。它的核心问题是：以什么为中心来开展企业的生产经营活动。

企业市场营销的指导思想不是固定不变的，它在一定的经济基础上产生和形成，与当时的经济发展程度和市场环境相适应。随着市场环境的变化，市场营销观念经历了一个漫长的演变过程，这个过程大致可划分为五个阶段。

（一）生产观念

生产观念是一切以生产为中心。这种观念认为，消费者欢迎那些买得到和买得起的东西，因此，企业的任务就是组织所有的资源，集中一切力量提高生产和分销效率，增加产量，降低成本，而且企业主张我们能生产什么就生产什么，我们生产什么就卖什么，很少考虑或者没有必要考虑是否存在不同的需求。这是一种重生产、轻营销的经营思想。这种营销观念是在卖方市场的条件下形成的。

（二）产品观念

产品观念认为，消费者欢迎那些质量优、性能好、有特色、价格合理的产品，只要注意提高产品质量，做到精益求精、物美价廉，顾客就会自动找上门来，无须大力推销。如果说生产观念强调的是“以量取胜”，产品观念则强调“以质取胜”“以廉制胜”。这种观念本质上还是生产什么就销售什么，但它比生产观念多了一层竞争的色彩，在产品供应关系不太紧张或稍有宽裕的情况下，这种观念常常成为一些企业的经营指导思想。

实例

健康饮食已逐步成为餐饮消费的新潮流

在当今社会，健康饮食已经成为一个很热门的话题。民以食为天，但良好合理的健康饮食习惯是保健的一个重要方面。合理健康的饮食结构不但让身体健康地生长，而且有助于疾病的治疗、健康的恢复，健康饮食已逐步成为餐饮消费的新潮流。

今天的消费者开始关注以轻食、健康、速食为卖点的餐厅，开始更多聚焦一些主题轻食餐厅。一家以鳗鱼为主题的轻食餐厅以“方便、突破传统意义上的快餐”这一特点吸引了周边众多的女性上班族的光顾。该餐厅就餐的客人以年轻女性居多，营养丰富，有蔬菜、水果而且可无限量续增的大酱汤更是获得了她们的青睐。以鳗鱼为主题的创意料理：每碗饭里的鳗鱼、米饭和酱汁都饱含着匠心，让顾客觉得这不是一个简单的快餐，而一个有内涵的东西。既要吃得好，又要服务到位。面对消费品质的不断提升，餐厅也在为满足消费者需求而进行调整。短短两年时间，这家餐厅就在全国有了17家门店，每年还在以10家门店的速度增长。

（三）推销观念

当一个企业不是担心能不能大量生产而是担心生产出来的产品能不能全部销售出去时，推销观念便应运而生。这种观念认为，消费者一般不会大量地购买某种产品或劳务，只有你努力地推销，他才会更多地购买。因此，企业必须重视和加强推销工作，千方百计地使消费者对产品产生兴趣，以扩大销售，增加盈利。由于这种观念还是从既有的产品出发，因而本质上依然是“我们生产什么就推销什么”。推销观念是在市场由卖方市场向买方市场过渡的时期产生的。

（四）市场营销观念

市场营销观念是一种全然不同于上述三种营销观念的现代经营思想。这种观念认为，企业的市场营销工作应该以目标顾客的需求为中心，从顾客需求出发，集中企业的一切资源和力量设计生产适销对路的产品，安排适当的市场营销组合，采取比竞争者更有效的策略，满足顾客需求，取得利润。市场营销观念的核心是：消费者或用户需要什么，企业就应当生产、销售什么，一切以消费者需要为中心，即“顾客至上”“顾客就是上帝”“哪里有消费者需求，哪里就有我们的市场”。市场营销观念是在买方市场的条件下形成的。企业家们认识到，只抓生产或推销是不够的，在激烈的市场竞争中，必须善于发现和了解顾客需求。市场需要什么，就生产什么、销售什么，市场需求在整个市场营销中处于中心地位。从推销观念到市场营销观念是企业经营观念的一次深刻变革，是一次根本性的转变。

实例

顾客是上帝

一次，我驻外代表蔡君夫妇在纽约市的一家超级市场选购商品。蔡太太推着采购车只顾浏览货架上琳琅满目的商品，一不小心，采购车撞在货架上，两瓶茅台酒应声落地，酒液和瓷瓶碎片溅了一地。蔡太太惊得面色煞白，蔡君也手足无措，暗自寻思：“糟了，赔款事小，这回准得挨一顿训！”没想到超级市场的小姐不但没有责怪，反而连声说：“对不起！非常对不起！由于我没能照顾好先生和夫人，让你们受惊了。”她立即打电话向经理通报事故。一会儿，一位40多岁的经理满脸微笑着走过来，谦恭地说：“我已经从闭路电视中看到刚才发生的一切，我的职员没有将货架放稳，令二位受惊了，这个责任在我。”看到蔡君的裤腿上还残留着点点酒斑，他立即从西装口袋里掏出雪白的手帕替蔡君擦拭，并一再致歉，不仅没让蔡君赔偿损失，还亲自陪同蔡君夫妇选购货物，最后礼貌地送他们两人离开商场。

也许是出于对经理的回报，这一次蔡君夫妇几乎将囊中所有全花在这家超级市场。以后每周一次购物，他们不用商议，就驾车直奔这家超级市场。当他们离开纽约时，粗略计算了一下，花在这家超级市场的钱，要比两瓶茅台酒的价格多出百倍。

（五）社会市场营销观念

社会市场营销观念是对市场营销观念重要的补充和完善。这种观念认为，企业的市场营销活动不仅应当满足顾客的需要并使企业获取利润，还应考虑到消费者和社会的长远利益，它强调要正确处理消费者需要、企业利润和社会整体利益之间的关系，要统筹兼顾，求得三者之间的协调与平衡。

社会市场营销观念是20世纪70年代后期产生的一种新型的市场营销指导思想。奉行市场营销观念的一些企业在市场营销过程中虽然满足了顾客的需求，也使企业获取了必要的利润，但损害了消费者的利益或社会的长远利益。例如，私人汽车的大量使用造成空气严重污染，交通阻塞，事故频繁；在美国，人们因为日常生活工作的节奏较快，产生对快餐食品的需要，麦克唐纳公司的汉堡包等快餐食品正好投其所好，满足顾客的这一需要，公司也获得极大成功，但汉堡包脂肪过高，经常吃容易发胖，会引发一些疾病，不利于身体健康，而且大量使用的包装纸也造成浪费；许多一次性的用品给人们带来了方便，但造成了资源的浪费和环境的污染；空调、冰箱的使用改善了人们的生活条件，但破坏了大气的臭氧层，危害了人们的身体健康；等等。针对这些情况，20世纪70年代有的市场营销专家提出了一些新的观念，如“人性观念”“理性消费观念”“生态主宰观念”等，以修正和代替简单的市场营销观念。这些新的观念所讲的都是同一问题的不同方面，可统称为社会市场营销观念。社会市场营销观念是市场营销观念的进一步发展，使营销观念进入了更加完善的阶段。

小思考：社会市场营销观念是否会受到所有人的欢迎？谈谈你的看法？

二、新旧营销观念的区别

上述五种营销观念可以归为两大类：以生产为中心的生产观念、产品观念和推销观念称为传统营销观念；以消费者为中心的市场营销观念和社会市场营销观念称为现代营销观念。两种营销观念存在着本质的区别，如表1-3所示。

表1-3　两种营销观念对照表

观念类型	起　点	中　心	手　段	目标（终点）
传统营销观念	产品	现有产品	增加生产或加强推销宣传	通过扩大销售获利
现代营销观念	市场	消费者需求	整体营销活动	通过满足顾客需求获利

从上表对比中可以清楚地看出，现代营销观念有如下几个要点：

第一，顾客至上，把争取顾客作为企业的最高目标。

第二，为了满足消费者的需求和欲望，实施整体市场营销组合策略。

第三，满足消费需求、企业获取利润、增进社会福利三者之间协调平衡、统筹兼顾。

【互动问题】“唯有落实顾客至上的观念，才能使服务的品质日渐提高，客户方能真正成为我们的永久支持者。”请从营销伦理和职业道德角度说说你对这一说法的理解。

案例分析

为的哥送个遮阳板的营销魅力

上海某饭店曾搞过一个叫“为的哥送个遮阳板，夏日送清凉”的活动。在异常炎热的夏日里，某饭店的员工来到上海浦东机场，向辛苦奔忙的出租车司机送车窗遮阳板和便携式水杯，为他们送去一份夏日里的清凉。当这些司机得到这些精美的礼品时，他们非常惊讶，特别是当他们发现这些礼品是为这次活动特别制作的时候，就更加感动了。毫无疑问，这个饭店的做法给出租车司机留下了非常深刻的印象。

问题：

（1）从营销的角度分析，这家饭店送遮阳板的意义是什么？

（2）分析这家饭店运用了什么样的营销观念？

讨论分析：

个人：每位同学根据案例内容，在固定的学习本上写下你对饭店送遮阳板的意义和运用了什么样的营销观念的看法。

小组：请同学们每4人分为一组，推选1人为组长，1人记录，在小组讨论中每个人依次陈述自己的看法，然后小组成员共同讨论，形成小组意见，准备在班级交流。

全班：每个小组选一位代表在班级陈述本小组观点。

教师：记录各小组陈述观点的要点，最后做点评。

善恶研判

背景资料：

从最初的“送礼就送脑白金”到“今年过节不收礼，收礼只收脑白金”，再到忽悠人的“脑白金里有金砖”“送老师、送亲友、送领导”的“黄金搭档”，广电总局终于点名批评脑白金广告低俗，误导下一代的社会价值观念。史玉柱对此的回应让人心寒：如果观众不喜欢“今年过年不收礼，收礼还收脑白金”，还可以改成“今年爸妈不收礼，收礼只收脑白金”，看来真是“本性难移”。

问题：

本背景资料中存在哪些营销伦理和职业道德问题？

讨论分析：

个人：结合已经学习的内容和收集的资料，试对上述背景资料中的问题做出你的营销伦理和职业道德研判，并说明你做出营销伦理和职业道德研判所依据的行业道德和伦理规范。

小组：同学们每4人分为一个小组进行讨论，1人记录，形成小组意见，准备在班级交流。

全班：各小组推选一位代表陈述本小组观点。

教师：记录各小组陈述要点，进行点评。

参考答案

营销实训

五种营销观念体验

1. 背景资料

假如你负责一家中式快餐店，如果运用五种不同的市场营销观念，你将怎样经营这家快餐店？

2. 实训目标

素质目标：通过参与五种营销观念体验的实训活动，培养同学们自我反思、自我总结的素养。

能力目标：通过参与五种营销观念体验的实训活动，培养同学们搜集、整理资料和反思总结的能力。

知识目标：通过参与五种营销观念体验的实训活动，让同学们熟悉不同市场营销观念的内容。

3. 实训步骤

（1）学生4人分为一组，推选1人为组长。

（2）组长召集大家共同讨论背景资料的内容，结合营销实训目标的要求，每位同学都谈谈不同营销观念指导下的快餐店营销行为。

（3）每个小组选用适当的方式展示小组讨论的结果。

（4）每个小组代表在班级交流讨论结果，其他小组同学可提问或点评，老师总体点评。

4. 成果评价（见表1－4）

表1－4　五种营销观念体验实训评分表

项　目（分值）	标　准	小组评分	教师评分	实际得分
素质培养（20）	小组讨论热烈；与人沟通热情；与人合作积极；参与态度端正（每个方面5分）			
能力提升（30）	对五种营销观念体验活动理解能力；口头表达能力；分析推理能力；文字总结能力；展示方式新颖、有特点（每个方面6分）			
知识应用（50）	五种营销观念，每个观念分析有理有据，符合相应的营销观念（每种10分）			
总成绩（Σ100）				
教师评语	签名：　年　月　日			
学生意见	签名：　年　月　日			

任务3　熟悉现代市场营销观念的新发展

学习目标

素质目标：通过本任务必备知识的学习、案例分析、善恶研判和营销训练，认同现代市场营销新观念相关理念，培养同学们积极践行绿色、网络、定制营销等现代营销新观念兴趣。

能力目标：通过本任务的案例分析和营销训练，会从宏观环境和市场营销策略等角度分析整体营销、服务营销、绿色营销、文化营销、大市场营销、直复营销和网络营销等营销观念的相关内容。

知识目标：通过本任务必备知识的学习，能准确叙述整体营销、服务营销、绿色营销、文化营销、大市场营销、直复营销和网络营销等陈述性知识。

任务驱动

思考：市场营销是一种有意识的经营活动，是在一定的经营思想指导下进行的，因此有的营销人员认为，我的思想就是企业市场营销思想，你是怎样评价的？

提示：任何企业都是在一定的市场营销观念指导下开展经营活动的，每个企业的市场营销观念必须反映社会生产力水平和市场经济发展状况，体现企业市场营销管理水平。企业营销人员只有正确认识社会主义市场经济发展状况和水平、正确认识企业的营销能力和营销管理水平，在这样的基础上总结提炼出的企业市场营销观念才是有价值的，才是具有实际指导意义的。

必备知识

随着社会主义市场经济的发展，出现了许多适应新的营销环境和条件的营销观念，及时了解市场营销发展的新内容，结合企业经营管理水平，不断更新市场营销观念，才能在激烈的市场竞争中立于不败之地。

一、整体营销

整体营销具有以下两个方面的含义：一方面是指企业内部各职能部门及全体员工均应以企业整体利益为共同目标，与营销部门协调配合，为争取顾客发挥其应有的作用；另一方面是指协调发挥产品、定价、分销、促销等营销策略要素的整体效应，为顾客提供满意的产品和服务，同时注意保持企业所有的营销努力在时间上和空间上的协调一致。

二、服务营销

（一）服务营销的核心理念

服务营销的核心理念是顾客的满意和忠诚，通过取得顾客的满意和忠诚来促进相互有利的交换，最终获取适当的利润和公司长远的发展。服务营销与传统营销相比，在以下七个方面有了突破性进展：

第一，服务营销侧重于保留与维持现有的顾客，而传统营销则侧重于销售产品。

第二，服务营销注重长远利益，而传统营销注重短期利益。

第三，服务营销将服务作用表现出来，而传统营销不重视服务的作用。

第四，服务营销向顾客提供足够的承诺，而传统营销只向顾客提供有限承诺。

第五，服务营销强调与顾客的沟通和交流，甚至形成伙伴关系，而传统营销不强调与顾客的接触。

第六，服务营销认为质量与产品和服务都有关联，而传统营销认为质量只与生产部门有关。

第七，服务营销是产品所提供的利益导向，而传统营销是产品功能导向。

（二）全新定义的营销组合

服务营销理念在理论上获得支撑是对营销组合的重新定义。众所周知，传统的以4Ps营销组合为核心的营销战略的根本目标是市场份额的扩大，其基本前提是市场份额的扩大必然伴随着利润的提高。但是19世纪80年代以来人们开始认识到，以顾客忠诚度为标志的市场份额的质量比市场份额的规模对利润有更大的影响。因此，公司的营销重点应放在如何保留顾客，如何使他们购买相关产品，如何让他们向亲友推荐公司的产品。所有的这一切最终落实到如何提高顾客的满意度和忠诚度，这就产生了4Ps+3Rs的新的营销组合理论，其中3Rs即顾客保留（Retention）、相关销售（Relatedsales）和顾客推荐（Referrals）。在新的营销组合中，营销努力更侧重于为消费者提供服务，依靠人际传播、媒介传播公司的信息，以减少高额的促销与广告费用的投入。新的营销组合更强调公司各部门之间的协调与合作，并充分利用最先进的电子媒介。图1-3展现了4Ps+3Rs重新定义的营销组合。

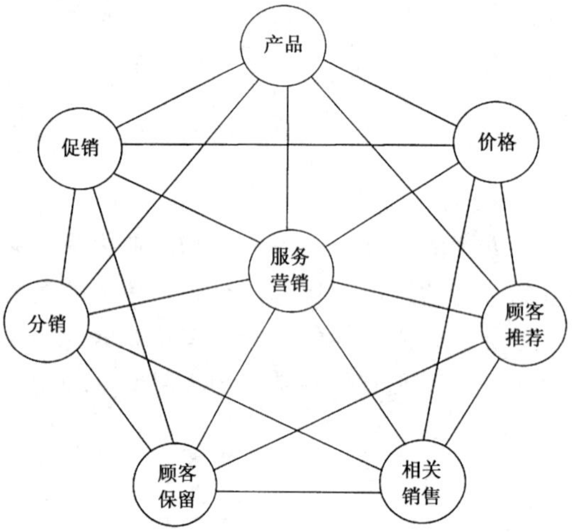

图1-3 4Ps+3Rs重新定义的营销组合

（1）顾客保留。顾客保留是指通过持续地、积极地与顾客建立长期关系，以维持和保留现有顾客，并取得稳定的收入。据研究发现，顾客的保留率每上升5%，公司的利润率将上升75%，而吸引一位新的消费者所花的费用是保留一位老顾客的5倍以上。

（2）相关销售。由于老顾客对公司的产品建立了信心，因此在公司销售新产品的时候，广告与推销的费用会大大降低。同时，老顾客在购买公司的新产品时，对价格不是很敏感，因此，相关销售的利润率往往比较高。

（3）顾客推荐。服务营销既强调争取老顾客购买相关产品，又特别重视老顾客向他们的亲朋好友推荐企业的产品。通过提高顾客的满意度，获取顾客的忠诚，同时适当控制成本，以获取高额利润。

实例

善待顾客才能生意兴隆

坐落在长沙市韶山路的天心炸鸡店，尽管开业才2年，但已名噪省会。它不仅拥有独特的风味食品——炸鸡，还有一个独特的口号：“任何时候都要以礼待客。”外加一个独特的店规——如果服务员和顾客发生争吵，首先批评服务员。正是这几个“独特”赢得了顾客的心，开业以来经常座无虚席。

该店张经理就这个店提出的口号和店规的含义谈了他的想法：“顾客光临我们店，是对我们的信任、鼓励和关心。如果发生矛盾，一定是我们的服务有不尽如人意的地方。我们提出这个口号和店规，意在鞭策我们要经常反思，不断地提高服务质量，做到任何时候都不责怪顾客。顾客那么多，难免有个别无理取闹的。不管怎样，他们仍然是我们的客人。客人来了，就应以礼相待。敬人者人必敬之嘛！”接着张经理讲了一个故事：“大约是开业3个月后的一天，店里顾客多，没有空座。门前突然开来两辆‘的士’，走下来十几个气势汹汹的青年人，他们抓了一沓钞票往柜台上一丢，直喊：‘老子要吃东西！’服务员说现在确实没有座位了，请他们稍候。他们不听，嚷着要揍人。我与餐厅主任走上前去，很客气地说：‘欢迎你们光临，只怪我们店小，对不起，请原谅。’说完我们就动手在店前雨棚下临时架了桌子，摆好椅子，请他们入座。我亲自给他们上酒上菜，服务周到热情。他们吃得很开心，有的竖起了大拇指对我说：‘老板，真不错，够意思。’有的称我为阿姨，说‘真不好意思，你把我们当人看，这么客气，太感谢了！’这以后，他们中有几个竟成了炸鸡店的常客，而且每次来都比较讲礼貌。”

——选自彭石普：《市场营销——理论、实务、案例实训》，东北财经大学出版社2010年版。

三、绿色营销

绿色营销是市场营销领域的新概念，它代表了以可持续发展为指导思想、兼顾生态层面的新营销方式和操作方法。绿色营销过程如下：

第一，树立绿色营销观念。整个企业都应以绿色营销为指导思想，从战略制定到具体实施过程，都应始终贯彻一种绿色观念。

第二，搜集绿色信息。在营销过程中，企业应积极搜集相关的绿色市场信息，为企业绿色营销的具体实施提供线索和行动依据。

第三，制定绿色计划。

第四，开发绿色资源。

第五，研究开发绿色产品，树立绿色品牌。绿色产品应具有如下特点：一是产品本身的安全性和卫生性应有利于消费者的健康；二是产品在使用过程中不会污染环境；三是产品的降耗节能性；四是产品的易回收处理性或有复用功能；五是产品的质量应更佳。

第六，使用清洁技术生产绿色产品，进行绿色服务。

第七，产品包装绿色化。包装绿色化主要表现在：减少产品的包装物，采用可重复使用的包装材料以及使用可降解材料制成的包装物，等等。包装的绿色化无疑能最直接地向消费者传递消费信息，在公众心目中树立绿色产品形象。

第八，争取获得绿色标志。在当今的绿色营销中，绿色标志是企业立足于国内市场、打破非关税壁垒、进入国际市场、赢得顾客、获得发展的金钥匙。

第九，建立绿色价格。在实行绿色营销活动的过程中，原材料、生产设备、包装物的价格会有变动。企业应考虑当前与长期的成本趋势、消费者的价格敏感性和市场上绿色营销的程度，制定合理的价格。

第十，开展绿色促销，包括绿色广告、绿色公关、绿色人员推销和营业推广。

第十一，开辟绿色渠道。

第十二，引导绿色消费。一个完整的绿色营销过程应包括对消费者习惯和消费倾向的引导及教育。

小思考： 请你谈谈对生态文明的理解。

四、文化营销

在现代社会中，文化的功能正在从各个方面影响人们的工作与生活。文化营销就是有意识地通过发现、甄别、培养或创造某种核心价值观念，实现企业经营目标的一种营销方式。

从文化营销的角度来看，现代市场营销应是物化营销和文化营销的结合。不同的营销形态，两者比例不同。企业营销的结构和层次如图 1－4 所示。

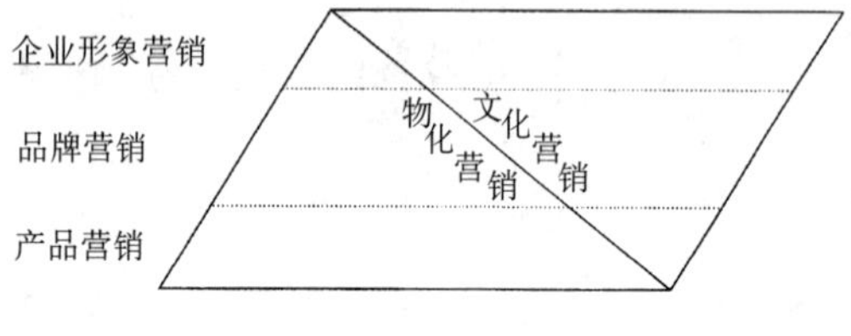

图 1－4　企业营销的结构与层次

企业在实施文化营销过程中表现为三个层次：产品文化营销、品牌文化营销和企业文化营销。

第一，产品文化营销。从文化营销的角度来看，产品是企业价值观的实体化，产品文化营销体现在产品的设计、生产和使用各个方面。

第二，品牌文化营销。品牌文化既包括整个社会对品牌的信任和保护，还包括消费者对品牌的行为，反映了消费者的价值选择，亦包括厂商创立品牌、营销品牌的行为。生产者同品牌文化营销有着密切的关系。厂商创造品牌的过程，就是不断积累品牌文化个性的过程。当品牌竞争在质量、价格、售后服务等物质要素上难以有突破时，给品牌注入文化的内涵，其价值就不仅是物质因素的总和，也不是原来意义上的竞争，而是更高境界上的较量。

第三，企业文化营销。企业文化营销的核心就在于寻求顾客所接受的价值信条作为企业之本，从而促进顾客对整个企业包括其产品的认同。以文化吸引顾客，以文化保持顾客，将成为企业重要的竞争手段。

五、大市场营销

20 世纪 80 年代以来，企业经营环境急剧变化，竞争开始突破地区、跨越国界、走向全球，许多国家和地区的政府干预加强，贸易保护主义抬头，市场上有形的和无形的壁垒越来越多。在这种形势下，菲利浦・科特勒提出了“大市场营销”的观念。他认为，在贸易保护主义回潮和政府干预加强的情况下，企业为了成功地进入特定市场并开展营销活动，必须运用大市场营销观念，即在 4Ps（产品、定价、分销、促销策略）的基础上再加上 2Ps：政治力量和公共关系策略，即 6Ps。在策略上要协调地运用经济的、心理的、政治的和公共关系的手段，以博得外国的地方政府和有关各方面的合作与扶持，成功地打开市场大门，开展营销活动。

六、直复营销

直复营销是指企业以盈利为目的，采用个性化的沟通方式和沟通手段，向潜在顾客介绍、展示商品，并促成潜在顾客购买商品而进行的一系列营销活动。直复营销除了传统的直接邮寄、目录销售、上门推销等方式外，电话营销、电视营销、其他媒体营销等具有广阔的前景。

（一）电话营销

电话营销包括接受顾客的电话购货和向顾客打电话推销货物两种类型。电话营销展示了直复营销的广阔应用领域：销售询问解答、接受订货、关心顾客、市场调研、顾客意见的处理、支持其他直接活动等。

（二）电视营销

电视营销通过电视将产品直接销售给最终消费者。其有两种方法：一种是在电视上做广告介绍产品，顾客可拨打免费电话订购广告宣传的产品。一般来讲，杂志、书刊、小型家用电器、音像制品的营销适合采用这种方法。另一种是通过网络电视播放一套完整的节目宣传介绍产品，顾客可以拨打免费电话订购商品。这种方法一般用来销售套装产品，如服装、家用电器、立体声音响等系统。

（三）其他媒体营销

其他媒体营销即用杂志、报纸和电台向顾客推销产品，听到和读到有关商品信息的顾客可拨打免费电话订货。

采用直复营销，应做到以下几点：一是应建立客户数据库。建立客户数据库是直复营销的起点和终点，完善有效的客户数据库将为直复营销提供所需的信息并进行有效的分析。二是选择目标市场。企业首先明确营销目标，然后通过客户数据库分析现实市场和潜在市场的容量，去寻找和挑选最合适的客户或潜在的客户，确立目标市场。三是寻求合适途径。直复营销的方式很多，不同的途径所花费的成本和取得的效益是不同的。企业要根据过去营销活动的分析、公司的目标市场、公司的财务、产品的特色等方面，决定接近客户和潜在客户相对较佳的途径，以花费较小的费用，获取最佳的效益。四是设计创造性的直复营销。企业应根据不同的客户设计不同的广告产品目录、传单或宣传材料，这样才能收到好的直复营销效果。

七、网络营销

网络营销是指借助联机网络、电脑通信和数字交互媒体来实现营销目标的一种营销方式。

互联网是一种利用通信线路将全球电脑纳入国际互联网的信息传递系统，它必将成为未来市场营销最重要的渠道。网络营销的特性有：可24小时随时随地提供全球性的营销服务；电脑可存储大量的信息，供消费者查询，可传送的信息数量与精确度远远超过其他媒体；能顺应市场需求，及时更新产品或调整价格；减少印刷和邮寄成本；无店面租金，节约水电和人工成本；可避免推销员强势推销的干扰；可经过信息提供和互动交谈，与消费者建立长期良好的关系等。

互联网是一种功能强大的营销工具，它同时兼具渠道、营销、电子交易、互动顾客服务以及市场信息收集分析与提供等多种功能。它所具有的一对一营销能力，符合未来营销新趋势。

网络也为企业与用户提供了一个全新的沟通渠道。企业与用户不但可以通过电子邮件进行彼此之间的交流，互联网上的论坛也为企业提供了一个了解用户的通道。

总之，网络营销由于不受时间、地域的限制，结合文字、声音、影像、图片以及视频，用动态或静态的方式显现，并能轻易迅速地更新资料，同时消费者也可重复上线浏览查询，从而使企业具有低成本优势。同时，网络能结合问卷调查、资料库，以最新最快的方式获取顾客信息，从而有利于提高营销效率。

【互动问题】“企业存在和发展的根本理由是企业对整个社会的贡献，而不是追求利润；当然，企业在对社会作出贡献的过程中也会得到应有的回报，但这只是一种结果。企业的活动会影响到国家、社会和全人类的繁荣和福利，企业应在创造新的财富、促进社会发展的基础上确立自身的价值，并在不断满足社会需要的过程中提升自己的价值。”请从营销伦理和职业道德角度说说你对这段话的理解。

八、定制营销

定制营销也可以说是个别营销或一对一营销，就是企业运用个性化的营销策略来满足不同顾客的不同需求。随着经济的快速发展，居民收入、购买力水平不断提高，人们的消费需求、消费观念发生了巨大的变化，消费逐渐从共性走向个性。因此，企业的营销活动必须根据顾客的需求来定制。“定制”方式在商业活动的早期并不鲜见，如“量体裁衣”“量脚做鞋”等。现代定制营销是指企业在大规模生产的基础上，将每一位顾客视为一个单独的细分市场，根据个人的特定需求来进行市场营销，以满足每位顾客的特定需求。现代定制营销的适用范围十分广泛，不仅可以用于汽车、服装、自行车等有形产品，也可以用于无形产品的定制，如金融咨询、信息服务等，所以这种营销方式被美国著名营销学专家科特勒誉为21世纪市场营销的最新领域。

案例分析

产品与社会文化

我国某公司出口的黄杨木雕一向用料考究、精雕细刻，以传统的福禄寿星或古装仕女图案形象行销亚洲一些国家和地区，后来出口到一些欧美国家，结果发现欧美国家的消费者对中国传统的制作原料、制作方法和图案不感兴趣，其主要原因就在于东西方居民的价值观念和审美观不一样。因此，该公司改变传统做法，用一般杂木做简单的工艺雕刻，涂上欧美人喜爱的色彩，并加上适合于复活节、圣诞节、狂欢节的装饰品，结果很快就打开了销路，行销欧美市场。

问题：

(1) 仔细思考该产品能很快打开销路的原因是什么？

(2) 请你举出一些类似例子与同学们分享。

讨论分析：

个人：每位同学根据案例内容，在固定的学习本上写下你对产品与社会文化案例中的营销观念的看法。

小组：请同学们每4人分为一组，推选1人为组长，1人记录，在小组讨论中每人依次陈述自己的看法，然后小组成员共同讨论，形成小组意见，准备在班级交流。

全班：每个小组选一位代表在班级陈述本小组观点。

教师：记录各小组陈述观点的要点，最后做点评。

善恶研判

背景资料：

随着社会发展，利润最大化的传统价值观被与社会互利共赢的现代企业价值观取代，让人们开始发现两者并非处于绝对对立，尚有内在一致的地方。比如社会大环境提倡节能减排，企业往往会为应对外围环境调整战略行为。某手机生产企业开始研发用玉米做手机外壳，在产品能得到完全降解的前提下，又使企业有更低成本的选择，确保长期盈利，这时就达到了商业行为与社会关系双赢的局面。可见，市场竞争已经不仅是一种经济行为，更是一种社会行为和道德行为。

问题：

本实例中存在哪些营销伦理和职业道德问题？

讨论分析：

个人：结合已经学习的内容和多种渠道收集的资料，试对上述实例中的问题做出你的营销伦理和职业道德研判，并说明你做出营销伦理和职业道德研判所依据的行业道德和伦理规范。

小组：同学们每4人分为一个小组进行讨论，1人记录，形成小组意见，准备在班级交流。

全班：各小组推选一位代表陈述本小组观点。

教师：记录各小组陈述要点，进行点评。

参考答案

营销实训

现代营销观念实例收集

1. 背景资料

在当今社会主义市场经济条件下，人与自然、人与人、人与社会是和谐共生、良性循环、全面发展，持续繁荣的。随着国家提出生态文明、绿色发展理念，我们可以看到很多企业在营销活动中践行了好多新的营销观念。请同学们通过网络、图书馆和到企业实地调查，收集企业现代营销观念应用的实例，填入表1－5。

表1－5 现代营销观念运用实例收集实训

序　　号	营销观念	实例收集展示
1	整体营销	
2	服务营销	
3	绿色营销	
4	网络营销	
5	定制营销	

2. 实训目标

素质目标：通过参与现代营销观念应用实例实训活动，培养同学们小组合作和自我管理、自主学习的素养。

能力目标：通过参与现在营销观念应用实例收集实训活动，培养同学们搜集信息和文字编辑的能力。

知识目标：通过参与现代营销观念应用实例收集实训活动，让同学们熟悉现代市场营销观念相关内容。

3. 实训步骤

（1）学生4人分为一组，推选1人为组长。

（2）组长说明任务目标和内容，并组织分配任务。每个成员每一种观念最少收集一个实例，小组成员收集的实例最好不要重复。

（3）小组讨论。每个小组成员依次介绍自己收集的实例，其他小组成员可评价。

（4）小组汇报。全班每个小组依次进行汇报并陈述理由，其他小组同学可发表个人看法，最后老师做评价。

4. 成果评价（见表1-6）

表1-6　　现代营销观念运用实例收集实训评分表

项　目（分值）	标　准	小组评分	教师评分	实际得分
素质培养（30）	小组任务分工明确；任务安排有序；收集信息思路广；和谐沟通表现较好；讨论中大家发言踊跃（每个方面6分）			
能力提升（25）	汇报简洁；选择实例典型；展示说明表达流畅；汇报过程注意形象、礼节；实例文字填写规范（每个方面5分）			
知识应用（45）	实例符合要求（每个方面9分）			
总成绩（Σ100）				
教师评语	签名：　　年　月　日			
学生意见	签名：　　年　月　日			

任务4　了解市场营销道德实践

学习目标

素质目标：通过本任务必备知识的学习、案例分析、善恶研判和营销训练，能批判市场上不道德的营销行为，并能针对各种状况提出符合法律、营销伦理和职业道德的管理措施和办法的建议，培养同学们守法守德经营的自觉性和社会责任感。

能力目标：通过本任务的案例分析和营销训练，培养同学分析营销道德与企业营销活动的关系。学会运用营销道德相关知识分析企业营销活动中营销道德失范的相关案例。

知识目标：通过本任务必备知识的学习，能准确叙述营销道德、营销道德的起源和发展动力、营销道德的功能和运行机制、企业营销道德失范的后果等陈述性知识。

任务驱动

思考：市场营销活动就是你死我活的竞争活动，不需要考虑有关道德问题。这种看法对吗？

提示： 任何营销活动都是人们在经济领域中谋求生存和发展的活动，同时也是体现人的思想素质的活动。人是企业市场营销活动的主体，人的能力、道德素质会直接影响企业经济利益的实现。任何一项营销活动都包括道德性和技术性两个方面的内容，而营销活动正确与否的标准也应该是经济指标和道德评价的有机结合。因此，在复杂的市场营销活动中，只有清醒地意识到自己的道德责任，遵守正确的道德规范，才能保证企业市场营销活动的健康发展。

必备知识

我们了解了市场、市场营销和市场营销观念等专业技术性的问题以后，还必须了解有关营销道德的问题。什么是营销道德，营销道德兴起的原因，营销道德的功能及运行机制以及怎样培养营销人员营销道德能力等问题，是本任务学习的主要内容。

一、营销道德的含义

市场营销活动既是企业的经营行为，也是企业的社会行为。对每一种具体的市场营销行为，社会要依据一定的标准评价其是否合乎道德，某种程度上这些标准的总和就是市场营销道德，简称营销道德。营销道德是用来判断企业营销行为、营销活动正确与否的道德标准和道德规范，借助于这些标准和规范，可以分析现代企业营销行为的道德性与非道德性。

相关链接

人是道德的动物

从行为规范角度考察，人之所以为人就在于人能自觉地限制自己，即以一定的道德规范（当然还有法的规范）塑造完美的人性。人的自然属性和社会属性的划分仅仅是理论上的区分，事实上，人之所以为人，就必然使自己的自然本性从属于社会本性，在诸如自私本能、求生本能等自然本能的追求和满足中也能表现出人性所特有的优良品性，否则，人就只能是一种动物性的存在。因此，人能够自觉地制定道德规范来限制自己。可以肯定地说，人能成为人有各种各样的途径，但道德的规范是其中最重要的一条途径。

二、营销道德兴起的原因和发展动力

在市场经济条件下，市场营销在企业生产经营中处于越来越重要的地位，但由于营销活动的逐利性特点，引发了许多不道德的现象，营销中可能引起道德争议或者需要进行道德评价的问题得到了越来越多的关注。具体来说，营销道德问题的兴起存在四个方面的原因。

（一）参与营销活动各方存在的期望差异

营销活动涉及顾客、批发商、零售商、广告公司、媒体、政府部门、公众等利益相关者，每一方利益相关者都从自身角度出发考虑期望，例如，顾客在购买产品时期望受到销售人员公平的对待，所购买的产品和服务价格合理；营销者则希望扩大市场份额，增加销售额等。公司利益与顾客利益、公司利益与社会利益、顾客利益与社会利益之间常常发生冲突，正因为几乎每一个营销决策都会给利益相关者带来一定程度的利益或伤害，因此这些决策都涉及营销道德决策。

（二）市场竞争压力加大

营销者比企业中其他人员（生产人员、财务人员等）面临更大、更直接的市场竞争压力。一般来说，竞争越激烈，决策行为的道德水平越低，营销人员会在营销活动中使出不同的手段和招数应对市场压力，有些做法虽不违反法律，但是处在道德的边缘，道德水平较低，由此受到各方的质疑和关注。

（三）营销活动中存在的信息不对称

由于信息不对称，企业有可能通过损害顾客利益的方式获取自身利益。消费品市场中信息不对称现象常常出现于交易双方之间，而且不对称的程度因为交易双方的身份不同而有所区别。消费品市场存在着生产者、中间商和顾客三方之间的相互博弈，而要在博弈中获得较有利的结果，所占有的信息无疑至关重要，因此，参与博弈的各方都会尽力设法改善自己的信息地位，了解更多的信息。顾客主要从以下渠道获取商品信息：媒体和销售人员；他人及自身的消费经验。源于媒体和销售人员的信息通常是片面的，他人和自己的消费经验虽然可信，但消费经验是从反复消费中获取的，对于一次性消费或购买率较低的商品不一定有足够的经验。特别是在垄断竞争市场情况下，销售者拥有影响市场的强大实力，顾客面对千差万别的产品和各种促销活动，其有限的消费经验难以真正改变自己信息劣势的地位。可见，生产者、中间商与顾客博弈是在信息不对称的状况下进行的，顾客处于明显的信息劣势，而这种信息不对称给不道德营销行为提供了机会。

（四）营销活动受关注的程度高

营销活动与公众的关系最密切，消费者时刻处在营销的包围之中，企业的营销活动受到社会广泛关注。市场营销行为中不道德行为也更容易被外部人士发现并讨论，由此引发各方对营销道德的探讨。

当前我国经济改革取得了很大成就，人们生活水平不断提高，但伴随经济的发展，出现了许多不和谐的音符。在经济活动中出现了一些不道德现象，如虚假广告、侵犯消费者隐私、价格歧视、假冒伪劣商品盛行等，这些不道德现象不仅严重损害了广大消费者和纳税人利益，引起各种矛盾和人们普遍的不满情绪，成为社会不安定的一个因素，而且破坏市场秩序，造成人与人之间的不信任，使市场交易过程中增加了许多不必要的收集信息、甄别信息的程序，提高了交易成本。

三、市场营销活动中营销道德的基本准则和规范

企业从营销调研到产品设计开发，从市场细分到识别竞争者，从广告到促销，从发现顾客需要到满足顾客需要，营销的各个环节都可以看到营销道德的力量。

（一）市场调研中的道德规范

企业不能为了获得市场信息侵犯消费者个人隐私；不能利用不正当手段窃取商品情报；不能收买竞争对手员工以获得重要的商业秘密；不能明知第三者是以不正当手段获得有关竞争对手的商业秘密，仍通过给第三者好处而获取商业秘密等。

（二）产品营销中的道德规范

企业不能故意夸大产品功效或者隐瞒有害信息；企业不能不考虑消费者是否真正需要，而在市场上大量倾销过时淘汰的产品；企业不能故意用超常尺寸的包装来吸引消费者的眼球，形成不同商品之间价格比较的困难；企业不能故意在品牌名称和商标上假冒品牌，以使消费者产生混淆；企业不能在产品生产和经营中，不注意资源的利用效率，严重污染环境，破坏生态平衡等。

实例

外卖也要“适量点餐”：反浪费不分线上线下

外卖点餐如何避免浪费？近日，国务院食品安全委员会办公室等五部门联合公告要求，餐饮外卖平台要以显著方式提示消费者适量点餐、理性消费，强调了餐饮服务经营者和餐饮外卖平台的细节性“责任答案”，释放出狠抓线上食品浪费的积极信号。

随着互联网发展，外卖点餐等线上消费规模越来越大。据报道，截至2020年年底，我国外卖总体订单量达到171.2亿单，外卖市场交易规模达到8352亿元，外卖用户规模已接近5亿人。可以说，外卖点餐已经发展到了可以和“堂食”这一传统餐饮消费方式分庭抗礼的量级，占据了餐饮消费的“半壁江山”，甚至还有进一步高歌猛进的态势。

在“堂食”等传统消费场景中，消费者对食物的成分、分量等有直观感受，也可根据消费惯例、经验以及商家的菜品展示、菜谱、餐具或双方沟通等信息来做出判断，而商家也可根据消费者的点菜情况实时进行提示、劝导。但在外卖中，不少消费者并不清楚一份外卖的量到底有多大、有多少可食“有效成分”、够不够吃；而且，因对外卖原料、口味、制作工艺等不了解，也都有可能造成浪费。

显然，外卖点餐的餐饮浪费问题不容小觑，需要有效调整、遏制外卖浪费，才能形成责任闭环，实现反食品浪费机制的全覆盖。这就要求餐饮服务经营者和餐饮外卖平台多承担菜品成分、具体分量等信息公开和提示责任，与消费者高效沟通，补足信息短板。

公示外卖食品信息、提醒消费者防止浪费、以显著方式提示“适量点餐”等法律义务……五部门瞄准外卖浪费问题提出的这些要求，有助于满足消费者的知情权、自主选择权和浪费规避权，更精准地拿捏浪费的边界，消除消费的误区。

（三）定价中的道德规范

目前我国市场经济活动中不道德的定价行为主要包括：价格欺诈，如误导性标价、虚假标价、两套价格、虚夸标价、虚假折扣、模糊赠售、隐蔽价格附加条件、虚假价格、不履行价格承诺、谎称价格、质量或数量与价格不符、假冒政府定价等；误导性定价，如促销价、价格比较、生产企业建议零售价等；暴利价格，违反公平交易自愿原则、强迫对方接受高价；掠夺价格，在竞争性市场上将价格定到不合理的低水平或亏损性低价，达到将竞争者逐出市场的目的；歧视价格，在同一市场上对同一商品的不同买主制定不同的价格；串谋定价，生产者和经营者之间互相串通，订立价格协议或达成价格默契，以共同占领销售市场，获取高额利润。以上这些都违反了公平、合法和诚实信用的原则，因此均是不道德的定价行为。

（四）分销渠道中的道德规范

在分销渠道中违背道德规范的行为有：违背合同契约，如互相推诿售后服务的责任，争抢经营获利高的商品等；流通假冒伪劣产品；转嫁渠道成本，如依靠上一级渠道成员的返利奖励，虚报广告费、店庆等资助获利，加大生产商负担等；采用灰色营销手段，如采用贿赂、送礼、宴请、娱乐等不正当行为和方式，寻求其他中间商，实行差别待遇等。

（五）广告中的道德规范

目前，广受关注的广告道德问题有：虚假广告、新闻广告、比较广告、名人代言广告、恶俗广告等，误导消费者，在社会上造成不良影响。

（六）人员推销和促销中的道德规范

人员推销中的道德规范有：推销人员不得采用高压、夸大其词手段推销产品；为了达到推销目的，不得对顾客纠缠不休或刻意隐瞒有关产品的实际情况；不得歧视顾客；不得在推销过程中对其他企业人员进行不道德行为，如排他行为、阻挠对手、指责对手、窃取商业秘密等。企业不得为了推销滞销积压产品滥用有奖销售；不得以重金为诱饵虚设奖项，欺骗顾客或大奖不投放，或设奖不兑现，从中牟取暴利；不得在促销活动中传播一些文化糟粕以及不健康的价值观。

四、企业营销伦理失范的后果分析

目前我国市场体制在法律、制度等方面仍然存在不完善之处，加之一些企业营销观念不端正，逐利本性暴露无遗，使得营销活动中屡屡有损害消费者利益和社会利益的事件发生。这些营销道德失范的事件对大众利益和社会公德造成了直接或潜在的危害，对于我国建设社会主义市场经济制度也是一个不小的障碍。

（一）营销道德失范，危害企业的生存与发展

无论是制造、销售假冒伪劣产品，还是用虚假广告进行骗买骗卖以及采用其他不正当

手段营销，从短期来看，企业由于欺骗消费者获取了眼前的利益，但从长远来看，其不法活动一旦被曝光，必然危及企业本身的声誉和信誉，受到社会舆论的谴责，遭到消费者的唾弃，最终会失去顾客，失去市场。

（二）营销道德失范，危害消费者和社会利益

企业营销的对象是广大消费者，而不良营销行为表现出来的制售假冒伪劣、乱宰顾客、广告欺诈等行为，对广大消费者而言，会造成经济损失，影响身心健康，严重者甚至会危及生命安全。

一些企业大量制售假冒伪劣产品对名优产品造成很大的冲击，使得名牌企业利润减少，造成国家税收下降，而且国家还要支付巨额资金对假冒伪劣产品进行查处。同时，某些不法分子为了使制售假冒伪劣产品合法化，不惜重金贿赂政府官员，或在销售过程中拉关系、走后门，加剧社会风气的败坏。

（三）营销道德失范，破坏了公平竞争秩序

在正常的市场环境下，每个企业都是平等的，竞争规则相同，在同一起跑线上进行竞争，并通过正当的手段赢得竞争优势，由此获得的利益也才是正当的、合法的。然而，有些企业为了排挤竞争对手、独占市场，通过不正当营销手段，损害了公正性原则，破坏了市场竞争秩序，严重影响其他企业的生产经营活动，使之处于不利的竞争地位，使其正当利益遭受损害。

【互动问题】 企业营销道德应该包括：尊重顾客，爱岗敬业，诚实守信，办事公道，勤劳节俭，团结互助，遵纪守法。从营销伦理和职业道德角度分析这样总结科学吗？说说你的看法。

五、努力培育市场营销道德建设能力

市场营销道德建设是一项繁杂的系统工作，它涉及营销道德决策、营销道德宏观环境建设、营销道德微观环境建设和营销人员个人道德素质建设等问题。这里我们主要介绍一下营销人员道德素质建设的问题。

（一）提升员工营销道德素质的重要性

企业员工素质的高低深刻地影响企业营销道德水平。许多成功的企业，其员工的营销道德教育始终是和企业命运紧密结合在一起的，企业的发展取决于员工的业务素质，更取决于其道德潜力。实践证明，企业营销道德教育过程中，将明确的教育内容和多样的方式方法相结合，才能激发员工的营销道德情感，磨炼营销道德意志，树立营销道德信念，培养员工履行营销道德规范的能力，提高员工营销道德境界。员工的营销道德素养提升了，企业营销道德水平和道德形象也就会提升，从而为企业的生存和发展创造良好的条件。

（二）强化员工营销道德素质的途径

企业要不断培养员工的营销道德，增强员工的诚信观念，使营销道德成为全体员工的

行为准则。企业塑造员工的营销道德可以从三个层次入手。

1. 观念层

观念层实际上是一个企业的经营文化，它具有凝聚力和约束力。其主要包括营销观念、敬业精神、以人为本的价值观、道德观，还有员工形成的共性的目标、责任、观念、态度和习惯传统等。

2. 制度层

制度层是企业围绕营销道德制定的各种规章制度、道德规范和员工行为准则。其是由观念向行为转化的中介，表现为企业中员工的观念、习惯、态度等内容的规范和统一化。正确的营销道德和系统的规章制度可以引导员工的行为。

3. 行为层

成功的企业往往运用正确的观念引导员工的正确营销行为。企业会运用行为道德规范和防范机制等规范员工个人的行为，只有员工有了卓越的表现，企业才会走向辉煌。

总之，只有强化员工的营销道德意识，提升道德素养，才能为企业发展奠定良好的道德基础。

案例分析

如此促销

某商业大厦门前的广场上，一男子手持话筒高呼："大厦三楼服装商场有各种价位、各种款式的羽绒服，现场哪位女性敢当众脱衣（仅留贴身内衣），就可以跑到三楼免费穿走一件任何价格、任何款式的羽绒服。"话音刚落，4 名年约 20 岁的女孩举手"报名"，并跳到广场舞台上，紧接着，又有 12 名年轻女子也走到舞台上。这时，手持话筒的男子喊道："一、二、三，脱"，14 名女青年果真当众脱去外衣，仅着"三点式"内衣向三楼冲去。约 10 分钟后，14 名女子各穿着一件羽绒服来到舞台上，2 名未按要求脱掉衣服的女子未抢到羽绒服。

问题：

（1）商场能这样促销吗？

（2）商场违反了哪些营销道德？谈谈你的看法。

分析讨论：

个人：每位同学根据案例内容，在固定的学习本上写下你对该案例中的促销方式的看法。

小组：请同学们每 4 人分为一组，推选 1 人为组长，1 人记录，在小组讨论中每个人依次陈述自己的看法，然后小组成员共同讨论，形成小组意见，准备在班级交流。

全班：每个小组选一位代表在班级陈述本小组观点。

教师：记录各小组陈述观点的要点，最后做点评。

善恶研判

背景资料：

麦当劳一门店销售已过保质期食品，随意更改食品保质期等行为被曝光。被曝光的麦当劳三里屯店，随即被卫生管理人员查处，并遭大量记者围堵。一名麦当劳员工说，如果食品原料到了规定的保质期，规定是要求扔掉，但是不可能扔掉，没有一家店是扔掉的，他们都睁一只眼闭一只眼。规定是人定的，快餐店一切又都基于成本考虑，并牵涉员工切身利益问题，因此很多规定难以执行。

问题：

本案例中存在哪些营销伦理和职业道德问题？

讨论分析：

个人：结合已经学习的内容和多种渠道收集的资料，试对上述案例中的问题做出你的营销伦理和职业道德研判，并说明你做出营销伦理和职业道德研判所依据的行业道德和伦理规范。

小组：同学们每4人分为一个小组进行讨论，1人记录，形成小组意见，准备在班级交流。

全班：各小组一位代表陈述本小组观点。

教师：记录各小组陈述要点，进行点评。

参考答案

营销实训

调查企业不道德营销行为

1. 背景资料

根据个人的消费经验，详细记述一次你（或亲戚、朋友）消费过程中企业营销的不道德行为，或者前去相关企业调查了解或走访消费者，了解企业营销活动中的一些不道德行为。

2. 实训目标

素质目标：通过参与调查企业不道德营销行为实训活动，培养同学们小组合作和营销职业道德素养。

能力目标：通过参与调查企业不道德营销行为实训活动，培养同学们搜集信息和营销职业道德评价的能力。

知识目标：通过参与调查企业不道德营销行为实训活动，让同学们熟悉营销职业道德相关内容。

3. 实训步骤

（1）学生4人一组，协商完成本实训内容。

（2）每位同学结合个人消费经验，写出消费过程中一次商家的不道德营销行为，或者通过调查走访企业或消费者了解企业不道德营销行为。

（3）每人写一篇文字报告，在小组互相交流、修改完善，报告交老师并在班级展示。

（4）每组选一位同学在班级交流，老师最后做点评。

4. 成果评价（见表 1－7）

表 1－7　　企业不道德营销行为调查评分表

项　目 （分值）	标　　准	小组 评分	教师 评分	实际 得分
素质培养 （30）	小组成员任务明确；任务完成有序；收集信息思路广；对企业不道德营销行为分析评价准确；讨论中大家发言踊跃（每个方面 6 分）			
能力提升 （25）	汇报简洁；选择实例典型有说服力；展示说明表达流畅；汇报过程注意形象、礼节；实例报告编写规范（每个方面 5 分）			
知识应用 （45）	实例有时间、地点；人物；事件情景；分析评价；个人反思等符合要求（每个方面 9 分）			
总成绩 （∑100）				
教师评语	签名：　　年　月　日			
学生意见	签名：　　年　月　日			

练习与实训

一、基本概念

市场营销　　需要　　欲望　　需求　　交换　　市场营销观念　　营销道德

二、填空题

1. 市场营销理论产生于 20 世纪初的________。

2. 新旧营销观念的区别主要体现在营销活动的________、________、________和营销活动目标不同。

3. 大市场营销即在产品定价、分销、促销策略的基础上，再加上________和________。

4. 绿色营销是以________为指导思想，照顾________的新型营销方式和操作方法。

5. 定制营销就是企业运用________的营销策略来满足不同顾客的不同需求。

6. 生产者、中间商与顾客博弈是在信息不对称的状况下进行的，顾客处于明显的________，而这种信息不对称给不道德营销行为提供了机会。

三、选择题

1. 社会营销观念强调（　）、（　）、（　）利益协调一致。

A. 社会　B. 银行　C. 公众　D. 消费者　E. 企业

2. 从结构体系上讲，市场营销学包括（　）、（　）、（　）三大块。

A. 营销原理　B. 营销实务　C. 营销操作　D. 营销管理

3. 市场营销学的产生和发展经历了（　）、（　）、（　）、（　）四个阶段。

A. 形成阶段　B. 应用阶段　C. 变革阶段　D. 发展阶段　E. 现代化阶段

4. 市场营销观念演变大体分（　）、（　）、（　）、（　）、（　）五个阶段。

A. 生产观念　B. 产品观念　C. 推销观念　D. 人性观念

E. 市场营销观念　F. 社会市场营销观念

5. 企业实施文化营销过程中表现为（　）、（　）、（　）三个层次。

A. 产品文化营销　B. 品牌文化营销　C. 企业形象文化营销

D. 企业文化营销

6. 企业塑造员工的营销道德可从（　）、（　）、（　）三个层次入手。

A. 核心层　B. 制度层　C. 观念层　D. 行为层

四、判断题

1. 市场营销就是推销或广告宣传。（　）

2. 市场营销观念是坚持以消费者为中心。（　）

3. 企业市场营销活动的起点是市场，终点是消费者。（　）

4. 服务营销的核心理念是顾客的满意和忠诚。（　）

5. 电话、电视营销是直复营销的具体营销方式。（　）

6. 由于信息不对称，使企业有可能通过损害顾客利益的方式获取自身利益。（　）

五、简答题

1. 在市场中要进行交换必须具备哪些条件？

2. 营销与推销的关系如何？

3. 为什么说市场营销观念的确立是企业经营指导思想上一次深刻的变革？

4. 假设你负责管理一家小型中式快餐店，如果运用五种不同的市场营销观念，各会用什么市场策略？

5. 试分析企业营销伦理失范的后果。

六、案例分析

市值超4000亿港元的农夫山泉，因为一款气泡水产品在外包装与商场宣传中主打“福岛县产”的招牌，营销翻车，被网友和舆论质疑是“浓辐山泉”，陷入风波。

据媒体报道，农夫山泉官方微信公众号在4月1日的推文中，的确将“产自日本福岛县”作为一款苏打气泡水的卖点。然而自2011年日本福岛发生严重核泄漏后，周边水土遭受大量污染。鉴于核泄漏事故对食品、农产品质量安全的影响，国家质检总局已明令禁止从日本福岛县、群马县、枥木县、茨城县等12个县城采购进口食品、食用农产品及饲料。

如果农夫山泉宣传属实，那么就是违背国家禁令，售卖有核污染嫌疑的产品，涉嫌侵犯消费者健康安全。

显然农夫山泉不敢背这么大的锅，紧急辟谣说，该产品的配料中没有从日本福岛进口的成分。农夫山泉产品的标签标示符合相关法规要求，并无任何错误或误导。

这就非常有意思了，你既然没有进口，为什么要在营销中误导用户，虚假宣传是产自福岛县？既然是虚假宣传，又为什么在声明中宣称并无任何错误和误导？要么产品属实，宣传无误；要么产品不属实，宣传有误。逻辑上的二选一，在农夫山泉这里成了两个都不是：农夫山泉既否认产品来自福岛，又否认宣传上说来自福岛的说法无误。

我们不禁要问，按照农夫山泉的逻辑，你的产品没有来自福岛，但你的宣传就是可以用来自福岛营销？

分析：

农夫山泉既否认产品来自福岛、又否认宣传上说来自福岛的说法说明了什么？请从市场营销道德的角度分析说明你的看法。

七、综合实训

实训任务　企业营销调查

1. 背景与情境

你已是一名一年级市场营销专业的学生，对市场营销很感兴趣，你很想把学习的市场营销知识在实践中体验一下，通过体验了解市场营销活动的奥妙。

2. 实训目标

（1）素质目标：能文明礼貌、诚信友善、宽和待人，在与企业相关人沟通中表现良好。

（2）能力目标：运用所学的相关营销知识分析企业的营销活动，运用科学的思维方式认识企业营销观念。

（3）知识目标：通过实训，能正确认识和理解市场营销、企业营销、市场营销观念等基本营销知识的价值。

3. 实训步骤

（1）每组4人，其中1人担任组长，由组长认真组织组员讨论，合理分工，各负其责，相互配合完成实训任务。

（2）根据每组所选企业经营类别，选择2种主要商品或2类商品，详细了解产品运用什么样的营销观念，企业经营者为什么要选择这样一种观念？如果你经营这样一家企业，你会用什么样的营销观念，并说明为什么？

（3）实际调查前可通过网络和图书馆自觉、有效地搜集企业市场营销相关资料。

4. 实训成果及要求

每组写一篇实训报告（800—1200字），报告要详细说明组员分工，调查了解企业什么产品或商品类别，企业运用的营销观念及具体表现是什么？说明分析的结果。同时详细说明如果你们经营这些商品，会选用什么样的营销观念和选用的理由。

5. 实训时间（2课时）

在学生学习本项目内容开始时，即可让学生分组，布置本实训任务，利用课余时间去企业进行调研，并积极撰写调研报告。在本项目学习完后，用2个课时让各小组介绍展示本组报告，其他组同学可发表个人意见，最后由老师点评。经过展示点评，各组认真修改完善实训报告，并把修改后的报告在班级微信平台展示交流。

6. 实训评价（见表1-8）

表1-8 企业营销调查实训评价表

项目	评价标准	分值	小组个人自评（30%）	小组成员互评（30%）	教师评价（40%）	小计
素养培养（Σ30）	参与实训的态度端正，积极性高，小组合作意识强，纪律性强，小组讨论积极踊跃	10				
	养成细致、严谨的工作作风，能主动提出关于市场营销调查工作的相关问题	10				
	能够结合企业市场营销调研，认识市场营销职业的价值	10				
能力提升（Σ20）	能将所学的营销知识运用到实训任务中，学以致用	10				
	正确分析市场营销活动工作内容	10				
知识应用（Σ20）	能正确认识和理解企业市场营销及特征	10				
	能运用市场营销观念历史演变和现代市场营销观念等知识	10				
项目成果展示（Σ30）	能够独立完成实训任务，完成实训任务及时、主动，并能主动提出问题，解决问题	10				
	市场营销调查报告结构完整，陈述语言规范，报告无错别字，观点正确	10				
	市场营销调查报告展示汇报形式新颖，语速恰当，有感染力	10				
合计		100				

参考答案　　项目一 PPT

项目二 市场分析

导读案例

广东凉茶遭遇水土不服

张老板在北京开了一家广东凉茶馆，原以为凭借着加多宝、王老吉的广告大战能大赚一笔，不想开业3个月，经营就陷入困境。大部分顾客就是奔着新鲜来喝上一杯，但回头客极少。因为张老板的广东凉茶馆在向北京顾客宣传其广东凉茶的鲜明特色时，却忽视了北京消费者是否接受这一特色，其经营陷入困境就是理所当然的了。

凉茶起源于岭南地区，因为广东、广西属于典型的亚热带气候，夏季炎热，多雨潮湿，水质偏于燥热，炎热时间比较长，很容易令人生“热气”，即北方人所说的“上火”。人们为了除湿去热，便将一些清热消暑、去湿解毒的中草药配成各式各样的凉茶。北方的气候四季分明，春季干燥，夏季炎热，秋高气爽，冬天寒冷，干燥的气候特征使消费者对上火的概念不强，需求不是很旺盛。传统的广东凉茶口味很淡，而且有一点苦涩，北方人很难习惯。凉茶是岭南文化的产物，由于色、味以及制作工艺上与中药类似，大多数外地市场的消费者都将凉茶混淆等同于中药。北京消费者需要时间了解和接受凉茶文化。

——选自潘金龙：《市场营销学》，教育科学出版社2013年版。

提示：需要是消费者行为的原动力，消费需要反映消费者某种生理或心理体验的缺乏状态，表现为消费者对获取以商品及劳务形式存在的消费对象的需求与欲望，具有无限性、多样性、层次性、可诱导性等特征。企业开展市场营销活动，必须了解消费者需求的特点，才能制订科学的营销方案。

任务1　认知市场分类

学习目标

素质目标：通过本任务必备知识的学习、案例分析、善恶研判和营销训练，培养同学

们认同社会主义市场经济制度，认同市场在配置资源中起决定性作用的观念。

能力目标：通过本任务的案例分析和营销训练，结合社会实际情况，认知和分析各类市场的特点。

知识目标：通过本任务必备知识的学习，能准确叙述市场、市场的特征、市场分类、市场营销的功能等陈述性知识。

任务驱动

思考：“市场”有多种含义，其实际意义各不相同，你认为哪一种市场含义更切合营销实际？当我们说“北京的水果市场很大”时，这里的“水果市场”是指哪一种含义的市场？

提示：市场营销研究的市场是指由一切具有特定的欲望与需求，并且愿意和能够以交换来满足此欲望和需求的现实购买者和潜在购买者组成。“北京的水果市场很大”的具体含义就是指人多、又有一定购买力、购买欲望又高这三个要素的有机结合。

必备知识

企业要进行市场营销，必须要认识市场，并对市场进行分析。只有明确了市场的含义，认识了市场的特征、市场的功能，才能借助于市场合理组织市场营销活动，满足消费者需要，并取得企业营销的成功。

一、市场的含义及一般特征

（一）市场的含义

市场是以商品交换为基本内容的经济联系形式。在市场经济条件下，交换产生和存在的前提是社会分工和商品生产。由于社会分工，不同的生产者分别从事不同产品的生产，并为满足自身及他人的需要而相互交换产品，从而使他们各自的产品互相变成商品，出现了商品的供与求，产生了相互交换作为商品的劳动产品的市场。

市场又是随着社会生产力和商品经济的发展而不断发展的。从市场产生以来，经历了奴隶社会、封建社会、资本主义社会和社会主义社会等阶段。由于在奴隶社会、封建社会中自然经济占主体，所以市场的发展较为缓慢，规模也很狭小，在整个社会经济生活中的作用并不十分突出。到了资本主义社会，一切都成了商品，商品生产占据绝对统治地位，市场才以空前的规模扩大和发展起来。随着商品生产和商品交换的发展，市场规模扩大，市场在经济生活中所起的作用也越来越重要。随着社会经济发展，市场在资源配置中越来越起决定作用。

那么，究竟什么是市场呢？

1. 市场是商品交换的场所

这是一种最古老也是最基本的理解，通常被认为是一种狭义的解释。这种认识把市场理解为特定的空间，在这个特定的空间中，人们进行着商品的交换活动。“日中为市，致天下之民，聚天下之货，交易而退，各得其所。”如农贸市场、家具市场中的“市场”，就是指商品交换的场所。

2. 市场是买主、卖主力量的结合，是商品供求双方的力量相互作用的总和

这一含义是从商品供求关系的角度提出的，如“买方市场”“卖方市场”。这些名词反映了供求力的相对强度，反映了交易力量的不同状况。在买方市场中，商品供给量大于需求量，商品价格趋于下降，顾客支配着销售关系，整个市场对买方有利。在卖方市场，商品的需求量大于供给量，卖方支配销售关系，商品价格往往高于正常水平，整个市场对卖方有利。显然，判断市场供求力的相对强度和变化趋势，对于企业进行营销决策是十分重要的。

3. 市场是商品交换关系的总和

这是对市场的广义理解。按照这一含义的理解，任何一个商品生产经营者的买卖活动必然会与其他商品生产经营者的买卖活动发生联系，市场是商品生产者、中间商、消费者交换关系的总和。任何一个企业都只能在整体市场上开展营销活动，企业的运转时时刻刻都与市场保持着输入输出的交换关系。通常所说的“市场机制”“市场调节”中的“市场”，就是广义上的市场。

4. 市场是人口、购买力、购买欲望的集合

这是分析某种市场是否形成时的理解，是市场营销中关于市场的基本解释。分析某种商品或劳务市场是否形成及其容量，要从三个方面加以分析：一是人口，人口与市场容量的大小一般成正比；二是购买力，要有货币，即取得这种产品的能力；三是有购买欲望，必须想要这种产品或劳务。这就是通常所说的构成市场的三个要素，所以，现实的市场是人口、购买力和购买欲望三者的统一。

【互动问题】经验显示，市场自己会说话，市场运行是有规律的，凡是无视市场规律的人，终究会吃亏的！从营销伦理和职业道德角度分析这种说法科学吗？说说你的看法。

（二）市场的一般特征

1. 市场形成的条件

市场形成的条件是买方和卖方、可供交易的产品或劳务、买卖双方都能接受的交易价格、畅通的信息及其他条件。只有这些条件同时具备，交易行为才能发生，市场才能成为现实的市场。

2. 市场活动的基本内容

市场活动的基本内容是商品或劳务的买卖。一方面，要求商品的销售者提供适销对路的商品，确定适宜的价格和提供良好的销售服务；另一方面，还必须具备消费者、购买力和购买欲望这三个要素的结合，只有这三个要素相结合，才能形成购买行为。

3. 市场变化发展的动力

企业为了获取最大利润，生产者、经营者会不断地分析研究市场，设计新的市场方案、新的市场战略和策略，努力扩大生产，增加销售，从而推动市场不断向前发展。因此，企业追求利润最大化是推动市场不断变化发展的强大动力。

4. 市场调节的机制

市场调节的机制是各种客观经济规律（包括价值规律、供求规律、竞争规律等）对企业经营活动的方向与强度影响和作用的方式。

小思考：请你谈谈对“市场在资源配置中起决定作用”这句话的理解。

二、市场的分类

市场分类的标准和方法很多，目前主要有以下几种分类方法：

第一，按市场主体划分，可分为消费者市场、生产者市场、转卖者市场、政府市场等。

第二，按交易对象划分，可分为商品市场（包括消费品市场、生产资料市场、服务市场）、技术市场、人才市场、金融市场等。

第三，按营销环节划分，可分为批发市场、零售市场等。

第四，按购买者划分，可分为妇女市场、儿童市场、青少年市场、中年人市场、老年人市场等。

第五，按市场的时间标准划分，可分为现货交易市场、期货交易市场等。

第六，按区域划分，可分为地区市场、全国市场、国际市场等。

第七，按市场竞争程度划分，可分为完全竞争市场、完全垄断市场、不完全竞争市场等。

三、市场营销的功能

（一）交换功能

交换功能是指通过销售和购买，将产品最终出售给消费者，实现商品所有权与货币持有权之间的互相转移，使买卖双方都得到满足。交换功能包括销售和购买两个方面。销售包括寻找顾客、销售促进、售后服务等决策。购买包括购买什么、购买多少、由谁购买、何时购买、何地购买等决策。

（二）物流功能

物流功能也称实体分配功能，是指产品的运输和储存活动。运输是为了实现产品在空间位置的转移。储存是为了保存商品的使用价值，解决产品在生产和消费时间上的分离这一矛盾。

（三）便利功能

便利功能是指为了使商品交易顺利实现而提供给买卖双方的各种便利条件，如资金融通、风险承担、信息沟通、产品标准化和分级等。资金融通是为了给买卖双方带来交易上的方便和利益而给予营销各环节提供资金和商业信用的支持，例如，银行贷款等；风险承担是指承担营销过程中一些不确定因素可能导致的某些财物损失，如产品损坏而造成的经济损失；信息沟通是指对营销活动所需的信息进行整理和交流；产品标准化和分级是指按产品的大小和品质对其进行分类，从而简化和便利交换过程。

通过执行上述功能，市场营销可以创造出产品的时间效用、地点效用和占有效用，并有助于实现或创造产品的形态效用。时间效用是指买主在适当的时间能买到所需要的物品，例如，常年生产、季节消费或季节性生产、常年消费的产品，都要通过储存活动才能供应市场，这就创造了时间效用；地点效用是指买主在适当的地点能买到所需物品；占有效用是指通过买卖行为，将物品从卖方转移到买方，从而使买方取得物品所有权；形态效用是指产品能满足人们某种需要的使用价值的具体形式。

相关链接

观念与命运

这是一个真实的故事。

两个农村年轻人想进城打工，一个想去上海，一个想去北京。可就在候车室等车时，两个人都改变了主意。因为邻座的人议论说，上海人精明，外地人问路都收费；北京人质朴，见吃不上饭的人不仅给馒头，还送旧衣服。

想去上海的人想：还是北京好，挣不到钱也饿不死，幸亏车还没开，不然就掉进了火坑！

想去北京的人想：还是上海好，给人带路都能挣钱，还有什么不能挣钱的？幸亏还没上车，不然真失去一次致富的机会。

于是这两个人在退票处相遇了。两个人交换了车票，原来想去北京的人得到了去上海的票，原来想去上海的人得到了去北京的票。

去北京的人发现，北京果然好。他初到北京时一个月什么都没干，居然没有饿着，不仅银行大厅里的纯净水可以白喝，而且大超市里欢迎品尝的点心也可以白吃。

去上海的人发现，上海果然是一个可以发财的地方，干什么都可以赚钱。带路可以赚钱，看厕所可以赚钱，弄一盘凉水给人洗脸也可以赚钱。只要想点办法，再花点力气，就可以赚钱。凭借乡下人对泥土的感情和认识，第二天，他在建筑工地装了十包有沙子和树叶的土，以“花盘土”的名义，向不见泥土而又爱花的上海人兜售。当天他在城郊间往返 6 次，净赚了 50 元钱。一年后，他凭借“花盘土”竟然在大上海拥有了一间小小的门面。

在常年走街串巷兜售泥土的过程中，他又有了一个新发现：一些商店楼面亮丽，而招牌较黑，一打听才知道这是清洁公司只负责洗楼而不负责洗招牌的结果。他立即抓住这一机遇，买了些人字梯、水桶和抹布，办起了一个小型的清洁公司，专门负责清洗招牌。如今他的公司已有 150 多人，业务也由上海发展到杭州和南京。

前不久，他坐火车去北京考察清洗市场。在北京站，一个捡破烂的人把头伸进软卧车厢，向他要一只啤酒瓶，四目相对，两人都愣住了——因为 5 年前，他们曾经换过一次车票。

案例分析

中国（上海）成立自由贸易区

2013 年 9 月 30 日，中国（上海）自由贸易区正式挂牌成立，自贸区主要有以下新特点：

（1）负面清单管理服从贸易便利。负面清单是上海自贸区内一项典型的制度创新，它体现了在投资领域“非禁即入”的原则，即除了清单上规定不能干的，其他都可以干，且不需要政府事前审批。它对划清政府和市场的边界、更好地发挥市场配置资源起了保障作用。

（2）境内关外，物尽其用，货畅其流。自贸区将按照一线彻底放开，二线高效管住的要求，允许企业先入区，再申报，凡符合国际惯例的货物均畅通无阻，不存在关税壁垒和非关税壁垒。

（3）自贸区的核心任务是制度创新。服务业开放，惠及民生，与WTO主要着眼于货物贸易不同，扩大服务业开放，促进服务业贸易是自贸区的重要任务，方案提出，选择金融服务、航运服务、商贸服务、专业服务、文化服务以及社会服务领域扩大开放，营造有利于多类投资者平等准入的市场环境。

（4）金融创新，率先试行利率市场化。在自贸区内，实现金融机构资产方价格实行市场化定价，推动金融服务业对符合条件的民营资本和外资金融机构全面开放，允许金融市场在自贸区内建立面向国际的交易平台，逐步允许境外企业参与商品期货交易等。

（5）资本项目可兑换，自贸区将探索面向国际的外汇管理改革试点，建立与自贸区相适应的外汇管理体制。全面实现贸易投资便利化，鼓励企业充分利用境内外两种资源、两个市场，实现跨境融资自由化。

问题：

谈谈你对中国（上海）成立自由贸易区这件事的看法，它对企业营销有影响吗？

讨论分析：

个人：请每位同学在固定的学习本上把中国（上海）成立自由贸易区的相关资料收集整理记录下来。整理出自己的思考和看法（开放市场、扩大市场、规范市场）。

小组：请同学们每4人分为一组，每位同学都要在小组交流自己的思考和看法，小组共同讨论，形成小组意见，准备在班级交流。

全班：每组选一位代表在班级交流，陈述本组的观点

老师：老师要对各小组有创新的思考和建议提出表扬，对需要进一步关注的问题，提醒同学们继续深入思考。

善恶研判

背景资料：

有的企业以不可告人的方式获得竞争对手的知识产权和商业秘密，如以合作、洽谈、考察为名趁机获取对手的商业秘密，在对手企业中安插内线等；贿赂收买对方工作人员；恶性竞争如有奖销售战、价格战、相互攻击、诽谤等；不公平竞争如权力营销等。

问题：

本背景资料中存在哪些营销伦理和职业道德问题？

讨论分析：

个人：结合已经学习的内容和收集的资料，试对上述背景资料中的问题做出你的营销伦理和职业道德研判，并说明你做出营销伦理和职业道德研判所依据的行业道德和伦理

规范。

小组：同学们每4人分为一个小组进行讨论，1人记录，形成小组意见，准备在班级交流。

全班：各小组推选一位代表陈述本小组观点。

教师：记录各小组陈述要点，进行点评。

参考答案

营销实训

微信营销调查

1. 背景资料

玩微信的人越来越多，借助微信“圈人”正成为商家的新宠。商家坦诚，点对点的传播方式，其费用几乎为零，这正是商家所看中的。百货商场通过微信“圈人”，可把圈外人圈到圈子里来，增加非VIP客户的到店率。由于微信营销直观，可发布包含视频、图像、语言、文字在内的潮流打折信息。此外，商场可以通过微信互动，剖析消费者的消费习惯，完成精准营销。

2. 实训目标

素质目标：通过参与微信营销调查实训活动，培养同学们小组合作和了解参与营销的职业素养，培养同学们参与营销竞争的意识。

能力目标：通过参与微信营销调查实训活动，培养同学们搜集现代营销手段对营销活动影响评价的能力。

知识目标：通过参与微信营销调查实训活动，让同学们熟悉现代营销手段和营销技术相关内容，了解市场竞争的复杂性。

3. 实训步骤

（1）学生4人一组，协商完成本实训内容。

（2）每位同学结合个人微信体验经验，写出微信体验过程中一些商家的微信营销策划内容，或者通过调查走访企业或消费者了解企业微信营销实例。

（3）每人写一篇600字的文字报告，在小组互相交流、修改完善，报告交老师并在班级展示。

（4）每组选一位同学在班级交流个人的报告，老师最后做点评。

4. 成果评价（见表2－1）

表2－1　微信营销调查评分表

项　目（分值）	标　准	小组评分	教师评分	实际得分
素质培养（30）	小组成员任务明确；任务完成有序；收集信息思路广；收集企业微信营销实例典型；讨论中大家发言踊跃（每个方面6分）			

续表

项　　目（分值）	标　　准	小组评分	教师评分	实际得分
能力提升（25）	汇报简洁；选择实例内容完整；展示陈述表达流畅；汇报过程注意形象、礼节；实例报告文字编写规范（每个方面5分）			
知识应用（45）	实例有时间、地点；商家；事件情景；分析评价；个人反思等符合要求（每个方面9分）			
总成绩（∑100）				
教师评语	签名：　　年　月　日			
学生意见	签名：　　年　月　日			

任务2　消费品市场分析

学习目标

素质目标：通过本任务必备知识的学习、案例分析、善恶研判和营销训练，提升同学们对消费需求多样性的认同，激发同学们尊重个性需求，满足消费需求多样性职业兴趣。

能力目标：通过本任务的案例分析和营销训练，培养同学们对消费品市场的认知能力、对消费者需求、消费者购买动机、消费者购买行为等实例进行分析的职业能力。

知识目标：通过本任务必备知识的学习，能描述消费品市场、消费品的分类、消费品市场的特点、消费者购买行为分析等陈述性知识。

任务驱动

思考：当消费者购买商品后，都要对自己的购买选择进行检查和反省，看其是否满足自己预期的需要。因此，许多企业都会对消费者进行调查了解，请你试着为一家企业设计一份顾客满意度调查表。

提示：顾客满意度调查问卷。

问卷（在相应的方框内打钩）：

1. 您对本公司产品价格的评价是：

□非常满意　□满意　□满足需要　□不满意　□非常不满意

2. 您对本公司产品的数量品种的评价是：

□非常满意　□满意　□满足需要　□不满意　□非常不满意

3. 您对本公司的售后服务水平的评价是：

□非常满意　□满意　□满足需要　□不满意　□非常不满意

4. 您对本公司销售人员的业务水平及言谈举止的评价是：

□非常满意　□满意　□满足需要　□不满意　□非常不满意

5. 您对本公司销售人员的接待及过程服务的评价是：

□非常满意　□满意　□满足需要　□不满意　□非常不满意

6. 您对本公司客户销售服务热线答复的评价是：

□非常满意　□满意　□满足需要　□不满意　□非常不满意

7. 您对本公司的整体感觉评价是：

□非常满意　□满意　□满足需要　□不满意　□非常不满意

8. 您对目前公司提供的产品和服务的总体评价是：

□非常满意　□满意　□满足需要　□不满意　□非常不满意

必备知识

企业的营销活动都是围绕着消费者进行的，满足消费者的需求，既是市场营销活动的出发点，也是市场营销活动的归宿点。为了更好地为消费者服务，就必须了解什么是消费品市场、消费品分类、消费者购买行为等相关内容。成功的企业都把分析研究消费品市场作为制定营销计划、实施营销战略的前提。

一、消费品市场的含义

消费品市场是指个人及机构团体采购人员为了个人的使用而购买或租用产品或劳务的市场，又称最终产品市场。对消费品市场的研究，是对整个市场研究的基础，在市场营销中具有重要的意义。

二、消费品的分类

（一）按消费者购买习惯分为日用品、选购品、特殊品

1. 日用品

日用品是指那些消费者经常使用，即用即买，购买时花最小精力去比较、挑选的产品，如香皂、毛巾、洗发水等这类产品为日常需要，因而购买频率高，一般不受时间影响，随时随地都有可能购买。由于经常使用和经常购买，消费者对日用品一般都较熟悉，并具有一定的商品知识，因此，只要品质和价格没有太大的区别，消费者不愿或不需花太多的时间挑选，多属习惯性购买。针对日用品的这些特点，企业需要采取相应的营销策略，如广设销售网点，保证消费者能随时随地地购买到商品。

2. 选购品

选购品是指消费者在选购过程中要特别比较其适用性、质量、价格、式样等的产品。消费者在购买这类产品时，常常会去许多家商店比较其品质、价格、款式或式样，往往还会进行线上线下的比较，如家具、服装、皮鞋、手表等均属此类商品。

选购品又可划分为同质品和异质品。同质品是指消费者认为其质量一样，但价格明显

不同，值得花一定的时间和精力去选购的产品。对于同质品，消费者往往会货比三家，与商家谈价，最后挑选认为质价相符的产品来购买。异质品是指种类相同，但质量差异很大的产品，如选购服装，人们对服装的款式、制作工艺等更为看重，而对微小的价格差距并不放在心上，产品的质量因素远比价格重要。可见，经营异质品必须备有足够的花色品种，以满足消费者不同的爱好，同时还必须拥有受过良好训练的导购员或推销员，为顾客提供信息和咨询。

选购品的经营者应将销售网点设在商业网点较多的商业区，并将同类产品销售点相对集中，多做专业化经营，以便顾客进行比较和选择。经营此类商品的经销商既要重视产品质量，又要讲究信誉，这样才能在激烈的竞争中取胜。

3. 特殊品

特殊品是指那些具有独特的品质、风格、造型、工艺等特性或品牌为消费者特别偏爱，消费者习惯上愿意多花时间和精力去选购的商品。这类商品一般价格高、档次高、使用寿命长，有些商品的技术性强，需提供安装或维修服务，如家用电器、小轿车、住宅等。由于此类产品价高耐用，因而消费者购买的频率较小。购买产品前，消费者熟知这类商品常识，青睐名牌产品、名牌企业和名牌商店，不愿接受代用品。为此，企业应注意争创名牌产品，强化广告宣传，扩大企业和产品的知名度，并注意做好售后服务和维修工作。

（二）按商品的形态和使用频率分为耐用品、易耗品、服务

1. 耐用品

耐用品是指能多次使用、寿命较长的产品，如空调、音响、家具等。此类产品一般价格较高，消费者购买这类产品时，往往考虑的时间比较长，决策比较慎重。生产这类产品的企业要注重技术创新，提高产品质量，努力降低产品成本，同时做好促销宣传和售后服务，充分满足消费者的信息需求和服务需求。

2. 易耗品

易耗品是指只使用一次或几次就需要更换的产品，如服装、肥皂、牙膏等。由于此类商品使用寿命较短，消费者购买频繁，因此，生产易耗品的企业营销活动的重点是既要保证质量又要保证产量，以满足供应来提高市场占有率。

3. 服务

服务是指为消费者获得利益或满足而提供的劳务，如旅馆、旅游服务等，这是一种无形的产品。服务具有无形、易变和时间性等特点，故服务更强调质量的控制和企业的信誉。企业在营销工作中既要讲究信誉，又要提高服务质量。

三、消费品市场的特点

（一）需求的差异性及层次性

消费品市场提供给消费者的产品关系到人们的吃、穿、住、行、用等多个方面，市场广阔，消费人数众多。由于在年龄、性别、职业、收入、受教育程度、居住区域、民族、宗教信仰、生活习惯等方面的不同，消费者的需求存在着明显的差异性，从而带来对产品

和服务的需求在数量和层次上的差异变化，表现为商品供应的多层次性。

消费者的需求是多层次的，既包括生存、安全等低层次需求，又包括享受、发展等高层次需求。美国心理学家马斯洛认为，人类的需求按其重要程度排列，可分为生理需求、安全需求、社交需求、尊重需求、自我实现需求五个层次，如图 2-1 所示。一般来说，消费者需求是由低层次向高层次逐渐延伸和发展的。当低层次的物质需求得到满足后，消费者会追求高层次的社会性、精神性需求的满足。

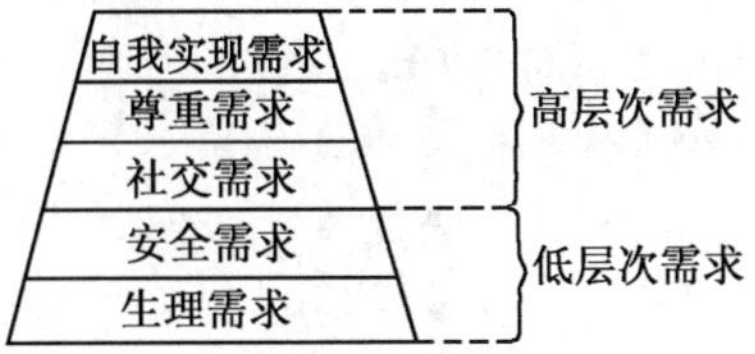

图 2-1　马斯洛需求层次论

（二）需求的伸缩性及可诱导性

消费者对商品的购买决策会随着自身收入水平的变化、市场供求变化、价格变化、鉴赏水平的变化而变化，这就是购买的伸缩性。例如，高档耐用消费品对消费者来说不像日用品那样必不可少，它可买可不买，选择性大，因而伸缩性也比较大。这种需求的伸缩性就为企业进行商品诱导购买活动提供了可能性。大多数消费者购买商品都缺乏专门知识，尤其在电子产品、机械型产品、新型产品层出不穷的现代市场，一般消费者很难判断各种产品的质量优劣或质价是否相当，很容易受广告宣传或其他促销方法的影响和诱导。

（三）需求的重复性及小型性

在现代社会，“三口之家”的家庭模式十分普遍，家庭小型化导致消费者出现小型购买的特点，由于购买量小，就必然要经常重复购买。

（四）需求的连带性及替代性

不少消费品的需求是具有连带性的，即购买某种商品时，需附带购买一系列其他相关商品。对一些具有密切连带的相关商品进行科学、合理的配套，不仅会给消费者提供方便，而且可同时扩大各种商品的销售额。

不少消费品的购买是具有替代性的，即商品间的功能近似，可以互相代替。例如，饮料的出现对传统茶叶市场的冲击和替代，浴液对香皂的替代等。这种购买的替代性往往会导致某种商品销量上升，而引起被替代商品销售量的相应减少。因此，及时掌握商品的更新换代趋势，及时调整商品的品种，是经营消费品的企业必须时刻注意的问题。

（五）需求的季节性

消费需求的季节性是指消费者的需求因季节的不同而不同。引起季节性需求的原因，一是消费品的生产有季节性，从而使需求和消费具有季节性，如水果、蔬菜等的消费；二是季节变化对人的生理和心理需求本身有直接影响，从而使需求具有季节性，如空调、服装等。

实例

亲子酒店　淡季不淡

马上就到暑期了，近年来不断升温的亲子游又将迎来年度峰值。最近，各类亲子主题酒店已经开始针对暑期游推出各种特色推介活动，亲子酒店成为亲子游市场中最具卖点、最受期待的内容之一。

亲子酒店已经成为家长带孩子出游的首选住宿方式，其中的奥秘就是，这种主题酒店能满足当代年轻父母对亲子游的品质和内容需求，给孩子提供适合其年龄特点的休闲项目，并同时兼顾家庭其他成员的度假需求。

亲子酒店这个细分市场的塑造，与普通高星级酒店的经营有明显差异。国内各类品牌酒店纷纷以打造IP主题来吸引目标住客，其中亲子酒店的定位是面向家庭。这样的家庭出行有品质高要求、价格低敏感、设施更便利安全等特点，因此，酒店需要以全新的视角来看待这些儿童客户群体，促进服务升级，获得未来商机。

在国内，各地酒店开发了形式多样的亲子游项目。如广州长隆酒店拥有1500间生态主题客房，让住客入住时仿佛走进了真实的热带雨林；杭州乐园旁边的杭州第一世界大酒店以埃及风情为主题，还赠送杭州乐园门票；三亚仁恒皇冠假日度假酒店是当地人首推的亲子酒店，有的房间不仅专门设计了儿童卫浴间，还有丰富多样的儿童娱乐设施和亲子活动。

这些酒店的共同特点是将睡眠空间变成了生活体验场景。他们充分挖掘每一个细分的亲子年龄段市场，专注一个或多个亲子客户群，让酒店目标明确地做出自己的特色并牢牢抓住固定消费人群。

亲子游能够迅速回暖，亲子酒店价格不菲却宾客满门的背后，是“80后”“90”后年轻父母对品质出游的需求使然。

【互动问题】“我总是站在顾客的角度看待即将推出的产品或服务，因为我就是顾客。”请从营销伦理和职业道德角度说说你对这段话的理解。

四、消费者购买行为分析

（一）消费者需求分析

1. 根据需要的起源划分

（1）生理性需要。生理性需要是指个体为维持生命和延续后代而产生的需要，如进食、饮水、睡眠、运动、排泄、性生活等。生理性需要是人类最原始、最基本的需要，带有明显的周期性。人的生理性需要，从需要对象到满足需要所运用的手段，无不烙有人类文明的印记。

（2）社会性需要。这是指人类在社会生活中形成的，为维护社会的存在和发展而产生的需要，如求知、求美、友谊、荣誉、社交等需要。社会性需要是人类特有的，它往往打上时代、阶级、文化的印记。人是社会性的动物，只有被群体和社会所接纳，才会产生安全感和归属感。社会性需要得不到满足，虽不直接危及人的生存，但会使人产生不舒服、不愉快的体验和情绪，从而影响人的身心健康。

2. 根据需要的对象划分

（1）物质需要是指对与衣、食、住、行有关的物品的需要。

（2）精神需要主要是指认知、审美、交往、道德、创新等方面的需要。这类需要由心理上的匮乏感所引起。

（二）消费者购买动机分析

消费者购买动机是指能引起消费者购买某一商品或选择某一目标的内在动力。购买动机是在消费需求的基础上产生的，它是引发消费者购买行为的直接原因和动力。消费者的需求是多种多样的，其消费动机也是多种多样的。

1. 求实动机

求实动机是以追求商品的使用价值为主要目的的购买动机。具有这种购买动机的消费者比较注重商品的功能和质量，要求商品具有明确的使用价值，讲求经济实惠、经久耐用，而不过多强调商品的品牌、包装、装潢和新颖性。这种购买动机并不一定与消费者的收入水平有必然联系，而主要决定于个人的价值观念和消费态度。

实例

“正话反说”出奇效

有一家老厂，生产的手表由于不善于宣传老是卖不出去。后来，有人为它在电视上打出一则广告：“我厂的手表因走时不是很精确（每走1个月约慢1.5秒），现特降价20%销售，有意者前往××处购买。”此后不久，销售便开始红火起来。

2. 求安动机

现代消费者越来越注重自身的生命安全和身心健康，并且把保障安全和健康作为消费支出的重要内容。持有这种动机的消费者通常把商品的安全性能和是否有益于身心健康作为购买与否的首要标准。就安全性能而言，消费者不仅要求商品在使用过程中各种安全性能可靠，如家用电器不出现意外事故，化妆品不含有毒物质，而且刻意选购各种安保防卫用品和服务，如保险。与此同时，追求健康的动机日益成为消费者的主导性动机。在这一动机的驱动下，选购医药品、营养品、保健品、健身产品已经成为现代消费者经常性的购买行为。

3. 求便动机

追求便利是现代消费者提高生活质量的重要内容。受这一动机的驱动，人们把购买目标指向可以减少家务劳动强度的各种商品和劳务，如洗衣机、洗碗机、方便食品、家政服务、家庭装修等，以求最大限度地减轻家务劳动负担。为了方便购买，节约购买时间，越来越多的消费者采用送货上门、直销服务、电话购物、电视购物、网络购物等现代购物方式。随着社会生活节奏的加快，消费者追求便利的动机也日趋强烈。

4. 求廉动机

求廉动机是以注重商品价格低廉，希望以较少支出获得较多利益为特征的购买动机。出于这种购买动机的消费者，选购商品时会对商品的价格进行仔细比较，在不同品牌或外观质量相似的同类商品中，会尽量选择价格较低的品种。同时，喜欢购买优惠品、折价品或处理品，有时甚至因价格有利而降低对商品质量的要求。求廉动机固然与收入水平较低有关，但对于大多数消费者来说，以较少的支出获取较大的收益是一种带有普遍性的动机。

5. 求新动机

求新动机是以追求商品的新颖、奇特、时髦为主要目的的购买动机。具有这种动机的消费者往往富于想象，渴望变化，喜欢创新，有强烈的好奇心。他们在购买过程中，特别重视商品的款式是否新颖独特、符合时尚，对造型奇特、不为大众所熟悉的新产品情有独钟。这类消费者在求新、求奇动机以及好奇心的驱动下，经常凭一时兴趣或好奇进行冲动式购买。

6. 求美动机

追求美好事物是人类的天性，体现在消费活动中，即表现为消费者对商品美学价值和艺术欣赏价值的要求与购买动机。具有求美动机的消费者在挑选商品时，特别重视商品的外观造型、色彩和艺术品位，希望通过购买格调高雅、色彩精美的商品获得美的体验和享受。同时，注重商品对人体和环境的美化作用以及对精神生活的陶冶作用，例如，通过款式色彩协调的服装搭配美化自我形象；选购家庭装饰用品美化居住环境；对美容、美发服务的消费等。

7. 求名动机

求名动机是因为仰慕产品品牌或企业名望而产生的购买动机。持有这种动机的消费者在购买前即将名牌产品确定为购买目标；在购买过程中，面对众多同类产品，仍会将注意力直接指向名牌产品。购买名牌产品的动机不仅可以满足消费者追求名望的心理需要，而且能够降低购买风险，加快商品选择过程，因而在品牌差异较大的商品如家电、服装、化妆品的购买中，成为带有普遍性的主导动机。

除此之外，还有自我表现动机、好胜攀比动机、同步动机、嗜好动机、模仿从众动机、惠顾动机等，营销者应掌握购买动机，把握购买规律，做好营销工作。

小思考： 人们在购买房子、衣服、食物时可能会表现出什么样的购买动机？

（三）消费者购买行为分析

购买行为是指消费者在购买动机支配下，为满足自身需要而发生的购买和使用商品的行为活动。

1. 消费者购买决策过程分析

消费者从产生购买愿望到购买行为的完成是由若干阶段所组成。消费者购买决策过程一般可以分为五个阶段，如图2-2所示。

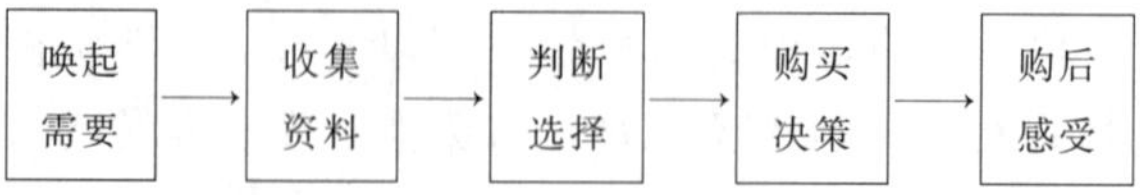

图2-2 购买决策过程五个阶段

（1）唤起需要。需要是购买过程的起点。当消费者感到他有一种需要必须得到满足时，购买过程就开始了。需要可以由内在或外在的刺激引起，如饥、渴可以驱使人去寻找供吃、喝的东西，而饮食店里色香宜人的鲜美食品也会刺激人的饥饿感。企业在市场营销活动中应注意唤起需要。因此，在这一阶段，企业必须研究消费者的驱使力，使自己的产品适应驱使力的需要；同时企业还应当开展广告宣传等活动，以加深消费者对企业产品的印象。这样可以通过合理、巧妙、恰当的诱因，在适当的时间、地点以适当的方式唤起需要。

（2）收集资料。消费者认识到自己的消费需求之后，就会考虑“该买什么样的产品”“到哪里买”等问题。为了解决这些问题，就要收集情报资料，寻找商品信息，比较选择。消费者的资料信息来源主要有以下四个方面：①个人来源，包括家庭成员、朋友、邻居及其他熟人提供的信息；②市场来源，包括商场广告宣传、推销员、经销商、商品包装、展示会等各种市场信息提供的资料；③社会来源，包括大众传媒、消费者评估组织等宣传、介绍的各种信息资料；④经验来源，包括消费者从产品的操作、试验或实际使用中得到的经验。

在这个阶段，消费者的主要目标是寻找信息资料，因此企业的营销者一方面应该千方百计地告知购买者“我有你要的产品”，并针对购买者寻找信息的渠道，做好商品的广告宣传；另一方面应当搞好商品陈列，主动介绍商品，讲究商品的包装，把消费者的注意力吸引到所需商品上来，促使消费者购买行为的发生。

（3）判断选择。消费者广泛收集资料后，将对所得信息资料加以整理、分析、研究、对比，并对所要购买的商品进行各方面的评价和判断，包括商品品质、质量、性能、式样、品牌、价格等方面，并与其他商品进行比较，以选定最有利的商品，作出购买决定。

这个阶段是消费者决定购买的前奏，对买卖双方交易能否成功具有决定意义。因此，企业在这一阶段应当尽力为消费者提供方便条件，帮助消费者了解商品的性质、特点、价格、产地、保养和使用方法，销售人员应当热情介绍商品，当好顾客的参谋，帮助他们作出购买决定。

（4）购买决策。经过对商品的判断选择后就进入了购买决策阶段。消费者做出的购买决策一般有三种情况：一是决定购买；二是延期购买；三是决定不买。购买决策是消费者购买过程中关键的阶段。在这一阶段，企业一方面要向消费者提供更多、更详细的有关产品的资料，努力消除消费者的风险感觉；另一方面要通过各种销售服务，如在收款、包装、送货、安装、维修等环节上方便消费者，促使消费者作出购买决策。

（5）购后感受。消费者购买商品以后，通过使用，对自己的购买选择进行检查和反省，看其是否满足自己预期的需要。消费者的购后感受通常会有三种：满意、基本满意、不满意。消费者的购后感受将直接影响消费者作出是否继续或重复购买的决策。因此，企业在这一阶段除了完善自己的产品、提高产品质量和性能外，还要加强售后服务，如提供配件供应、保证维修、允许次品调换等，努力培养企业的忠实顾客群。

2. 消费者购买决策内容分析

消费者在决策过程中所要解决的问题主要是在最便利的条件下选购到质量好、价格合理、符合个人需要的产品。因此，消费者的购买决策内容主要有六个方面，可以简单地概括为“5W1H”。

（1）购买什么（What）。这是购买决策最基本的任务之一。对于消费者来说，决定买什么必须要有明确具体的指向对象，如口渴，不能只决定买液体或固体，还要具体到买什么液体（如纯净水），什么品牌（如“娃哈哈”），哪个厂家生产的（如杭州娃哈哈集团有限公司生产的）。

（2）为何购买（Why）。消费者为何购买，这主要是由消费者的购买动机引起的。消费者的购买动机主要有生理性购买动机和心理性购买动机。消费者正是在这两种动机的支配下产生了购买商品的需求。

（3）何时购买（When）。对于不同的商品，消费者进行购买的时间常常是不同的。有的商品要一天购买多次，有的一年才购买一次，有的甚至几年才购买一次。因此，企业在市场营销活动中应注意了解消费者购买商品的时间习惯和规律，以便适时满足消费需求。例如，季节性的购买，企业应掌握哪些月份、哪些日子、哪段时间购买的人数最多，并随时准备充足的商品货源供消费者选购。

（4）何地购买（Where）。分析消费者在何处购买要从两个方面入手，即消费者在何处决定购买以及在何处实际购买。这往往与所购商品的类型、数量的多少、价格的高低、商店的远近、商家的服务态度等有关。对于高档耐用品，消费者在购买前通常在家中作出决定，然后宁愿多花时间走远点，到繁华商业区或专卖店选购称心如意的产品；对于日用消费品和一般食品，消费者大多是在现场做出购买决定，并就近购买。

（5）如何购买（How）。如何购买主要是指消费者购买商品时的货币支付方式和获得产品所有权的方式及途径，如现金支付、分期付款、赊销、邮购、网上订购、自购、托人代购等。消费者如何购买，不仅会影响市场营销活动的状态，而且会影响产品设计、价格政策以及营销计划的制定和其他经营决策。因此，企业要认真加以研究。

（6）谁来购买（Who）。家庭是社会的细胞，家庭成员在购买决策中通常扮演着不同角色，这些角色有发起者、影响者、决策者、购买者、使用者。对承担购买任务的购买者进行分析，有利于企业有针对性地制定营销策略。

3. 消费者购买行为类型分析

消费者的购买行为除了受动机的支配外，在具体购买活动中还受到诸如个人性格、修养、气质、情绪等个性的影响。因此，消费者的购买行为可划分为不同的类型。按购买态度与要求划分，可以分为以下七类：

（1）习惯型。此类消费者往往根据过去的购买经验和使用习惯进行购买，或长期使用某种品牌的商品，或长期惠顾某商店。这类消费者购买商品时，不必经过挑选与比较，目标明确，行动迅速，并经常重复购买。

（2）理智型。此类消费者头脑冷静，购买行为以理智为主，购买前注意收集产品信息，了解市场行情，对所要购买的商品做过周密的分析和比较，不轻易受广告宣传的影响。选购时十分认真，反复比较，精心挑选后才会作出购买决策，交易过程较长。

（3）经济型。此类消费者是以价格的高低作为选购商品的标准，对商品的价格非常敏感。他们选购时因价格的高低表现出两种不同的购买行为：一种是喜欢选购价格低的商品，认为价格便宜、经济实惠，常到货摊或小商店购买；另一种则喜欢选购价格高的商品，认为价高质好、经久耐用，还可以满足炫耀的心理，常到专卖店或购物中心购买。

（4）感情型。此类消费者兴奋感较强，情感体验深刻，想象力和联想力丰富，审美感比较灵敏，对商品的外观、造型、色彩、命名与情感联系比较注重，因而在购买行为上容易受感情的影响，也容易受销售宣传的诱导。此类消费者购买商品时往往以商品品质及特征是否符合其感情的需求来确定是否购买，只要符合其理想，就很容易成交，否则较为困难。

（5）冲动型。此类消费者个性心理反应敏捷，选购商品时易受产品外观质量和广告宣传的影响。选购商品时以直观感觉为主，喜欢追求新产品、名牌产品和时尚产品，往往从个人兴趣出发，较少考虑价格是否合算、商品是否适用，因而作出购买决策的速度较快。

（6）疑虑型。此类消费者具有内向性，善于观察细小事物，行动谨慎、迟缓，疑心重重。他们选购产品时从不冒失仓促作出决定；挑选商品动作缓慢，费时较多，还可能因犹豫不决而中断；购买后还往往会疑心上当受骗。

实例

“新式衬衫，每人限购一件”

一家商店购进了一批款式新、质地好的衬衫。为了使消费者了解这批价廉物美的商品并及早推销出去，店主大做广告，以为通过此举即可占领衬衫市场。可事与愿违，欲购者寥寥无几，顾客都愿意到另一家商店买穿惯了的老式衬衫。在老板束手无策之际，有人给他出了一个简单的主意，只需在店门口挂一招牌，写上“新式衬衫，每人限购一件”。不久，前来购买者络绎不绝，甚至排起了长队。

（7）不定型。此类消费者多属新购买者。他们缺乏购买经验，对自己需要的商品没有固定的偏好，常常是碰到什么就买什么，不讲究品牌或商标，多属随意购买或奉命购买。这类消费者在选择商品时大多没有主见，一般都渴望能得到营业员的帮助或商品介绍，并很容易受外界的影响。

相关链接

如何确立产品在市场中的竞争优势

顾客是理性的，在面临众多的产品和品牌、价格和供应商的时候，基于他们的搜寻成本、有限的知识和收入等因素，他们是价值最大化的追求者。今天的公司为获取更多的市场份额，面临激烈的顾客争夺战，谁能在竞争中取胜呢？答案是：相比其他竞争者，能为顾客提供更多价值的公司。所谓顾客价值，是指顾客从购买某一产品或服务中所得到的总利益（总顾客价值）与顾客在搜寻、评估、获得和使用该产品或服务时而花费的总成本（总顾客成本）之间的差额。顾客价值的决定性因素可用图 2－3 表示。

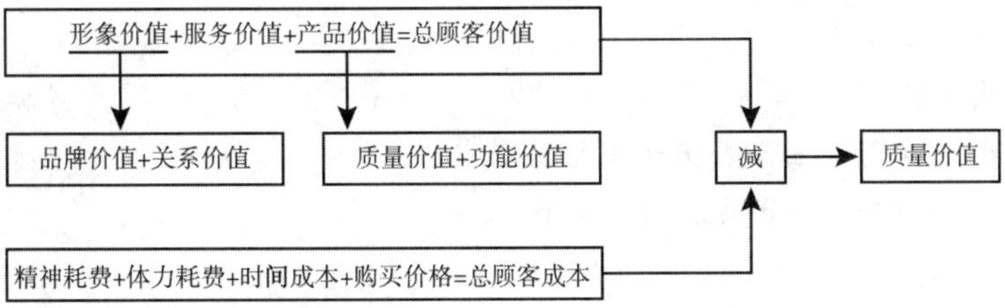

图 2－3　顾客价值的决定因素

案例分析

购买行为类型分析

某夫妇携刚上小学的儿子上街，经过鞋城时，儿子要求购买在电视广告中经常出现的130元一双的“彪马”运动鞋，后经夫妇商量并说服儿子，买了一双35元的“四驱兄弟”运动鞋。某君周日去电器城购买彩电，原打算购买74英寸的长虹牌彩色电视机，但到卖场后，看到创维牌彩电正在搞活动，以优惠价出售，价格比长虹便宜380元，就临时改变了主意，购买了一台创维牌彩电。

问题：

（1）上述两位顾客的购买行为各属哪一种类型？

（2）接待这两类顾客应注意什么？

讨论分析：

个人：每位同学认真思考案例提出的问题，把自己的思考写在固定的学习本上。

小组：请同学们每4人分为一组，推选1人为组长，1人记录，要求每位同学陈述自己的看法。大家讨论后形成小组意见，准备在班级交流。

全班：每组由一位代表陈述本组观点，其他同学可以点评。

教师：记录每组重要观点，最后总结点评。

善恶研判

背景资料：

20××年7月20日，麦当劳、肯德基供应商上海福喜食品有限公司被曝光大量使用过期变质次品原料生产快餐所需食品。肯德基随后回应称：除福建省少数肯德基餐厅的芝士猪柳蛋堡和香辣烤肉堡，可能会短期断货外，其他城市的所有肯德基餐厅都没有使用上海福喜提供的肉类食品原料，所有产品正常供应。目前我们正在给福建省的肯德基餐厅紧急调货，尽量把相应两款产品的断货情况控制在最小范围。

问题：

本案例中存在哪些营销伦理和职业道德问题？

讨论分析：

个人：结合已经学习的内容和收集的资料，试对上述案例中的问题做出你的营销伦理和职业道德研判，并说明你做出营销伦理和职业道德研判所依据的行业道德和伦理规范。

小组：同学们每4人分为一个小组进行讨论，1人记录，形成小组意见，准备在班级交流。

全班：各小组推选一位代表陈述本小组观点。

教师：记录各小组陈述要点，进行点评。

参考答案

营销实训

购买过程体验总结

1. 背景资料

仔细想一想你最近所购买的商品（有一定价值的一件商品或一次服务）。描述从你开始思考购买到实际购买的全过程，并结合自己的购买体验，说明营销者应注意的问题。

2. 实训目标

素质目标：通过参与购买过程体验实训活动，培养同学们小组合作和了解营销、参与营销、总结营销的职业素养，培养同学们积极参与营销的意识。

能力目标：通过参与购买过程体验实训活动，培养同学们搜集消费者购买行为相关信息以及评价营销活动的能力。

知识目标：通过参与购买过程体验实训活动，让同学们熟悉消费者购买动机和行为相关内容，了解消费者购买动机和购买行为的复杂性。

3. 实训步骤

（1）学生4人分为一组，结合自己最近的一次购买行为，对照消费者购买决策过程进行对比分析。

（2）说明购买该商品的最初动机，你是从哪里找到可作出决策的信息的，你考虑了多少种不同的选择？影响你最终决策的主要因素是什么？你是否满意自己的决策？

（3）把以上内容列出草稿，与本组两位以上同学交流，听取他们的意见，在此基础上用你认为最好的方式进行展示。每个同学完成一份对比分析报告。

（4）教师根据同学们完成分析报告的情况，每组选1名同学在班级交流，可由同学现场点评，老师最后总结点评。

4. 成果评价（见表2－2）

表2－2 购买过程体验评分表

项目（分值）	标准	小组评分	教师评分	实际得分
素质培养（30）	小组成员任务明确；任务完成有序；对于实训有兴趣和热情；分析报告符合要求；讨论中大家发言踊跃（每个方面6分）			
能力提升（25）	汇报简洁；体验总结内容完整；展示陈述表达流畅；汇报过程注意形象、礼节；报告文字编写规范（每个方面5分）			
知识应用（45）	企业总结报告有时间、地点；商家；购买行为过程；分析评价；个人反思等符合要求（每个方面9分）			
总成绩（Σ100）				

续表

教师评语	签名：　　年　月　日
学生意见	签名：　　年　月　日

任务3　生产资料市场分析

学习目标

素质目标：通过本任务必备知识的学习、案例分析、善恶研判和营销训练，培养同学们在服务生产者的过程中与客户热情沟通交流和给生产者购买提供周到服务的意识。

能力目标：通过本任务的案例分析和营销训练，培养对生产资料市场的认知能力以及对生产者购买行为及实例进行分析的专业能力。

知识目标：通过本任务必备知识的学习，能描述生产资料市场、生产资料分类、生产资料特点、生产者购买行为分析等陈述性知识。

任务驱动

思考：假如你是一位经营计算机公司的营销人员，面对目前的生产者市场，结合你所在地区的实际，分析总结一下企业购买计算机的主要影响因素。

提示：影响生产者购买计算机的因素主要有：环境因素，如政府主管部门或同行竞争者在管理方面提出了更高、更精细的要求；组织因素，企业技术更新、管理水平提升对计算机软硬件提出了新的要求；个人因素，计算机使用者的态度积极与否也影响购买；产品本身，新的计算机产品操作更简便，功能更强大，更适应于企业经营管理需要，就能吸引用户购买。

必备知识

在产品流通过程中，不仅存在着消费品的交换活动，而且存在着生产资料的交换活动。生产资料市场也是一个庞大的市场，有其市场运行的特点，不同的购买类型影响生产资料市场购买的因素也有差异。为了更好地满足生产资料市场购买者需求，就必须科学地对生产资料市场进行分析。

一、生产资料市场的含义

生产资料市场是指生产者为了进行生产和再生产的需求而购买产品或劳务的市场。生产资料市场与消费市场最大的区别就是生产资料的购买者是组织而不是个人，其购买动机是为了再加工制造，而不是为了个人消费。因此，其又可称为“非个人用户市场”“非最终用户市场”。

二、生产资料的分类

生产资料与消费资料共同构成社会物质资料即社会总产品。生产资料是指人们在生产过程中所使用的劳动资料和劳动对象的总和。生产资料范围广、品种多，一般可分为三大类。

（一）完全进入成品的物品，包括原材料、零部件

1. 原材料

原材料是指未经加工但可以经过制造程序变成产品实体一部分的工业品，他们处于生产过程的起点，并完全加入生产过程，如原油、原煤、矿石、农产品原料等。

2. 零部件

零部件是指经过加工已成为用于整机装配并成为用户成品的一个组成部分的工业用品，如电机、轴承、仪表、仪器、轮胎等。

（二）部分进入成品的物品，包括固定设备、辅助设备、建筑物和土地

1. 固定设备

固定设备是指必须安装在用户厂房内的实体产品，如机床、冲床、电子计算机、升降机等。

2. 辅助设备

辅助设备是指起辅助作用的设备，如工具、模具、打印机、复印机等。

3. 建筑物和土地

建筑物主要是指厂房、办公楼等建筑物及附属设施；土地是指企业的厂区用地。

（三）未进入成品的物品，包括附属物料、服务

1. 附属物料

附属物料也称消耗品。这类产品是维持企业经营活动所必需的，但其本身不能转为实体产品的一部分，如润滑油、砂轮、锯条、清洁用品、办公用品。

2. 服务

服务是指所有的无形产品。在很多情况下，服务与实体产品一起购买。

小思考：农业生产中使用的化肥、种子是生产资料吗？

三、生产资料市场的特点

与消费者市场相比，生产资料市场具有如下特点：

（一）衍生需求

生产资料市场的需求属于衍生需求，它是基于消费品的需求而衍生出来的。比如，个人或家庭需要洗衣机，才促使洗衣机厂商对钢材、电机、设备等生产资料产生需求。消费市场需求的增减变化常常会导致生产资料市场需求的相应变化。所以，生产资料的营销人员应时刻关注消费市场的变化动向，经常分析构成需求的原因，准确判断生产资料市场的相应变化趋势，超前开展有效的营销活动。

（二）需求缺乏弹性

与消费品市场相比，生产资料市场的需求受价格变动的影响不大，即需求的价格弹性较小。形成这一特点的最主要原因是生产资料市场需求的衍生性。例如，假定预期某年汽车的需求量为100万辆，按一辆车需5只轮胎（其中一只备用胎）计算，则轮胎厂预计可销售500万只轮胎。很显然，轮胎需求是基于汽车的需求而产生的，只要汽车需求量不变，轮胎价格的变动不会对其销售量产生大的影响，即使降价出售，轮胎的销量也不会到500万只以上；而如果价格上涨，其需求量也不会降到400万只以下（省去一只备用胎）。

（三）购买量大，购买者较少

受生产企业生产的周期性及规模化特点的影响，生产资料市场的购买呈现购买频率低、次数少、批量大、购买者相对集中、人数较少的特点。

（四）集体决策，专业采购

生产资料的技术要求很高，通常是由那些经过训练、内行的专业人员进行采购。他们明白所购生产资料的性能、质量、规格、技术细节要求，所运用的专业方法、谈判技巧也很老练。由于生产资料的购买直接影响企业生产的成果，因此，在采购决策过程中，通常是由采购员、工程技术人员、财务人员、厂长经理集体研究后共同作出购买决策。

四、生产者购买行为分析

（一）影响生产者购买行为的主要因素

影响生产者购买行为的因素多种多样，归纳起来有四大类影响因素，如图2－4所示。

1. 环境因素

环境因素包括经济环境、科学技术环境、政治环境、法律环境、竞争环境等，其中影响最大的是经济环境。在经济衰退期间或经营风险较大时，生产者通常会减少对厂房、设备和存货的投资；当原材料供应趋紧而生产经营销售前景看好时，企业会加大对生产资料的采购。

2. 组织因素

组织因素是指企业内部的组织体系。每一个组织都有自己具体的采购目标、政策、程序、组织结构及制度，具有不同的权力和职能。供应企业应当了解购买企业的组织体系，了解有哪些人参与购买决策，购买标准是什么，公司对采购人员实行哪些政策与限制，然

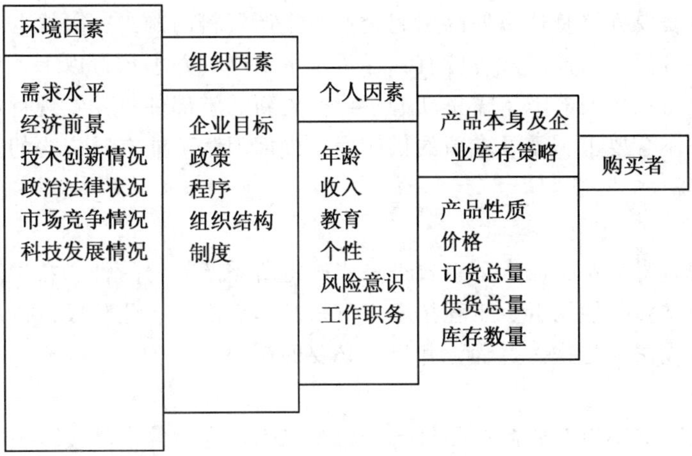

图 2－4　影响生产者购买行为的主要因素

后制定出营销计划和策略，有针对性地开展营销工作。

3. 个人因素

个人因素是指参加购买决策过程的每个人的动机、感知、爱好与期望。个人因素来自个人的年龄、收入、教育、职位、个性及对风险的意识。这些因素会影响各个参与者对要采购的商品的感觉、看法，会对购买行为产生不同程度的影响。

4. 产品本身及企业库存策略

产品本身包括产品的性质、价格、订货总量与供货总量。产品本身会影响企业的库存策略，进而影响生产者的购买行为，决定生产者是经常购买、不定期购买抑或定期购买。自然环境因素中的重要原料的短缺，也会令生产企业采取购买和掌握大量稀缺原料的存货策略，以保证充足的供应。

（二）生产者购买决策过程

生产者购买决策过程一般包括八个阶段，即识别需求、确定需求、说明需求、物色供应商、征求报价、选择供应商、正式订货、绩效评估，如表 2－3 所示。

表 2－3　　生产资料购买过程的主要阶段

购买类型 购买过程的阶段	新　购	直接重购	修正重购
1. 识别需求	需要	不必	可能需要
2. 确定需求	需要	不必	可能需要
3. 说明需求	需要	不必	需要
4. 物色供应商	需要	不必	可能需要
5. 征求报价	需要	不必	可能需要
6. 选择供应商	需要	不必	可能需要
7. 正式订货	需要	不必	可能需要
8. 绩效评估	需要	需要	需要

1. 识别需求

识别需求就是要弄清是什么原因引起企业对生产资料的购买，一般有企业的内部因素与外部因素两个方面。内部因素可能有：存货水平下降到基本数量以下；推出新产品必需的新原料、新设备；机器故障，需重新购买或配置新的零部件；发觉现行供应商的产品质量、价格、服务不合要求，需寻求新的供应商。外部因素可能有：广告的影响、供应商市场营销的影响等。

2. 确定需求

生产者发现自身的购买需求后，要进一步确定所需产品的品种、数量等。采购复杂的商品，采购员往往要与使用者、工程技术人员一起作出决定。此阶段，供应商的营销人员要通过各种途径设法参与这一过程，并提供必要的帮助。

3. 说明需求

企业要成立专家小组对所需产品进行分析，以确定合理的产品技术规格。一般多采用价值工程分析方法，即将产品及其构件的功能与各自的成本或费用对比，得出它们的经济效益，确保产品功能的必要性。此阶段，供货方也可以采用这一方式向购买方展示自身产品在具备必要功能方面具有的优越性。

4. 物色供应商

企业可通过多种途径搜集有关供应商的信息，如翻阅贸易指南、利用互联网检索等，将那些信誉好、合乎自身要求的供应商列为备选对象。此阶段，供应商应通过各种途径宣传介绍自己，扩大知名度，树立良好的信誉。

5. 征求报价

在对可能的供应商进行筛选后，采购主管就应邀请合格的供应商提交申请书，开出报价单。此时，供应商要根据买方要求，将产品的技术性能、报价、以后提供的相关服务等写成营销文案交给对方，力求有说服力。

6. 选择供应商

负责采购的有关人员对供应商提供的申请书进行审查和评价，一般是根据供应商产品的质量、价格、信誉、按时交货能力、维修能力、技术支援等来评价供应商，选择最有吸引力的供应商。在作出最后选择之前，采购者也许要与所看中的供应商谈判以争取更好的价格及其他条件，最后选定一个或少数几个供应商。通常许多采购者都倾向于选择多个供应商，避免完全依赖于一个供应商，以免受制于人，同时可使供应者之间展开竞争，使其进一步做好供应工作。

7. 正式订货

企业选定供应商后就开始正式订货。一般由采购经理与供应商洽谈，与供应商就产品技术质量要求、购买数量、价格、交货时间、退货办法、保证等签订购货合同。

8. 绩效评估

采购经理通过征求本单位使用者的意见，请求他们对产品使用的满意程度作出评估，同时检查和评价各个供应商履行合同的情况，然后根据评估结果决定以后是否继续向某个供应商采购产品。

【互动问题】“营销是没有专家的，唯一的专家是用户，就是你只要能打动用户就行了。”请从营销伦理和职业道德角度说说你对这种观点的理解。

（三）生产者购买行为类型

生产资料购买者的购买行为主要有直接重购、修正重购和新购三种类型。

1. 直接重购

直接重购是指企业的采购部门按照常规和过去的订货目录再次购买。此时，采购者的购买行为是惯例性的。采购部门通常是按过去的订货目录向原来的供货单位订货，在这种情况下，原来的供应商应尽力保持产品质量和服务质量，并采取有效措施来提高采购者的满意度。

2. 修正重购

修正重购是指采购者根据企业自身的生产经营需要适当改变所要采购产品的品种、规格、价格等条件或供应商。由于要做上述这几方面的改变，因而企业决策的难度和工作量也将随之增大。修正重购既会给原来的供应商造成威胁，又会给新的供应商提供机会，从而使供应商之间的竞争更为激烈。

3. 新购

新购是指企业为增加新的生产项目或更新设备而第一次购买某一产品或服务。一般来说，新购产品价值越高，费用越大，风险越大，企业决策时需要投入的人力、财力、物力、信息量越多，决策也较为慎重。生产企业实施新购，为供货企业提供了市场机会，因此，供货企业应当派出强有力的经销人员小组去推销自己的产品，并向购买企业提供该产品的信息及服务，争取获得订单。

相关链接

生产资料市场又叫产业市场，它是指以个人和组织购买货物或劳务，用来生产其他货物和劳务，以出售、出租给其他个人和组织。

西方市场学者认为，产业市场主要由以下产业组成：农业、林业、水产业、矿业、制造业、建筑业、运输业、通信业、公用事业、银行业、保险业、服务业等。

案例分析

美国时间2018年4月16日，美国商务部宣布将对中兴实施为期7年的技术禁售令，禁止美国公司向中兴直接以及间接出售零部件、商品、软件和技术。4月18日，美国联邦通讯委员会全票通过禁止美国运营商使用联邦补贴，从可能威胁国家安全的设备厂商采购商品的建议。

对于这次制裁，中兴表态：“在相关调查尚未结束之前，BIS执意对公司处以最严厉的制裁，对中兴通讯极不公平，我们不能接受。”

尽管中兴智能机产品在国内市场影响力不足，但在美国市场中兴是出货量排名前四的巨头。经过多年的积累，中兴在美国市场已经站稳了脚跟。只是中兴主要是依靠运营商渠道出货，而运营商渠道又是一个极易受政策影响的渠道。可以预见，中兴的智能机业务势必受此影响。

问题：

从美国制裁中兴事件中你想到了什么？

分析讨论：

个人：每位同学认真思考案例提出的问题，把自己的思考写在固定的学习本上。

小组：请同学们每4人分为一组，推选1人为组长，1人记录，要求每位同学陈述自己的看法。大家讨论后形成小组意见，准备在班级交流。

全班：每组选一位代表陈述本组观点，其他同学可以点评。

教师：记录每组重要观点，最后总结点评。

善恶研判

背景资料：

高德软件有限公司以侵犯商业秘密、构成不正当竞争为由起诉“滴滴”，从而引发关注。高德公司认为“滴滴”伙同高德公司内部高级经理拉拢掌握核心机密的六名员工跳槽，给公司造成严重损失，因此发起诉讼，索赔总计7500万元。

此外，高德还诉称，“滴滴”使用引人误解的片面宣传，借此掩盖自己的短板，贬低其他同业经营者，严重损害了代表社会公共利益的市场竞争秩序，构成不正当竞争，应承担法律责任。

问题：

本案例中存在哪些营销伦理和职业道德问题？

讨论分析：

个人：结合已经学习的内容和收集的资料，试对上述案例中的问题做出你的营销伦理和职业道德研判，并说明你做出营销伦理和职业道德研判所依据的行业道德和伦理规范。

小组：同学们每4人分为一个小组进行讨论，1人记录，形成小组意见，准备在班级交流。

全班：各小组推选一位代表陈述本小组观点。

教师：记录各小组陈述要点，进行点评。

参考答案

营销实训

收集生产资料市场营销实例

1. 背景资料

从网络或者报纸、杂志上收集企业生产资料营销实例，了解生产资料营销过程及特点。

2. 实训目标

素质目标：通过参与收集生产资料市场营销实例实训活动，培养同学们小组合作和营销活动参与意识，培养同学们积极参与营销的热情和兴趣。

能力目标：通过参与收集生产资料市场营销实例实训活动，培养同学们搜集生产者购买行为相关信息的能力。

知识目标：通过参与收集生产资料市场营销实例实训活动，让同学们熟悉生产者购买动机和行为相关内容，了解生产者购买动机和购买行为的特殊性。

3. 实训步骤

(1) 学生4人分为一组，每个同学收集一个实例，结合自己收集到的企业生产资料购买实例，对照生产者购买过程进行对比分析。

(2) 分析企业生产资料购买的最初动机，企业是从哪里找到各种货源信息的，他们是如何作出选择的？影响影响生产资料购买决策的主要因素是什么？

(3) 把以上内容列出草稿，与本组两位以上同学交流，听取他们的意见，在此基础上用你认为最好的方式进行展示。每个同学完成一份对比分析报告。

(4) 教师根据同学们完成分析报告的情况，每组选1名同学在班级交流，最后老师总结点评。

4. 成果评价（见表2-4）

表2-4　收集生产资料市场营销实例评分表

项　目（分值）	标　准	小组评分	教师评分	实际得分
素质培养（30）	小组成员任务明确；任务完成有序；对于实训有兴趣和热情；分析报告符合要求；讨论中大家发言踊跃（每个方面6分）			
能力提升（25）	汇报简洁；分析报告内容完整；展示陈述表达流畅；汇报过程注意形象、礼节；分析报告文字编写规范（每个方面5分）			
知识应用（45）	实例分析报告有时间、地点；商家；购买行为过程；分析评价；个人反思等符合要求（每个方面9分）			
总成绩（∑100）				
教师评语	签名：　年　月　日			
学生意见	签名：　年　月　日			

练习与实训

一、基本概念

消费品市场　生产资料市场　选购品　特殊品　修正重购

二、填空题

1. 市场是________、________、________的集合。
2. 市场形成的条件是买方和卖方、________、________、________及其他条件。
3. 市场按营销环节可分为________、________。
4. 市场营销的功能包括________、________、________三种功能。
5. 5W1H 的具体内容为________、________、________、________、________、________。

三、选择题

1. 按市场主体划分，可分为（　　）等。
A. 消费者市场　B. 生产者市场　C. 技术市场　D. 转卖者市场
E. 政府市场
2. 按市场的时间标准划分，可分为（　　）。
A. 现货交易市场　B. 现金交易市场　C. 期权交易市场　D. 期货交易市场
3. 消费品按消费者购买习惯分为（　　）。
A. 日用品　B. 选购品　C. 耐用品　D. 特殊品
4. 影响生产者购买行为的主要因素有（　　）。
A. 环境因素　B. 组织因素　C. 个人因素　D. 产品本身　E. 文化因素
F. 社会因素
5. 下列商品中属选购品的是（　　）。
A. 香皂　B. 摩托车　C. 洗发水　D. 照相机
6. 某夫妇周日携刚上小学的男孩逛百货大楼，路过“鞋城”时，小孩突然要求购买在电视广告中经常出现的 130 元一双的“彪马”运动鞋，后经该夫妇商量，并说服小孩，买了一双 35 元的“四驱兄弟”运动鞋。这种购买决定属（　　）。
A. 理智型购买　B. 情感型购买　C. 习惯型购买　D. 经济型购买
7. 下列产品中通常不属直接重购类型的是（　　）。
A. 矿石　B. 办公用品　C. 劳保用品　D. 零配件　E. 电子计算机
8. 下列产品中属直接重购产品的是（　　）。
A. 煤炭　B. 润滑油　C. 物料　D. 小型工具

四、判断题

1. 衣食住行等需求是每个人都需要的，因此，所有人的需要都是大体相同的。（　　）
2. 消费者需求是多种多样的，因此，他们的动机也是多种多样的。（　　）
3. 生产资料市场非最终用户市场。（　　）

4. 经济型消费者的购买行为就是以商品结实耐用作为选购商品的标准。 （ ）
5. 需求的季节性是指消费者的需求因季节的不同而不同。 （ ）

五、简答题

1. 消费品市场的特点是什么？如何对消费品市场进行分析？
2. 消费品可分为哪几大类？
3. 消费者购买行为有哪些类型？
4. 生产者购买生产资料一般要经过哪几个阶段？
5. 简述消费者购买模式。
6. 将表2-5中列出的需求项目，正确地填进需求层次的对应类型中（马斯洛五层次需求理论）。

表2-5　　消费需求分析表

需求类型	需求项目

A. 购买一辆豪华汽车　B. 参加运动会　C. 投资退休计划
D. 参加一场婚礼　E. 购买汽车保险　F. 买一张比萨饼
G. 因为疾病而买药　H. 写一本小说　I. 申请一项工作
J. 参加舞会　K. 变得更加健美　L. 在冬季取暖

7. 李先生任职采购员，在采购下列产品时，他应与供应商商讨哪些条件？
A. 文具　B. 原材料　C. 生产机器
8. 试说明购买以下产品或服务的决策过程。
A. 一本市场学书籍　B. 任何超过3000元的产品或服务

六、案例分析

杭州“狗不理”包子为何无人理

“狗不理”包子是我国饮食行业的一个著名品牌。正宗的“狗不理”包子以其鲜明的特色而享誉神州，其薄皮、水馅、滋味鲜美，咬一口汁水横流让人垂涎三尺。杭州“狗不理”包子店是天津狗不理集团在杭州开设的分店，地处商业黄金地段，但开店后生意并不理想，一度是“门前冷落车马稀”。在天津和其他北方城市颇受欢迎的“狗不理”包子为什么在杭州城受到冷落，这个问题值得深思。当“狗不理”一再强调其鲜明的产品特色时，却忽视了消费者是否接受这一特色，因此受挫也就可以理解了。

——选自任会福、李娜：《市场营销理论与实务》，人民邮电出版社2011年版。

分析：

（1）这则案例说明了什么？

（2）从消费者角度分析，你认为“狗不理”包子在开拓市场时应注意什么？

七、综合实训

实训任务　消费者购买决策和购买行为调查

1. 背景与情境

你们学习了市场营销相关知识后，对每位消费者的购买心理、购买过程很感兴趣，你们想了解顾客在实际购买中是依照什么心理和动机，怎样做出购买决策，怎样实施购买的。刚好你们家（同学家、亲戚家）购买了某大件商品。你们很想结合所学的相关消费者购买决策和购买行为知识，对他们这次商品购买心理、购买决策、购买实施、购后感受等进行一下调研。

2. 实训目标

（1）素质目标：有解决问题的兴趣和热情，能根据调查对象，合理运用语言沟通、礼仪、礼貌等技巧。

（2）能力目标：运用所学的知识对消费者购买心理、购买动机、买后感受结合实际购买活动进行总结分析。

（3）知识目标：通过消费者购买决策和购买行为调查活动，加深对消费者需求、消费者购买动机、购买决策、买后感受等陈述性知识的理解和掌握。

3. 实训步骤

（1）每组2人，2人认真讨论，要理清本次调查必须了解什么内容，按什么方式调查了解，编写调查提纲。

（2）可通过电话和当面调查了解消费者购买商品的相关情况，并做好详细记录。

（3）实际调查前可通过网络和图书馆搜集消费者购买心理与购买行为相关资料。

4. 实训成果及要求

（1）每组写一份调查报告，调研报告要说明根据什么要求，在什么时间，什么地点，运用什么方式，对谁进行了调查，说明是什么原因消费者要购买这件商品（购买心理），是谁提议（明确提出购买意愿，怎样确定购买的），以什么方式购买（购买过程），买后感受（使用产品带来的好处）。每组自己设计展示内容的方式。

（2）报告不少于800字。

5. 实训时间（2课时）

在学生学习本项目内容开始时，即可让学生分组，布置本实训任务，利用课余时间进行调研，并积极撰写调研报告。在本项目学习完后，用2个课时让各小组介绍展示本组报告，其他组同学可发表个人意见，最后由老师点评。经过展示点评，各组认真修改完善实训报告，并把修改后的报告在班级微信平台展示交流。

6. 实训评价（见表2－6）

表2－6　　消费者购买决策和购买行为调查实训评价表

项　　目	评价标准	分　值	小组个人自评（30%）	小组成员互评（30%）	教师评价（40%）	小　　计
素养培养（∑30）	参与实训的态度端正，纪律性强，小组讨论积极踊跃	10				
	表现出细致、严谨的工作作风，能主动提出关于消费者调查工作中的一些问题	10				
	能够结合本实训任务认识到消费者调查工作的价值	10				
能力提升（∑20）	能将所学的消费者购买动机和购买行为等专业知识运用到实训任务中，学以致用	10				
	能依据调查情景和具体条件，选择制定合理的调查方案，具有较强的行动能力	10				
知识应用（∑20）	通过对消费者调研进一步理解消费者购买动机和购买行为等陈述性知识	10				
	能理解和掌握消费者调查原理和方法等相关知识	10				
项目成果展示（∑30）	能够独立完成实训任务，在完成实训任务中能主动提出一些问题	10				
	消费者购买决策和购买行为调查报告结构完整，无错别字，观点正确	10				
	消费者购买决策和购买行为调查报告汇报形式新颖，语言流畅，语速恰当，有感染力	10				
合计		100				

参考答案　　　项目二 PPT

项目三
市场细分与目标市场

导读案例

资生堂的市场细分

20 世纪 80 年代以前，资生堂实行的是一种不对顾客进行细分的大众营销策略，即希望自己的每种化妆品对所有的顾客都适用。20 世纪 80 年代中期，资生堂因此遭遇重大挫折，市场占有率下降。1987 年，公司经过认真反省以后，决定由原来的无差异的大众营销转向个别营销，即对不同顾客采取不同的营销策略，资生堂提出的口号便是“体贴不同岁月的脸”。他们对不同年龄阶段的顾客提供不同品牌的化妆品。例如，为十几岁少女提供的是 RECIENTE 系列，二十岁左右的是 ETTUSAIS 系列，四五十岁的中年妇女则有长生不老 ELIXIR 系列，五十岁以上的妇女则可以用防止肌肤老化的资生堂返老还童 RIVITAL 系列。

提示：从这则案例我们可以看到，资生堂在市场上经历了重大挫折后能认真反思总结，将自己的产品根据消费者需求情况，分别针对不同年龄阶段的消费群体进行细分，设计生产不同的产品，最终走出困局，再现辉煌。

任务 1 市场细分

学习目标

素质目标：通过本任务必备知识的学习、案例分析、善恶研判和营销训练，培养同学们在市场细分过程中关注营销职业道德和营销伦理问题，对消费品市场要关注健康消费、绿色消费、文明消费，对生产资料市场要关注绿色、环保、安全、效益等问题的意识。

能力目标：通过本任务的案例分析和营销训练，培养同学们对常见市场运用两个以上的标准进行细分的能力。

知识目标：通过本任务必备知识的学习，能以自己的理解描述什么是市场细分，为什么要进行市场细分；市场细分的标准、条件是什么等陈述性知识。

任务驱动

思考：“全球各地都是我们企业的市场，所有人都是我们的用户和潜在用户”，你对这样的观点有何看法？

提示：从市场营销的角度看，不管世界什么地方，只要有人，只要有一定的购买力和购买欲望就应该有市场，而由于人们的需求是多方面的，满足同一需求的商品又多种多样，任何一个企业都很难满足消费者的各种需求。因此，每一个企业都应放眼全球进行市场调研分析，根据企业的资源和经营能力进行科学的市场细分，然后选择和确定目标市场，才能在激烈的市场竞争中求得生存和发展。

必备知识

社会主义市场经济的发展，使许多企业认识到，企业不可能或至少不能以同一种产品吸引市场上所有的购买者，每个企业必须找到它最有能力满足且获利最大的市场部分，并把营销活动集中于该市场，而这首先就需要对市场进行细分。本任务就是学习市场细分相关的知识，通过学习提升市场细分的职业能力。

一、市场细分的含义

市场细分是企业确定目标市场和制定市场营销策略的必要前提，是现代市场营销中一个十分重要的概念。

所谓市场细分，是根据构成总体市场的不同消费者的需求特点、购买行为和购买习惯，把某一产品的市场整体划分为若干个顾客群体，每一个由需求特点相似的顾客组成的群体构成一个细分市场。因此，分属不同细分市场的顾客对同一产品的需求与欲望存在着明显的差异，而属于同一细分市场的顾客，他们的需求与欲望极为相似。

由此可知，市场细分有以下几个特点：

第一，市场细分的客观基础是顾客需求的差异性。这些差异是客观存在的，它是由消费者所处的不同地理环境及千差万别的文化、社会、个人和心理特征的影响而形成的。因此，市场上任何一项产品或服务如果包含两个以上的消费者，从理论上讲，这个市场就可以细分。

第二，市场细分的实质是细分消费者，而不是细分产品。我们知道，在市场上有着各种不同需求的消费者，企业进行细分，就是要辨别不同需求与欲望的消费者，然后把需求与欲望基本相同的消费者归为一类，这样就可以把一个整体市场划分成若干个细分市场，即“异中求同”。由此可知，市场细分并不是一个单纯的市场分解过程，它实质上是通过市场分解，把那些需求特点相似的顾客聚合在一个群体中，因此，分解是手段，聚合才是目的。

第三，市场细分的原则是：各细分市场之间，需求差异应尽可能大；各细分市场之内，需求差异应尽可能小。即各个不同的细分市场之间，消费者的需求存在着明显的区别；而在每个细分市场内，消费者的需求却具有相似性。

第四，市场细分的最终目的是选择和确定目标市场，制定最佳市场营销策略，达到企业预期的目标。

小思考：某健身俱乐部计划招募百名会员顾客，它有市场细分的必要吗？为什么？

二、市场细分的标准

市场细分的基础是顾客需求的差异性，所以凡是使顾客需求产生差异的因素都可以作为市场细分的标准。由于各类市场的特点不同，因此市场细分的标准也有所不同。

（一）消费品市场的细分标准

消费品市场的细分标准可以概括为地理因素、人口统计因素、心理因素和行为因素四个方面，每个方面又包括一系列的细分变量，如表3-1所示。

表3-1 消费品市场细分标准及变量一览表

细分标准	细分变量
地理因素	地理位置、城镇大小、地形、地貌、气候、交通状况、人口密度等
人口统计因素	年龄、性别、职业、收入、民族、宗教、教育、家庭人口、家庭生命周期等
心理因素	生活方式、性格、购买动机、态度等
行为因素	购买时间、购买数量、购买频率、购买习惯（品牌忠诚度），对服务、价格、渠道、广告的敏感程度等

1. 按地理因素细分

按地理因素细分，就是按消费者所在的地理位置、地理环境等变数来细分市场。

（1）地理位置。其可以按照行政区划来进行细分，例如，在我国，可以划分为东北、华北、西北、西南、华东和华南几个地区；也可以按照地理区域来进行细分，如划分为省、自治区、市、县等，或内地、沿海城市、农村等。在不同地区，消费者的需求显然存在较大差异。

（2）城镇大小。其可划分为大城市、中等城市、小城市和乡镇。处在不同规模城镇的消费者，在消费结构方面存在较大差异。

（3）地形和气候。其按地形可划分为平原、丘陵、山区、沙漠地带等；按气候可分为热带、亚热带、温带、寒带等。防暑降温、御寒保暖之类的消费品就可按不同的气候带来划分。例如，在我国北方，冬天气候寒冷干燥，加湿器很有市场；但在江南，由于空气中湿度大，基本上不存在对加湿器的需求。

2. 按人口统计因素细分

按人口统计因素细分，就是按年龄、性别、职业、收入、家庭人口、家庭生命周期、民族、宗教、国籍等变数，将市场划分为不同的群体。由于人口变数比其他变数更容易测量，且适用范围比较广，因而人口变数一直是细分消费者市场的重要依据。

（1）年龄。按年龄将市场划分为许多各具特色的消费者群，如儿童市场、青年市场、中年市场、老年市场等。从事服装、食品、保健品、药品、健身器材、书刊等商品生产经营业务的企业，经常采用年龄变数来细分市场。

（2）性别。按性别可将市场划分为男性市场和女性市场。不少商品在用途上有明显的性别特征，例如，妇女是服装、化妆品、节省劳动力的家庭用具、小包装食品等市场的主要购买者，男士则是香烟、饮料、体育用品等市场的主要购买者。美容美发、化妆品、珠宝首饰、服装等许多行业，长期以来都是按性别来细分市场。

（3）收入。根据平均收入水平的高低，可将消费者划分为高收入、次高收入、中等收入、次低收入、低收入五个群体。收入高的消费者就比收入低的消费者购买更高价的产品，如钢琴、汽车、空调、豪华家具、珠宝首饰等；收入高的消费者一般喜欢到大百货公司或品牌专卖店购物，收入低的消费者则通常在住地附近的商店、仓储超市购物。因此，汽车、旅游、房地产等行业一般按收入变数细分市场。

（4）民族。我国是一个多民族的大家庭，除汉族外，还有55个少数民族。这些民族都各有自己的传统习俗、生活方式，从而呈现出各种不同的商品需求。只有按民族这一细分变数将市场进一步细分，才能满足各族人民的不同需求，并进一步扩大企业的产品市场。

（5）职业。不同职业的消费者，由于知识水平、工作条件和生活方式等不同，其消费需求存在很大的差异，例如，教师比较注重书籍、报刊方面的需求，文艺工作者则比较注重美容、服装等方面的需求。

（6）教育状况。受教育程度不同的消费者，在志趣、生活方式、文化素养、价值观念等方面都会有所不同，因而会影响他们的购买种类、购买行为、购买习惯。

（7）家庭人口。家庭人口数量不同，在住宅大小、家具、家用电器乃至日常消费品的包装大小等方面都会出现需求差异。

3. 按心理因素细分

按心理因素细分，就是将消费者按其生活方式、性格、购买动机、态度等变数细分成不同的群体。

（1）生活方式。生活方式是人们对工作、消费、娱乐的特定习惯和模式，不同的生活方式会产生不同的需求偏好，如传统型、新潮型、节俭型、奢侈型等。这种细分方法能显示出不同群体对同种商品在心理需求方面的差异性，如有的服装公司就把妇女划分为朴素型妇女、时髦型妇女、男子气质型妇女三种类型，分别为她们设计不同款式、颜色和面料的服装。

（2）性格。消费者的性格与对产品的偏爱有很大的关系。性格可以用外向与内向、乐观与悲观、自信、顺从、保守、急进、热情、老成等词句来描述。性格外向、容易感情冲动的消费者往往好表现自己，因而他们喜欢购买能表现自己个性的产品；性格内向的消费者则喜欢大众化，往往购买比较朴素的产品；富于创造性和冒险心理的消费者，则对新奇、刺激性强的商品特别感兴趣。

（3）购买动机。其可按消费者追求的利益来进行细分。消费者对所购产品追求的利益主要有求实、求廉、求新、求美、求名、求安等，这些都可作为细分的变量。

【互动问题】“有人认为只要东西好，价格不是问题；有人认为只要能用，价格越便宜越好。”请从营销伦理和职业道德角度说说你的看法。

4. 按行为因素细分

按行为因素细分，就是按照消费者购买或使用某种商品的时间、购买数量、购买频率、对品牌的忠诚度等变数来细分市场。

（1）购买时间。许多产品的消费具有时间性，企业可以根据消费者产生需要、购买或使用产品的时间进行市场细分，如商家在酷热的夏季大做空调广告，以有效增加销量。

（2）购买数量。据此可分为大量用户、中量用户和少量用户。大量用户人数不一定多，但消费量大，许多企业以此为目标，反其道而行之也可取得成功。例如，文化用品的大量使用者是知识分子和学生，化妆品的大量使用者是青年妇女等。

（3）购买频率。据此可分为经常购买、一般购买、不常购买（潜在购买者）。例如，铅笔，小学生经常购买，中学生有时购买，而工人、农民则不常买。

（4）购买习惯（对品牌忠诚度）。据此可将消费者划分为坚定品牌忠诚者、多品牌忠诚者、转移的忠诚者、无品牌忠诚者等。例如，有的消费者忠诚于某些产品，如海尔电器、中华牙膏等；有的消费者忠诚于某些服务，如某某酒店或饭店等，或忠诚于某一个机构、某一项事业等。为此，企业必须辨别其忠诚顾客及特征，以便更好地满足他们的需求，必要时给忠诚顾客以某种形式的回报或鼓励。

（二）生产资料市场的细分标准

上述消费品市场的细分标准有很多都适用于生产资料市场的细分，但由于生产资料市场有其自身的特点，企业还应采用其他一些标准和变数来进行细分。

1. 按用户的要求细分

产品用户的要求是生产资料市场细分最常用的标准。不同的用户对同一产品有不同的需求，例如，飞机制造公司对所需轮胎要求的安全性比一般汽车生产厂商要高许多；同是钢材，有的用于生产机器，有的用于造船，有的用于建筑等。因此，企业应针对不同用户的需求，提供不同的产品，设计不同的市场营销组合策略，以满足用户的不同要求。

2. 按用户经营规模细分

用户经营规模也是细分生产资料市场的重要标准。按用户经营规模划分，可分为大用户、中用户、小用户。大用户户数虽少，但其生产规模、购买数量大，注重质量、交货时间等；小客户数量多，分散面广，购买数量有限，注重信贷条件等。企业应按照用户经营规模建立相应联系机制和确定恰当的接待制度。

3. 按用户的地理位置细分

每个国家或地区大都在一定程度上受自然资源、气候条件和历史传统等因素影响，形成若干工业区，例如，江苏、浙江两省的丝绸工业区，以山西为中心的煤炭工业区，东南沿海的加工工业区等。这就决定了生产资料市场往往比消费品市场在区域上更为集中，地理位置因此成为细分生产资料市场的重要标准。企业按用户的地理位置细分市场，选择客户较为集中的地区作为目标，有利于节省推销人员往返于不同客户之间的时间，而且可以合理规划运输路线，节约运输费用，也能更加充分地利用销售力量，降低推销成本。

以上从消费品市场和生产资料市场两个方面介绍了具体的细分标准和变量。为了有效地进行市场细分，有以下几个问题应引起注意：

第一，动态性。细分的标准和变数不是固定不变的，如收入水平、城市大小、交通条件、年龄等都会随着时间的推移而变化。因此，应树立动态观念，适时进行调整。

第二，适用性。市场细分的因素有很多，各企业的实际情况又各异，不同的企业在细分市场时采用的细分变数和标准不一定相同，究竟选择哪种变量，应视具体情况加以确定，切忌生搬硬套和盲目模仿。

第三，组合性。要注意细分变数的综合运用。在实际营销活动中，一个理想的目标市场是有层次或交错地运用上述各种因素的组合来确定的。例如，化妆品的经营者将18—45岁的城市中青年妇女确定为目标市场，就运用了四个变量：年龄、地理区域、性别、收入（职业妇女）。

三、有效市场细分的条件

成功、有效的市场细分，必须具备下列条件：

（一）可衡量性

可衡量性是指用来细分市场的标准和变数及细分后的市场是可以识别和衡量的，即有明显的区别，有合理的范围。一般来说，一些带有客观性的变数，例如，年龄、性别、收入、地理位置、民族等都易于确定，并且有关的信息和统计数据也比较容易获得；而一些带有主观性的变数，如心理和性格方面的变数，就比较难以确定。

（二）可进入性

可进入性是指企业能够进入所选定的市场部分，实际上就是考虑营销活动的可行性：一是企业能够通过一定的广告媒体把产品的信息传递到该市场众多的消费者中去；二是产品能通过一定的销售渠道抵达该市场。

（三）可营利性（规模性）

可营利性是指细分市场的规模要大到能够使企业足够获利的程度，使企业值得为它设计一套营销规划方案，以便顺利地实现其营销目标，并且有可拓展的潜力，以保证按计划能获得理想的经济效益和社会服务效益。

四、市场细分的方法和程序

（一）市场细分的方法

1. 单一因素细分法

单一因素细分法即用一个因素对市场进行细分，如按性别细分化妆品市场、按年龄细分服装市场等。这种方法简便易行，但难以反映复杂多变的顾客需求。

2. 综合因素细分法

综合因素细分法即用影响消费需求的两种或两种以上的因素进行综合细分，例如，用生活方式、收入水平、年龄三个因素可将妇女服装市场划分为不同的细分市场，如图3-1所示。

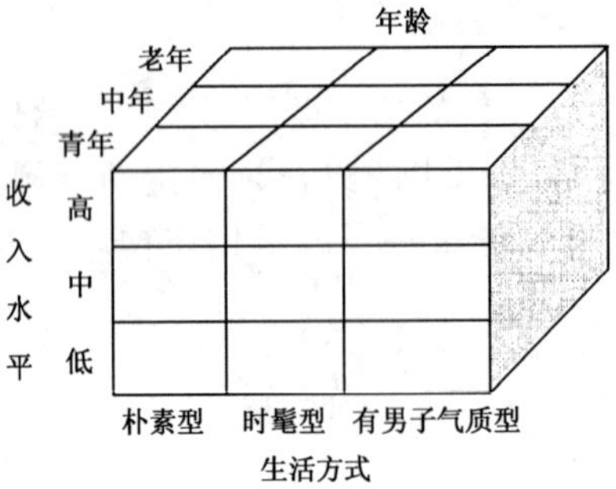

图3－1　综合因素细分法

3. 系列因素细分法

当细分市场所涉及的因素是多项的，并且各因素是按一定的顺序逐步进行，可由粗到细、由浅入深，逐步进行细分，这种方法称为系列因素细分法。目标市场将会变得越来越具体，例如，某地的皮鞋市场就可以用系列因素细分法做细分，如图3－2所示。

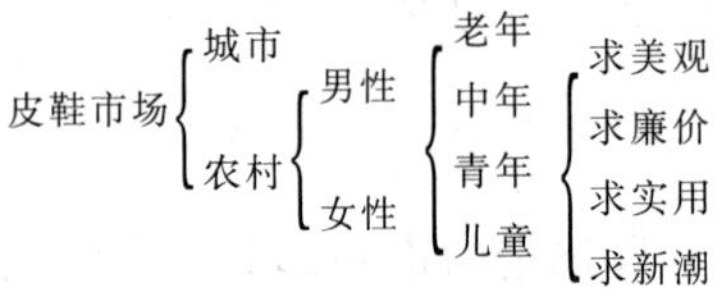

图3－2　系列因素细分法

（二）市场细分的程序

市场细分作为一个比较、分类、选择的过程，应该按照一定的程序来进行。

1. 正确选择市场范围

企业根据自身的经营条件和经营能力确定进入市场的范围，如进入什么行业、生产什么产品、提供什么服务。

2. 列出市场范围内所有潜在顾客的需求情况

根据细分标准，比较全面地列出潜在顾客的基本需求，作为以后深入分析研究的基本资料和依据。

3. 分析潜在顾客的不同需求，初步划分市场

企业将所列出的各种需求通过抽样调查进一步搜集有关市场信息与顾客背景资料，然后初步划分出一些差异最大的细分市场，至少从中选出三个分市场。

4. 筛选

根据有效市场细分的条件，对所有细分市场进行分析研究，剔除不符合要求、无用的细分市场。

5. 为细分市场定名

为便于操作，可结合各细分市场上顾客的特点，用形象化、直观化的方法为细分市场定名，如某旅游市场分为商人型、舒适型、好奇型、冒险型、享受型、经常外出型等。

6. 复核

进一步对细分后选择的子市场进行调查研究，充分认识各细分市场的特点，本企业所开发的细分市场的规模、潜在需求，还需要对哪些特点进一步分析研究等。

7. 决定细分市场规模，选定目标市场

企业在各子市场中选择与本企业经营优势和特色相一致的子市场作为目标市场。没有这一步，就没有达到细分市场的目的。

经过以上七个步骤，企业便完成了市场细分的工作，就可以根据自身的实际情况确定目标市场并采取相应的目标市场策略。

案例分析

老伴手机

浙江华立通信集团推出了一款专为老年人设计的手机——老伴手机，引起老年朋友的关注与青睐，成为手机市场中的亮点。老伴手机集手机和多项实用功能于一体，它专为老年朋友设计了五大基本功能——按键较大、显示字体大、屏幕大、声音大、震动大；六大特色功能——收音机、放大镜、手电筒、助听器、语音报时和语音报号；更加特别的是两个特殊键——紧急呼叫键和子女亲情键，在老年人出现紧急情况时，只需按一个键就可联系到多个能给老人提供帮助的亲人或机构，全方位保障了老年人的安全需求。

老伴手机更是以其精致的礼品盒包装，旨在引导年轻人用这份可以和父母沟通的礼品向父母报养育之恩，尽一份孝道。

问题：

浙江华立通信集团通过对手机市场的细分，细分出老伴手机，这样的市场细分成功吗？试说明理由。

讨论分析：

个人：每位同学结合老伴手机的案例内容，认真思考问题，把自己的思考写在固定的学习本上。

小组：请同学们每 4 人分为一个小组，推选 1 人为组长，1 人记录，每个同学积极陈述个人观点，大家共同讨论形成小组意见，准备在班级交流。

全班：每组选一位代表陈述本组观点，其他同学可提问。

教师：记录各小组陈述观点的要点，最后做点评。

善恶研判

背景资料：

“作业帮”与“小猿搜题”互诉，各索赔 5000 万元。作业帮指控，小猿搜题产品上出现涉黄内容，小猿搜题捏造事实声称是作业帮指使员工发布的，并指派公关公司蓄意诋毁，致使媒体、网络上充斥大量贬损作业帮及其产品的报道和评论内容。作业帮认为小猿搜题的行为严重贬损了作业帮的商业信誉和产品声誉，构成不正当竞争，要求连续道歉 30 日并赔偿经济损失 5000 万元。

此前，小猿搜题向北京市朝阳区人民法院提起诉讼，指控作业帮在小猿搜题产品内蓄意发布非法内容，并通过公关传播、散布虚伪事实，严重侵害小猿搜题名誉权；同时指控百度在其发布的官方声明中违背事实，严重诋毁小猿搜题商誉。小猿搜题分别向作业帮索赔5000万元，向百度索赔1501万元。

这样“互怼”真的好吗？两个竞品之间发现涉黄内容，不论是谁发布的，已经突破了正当竞争的底线。所谓公说公有理，婆说婆有理，到底谁有理，还要看法院掌握的证据。

问题：

本背景资料中存在哪些营销伦理和职业道德问题？

讨论分析：

个人：结合已经学习的内容和收集的资料，试对上述背景资料中的问题做出你的营销伦理和职业道德研判，并说明你做出营销伦理和职业道德研判所依据的行业道德和伦理规范。

小组：同学们每4人分为一个小组进行讨论，1人记录，形成小组意见，准备在班级交流。

全班：各小组推选一位代表陈述本小组观点。

教师：记录各小组陈述要点，进行点评。

参考答案

营销实训

体验市场细分

1. 背景资料

下列是你比较熟悉的空调、自行车、方便面这几种产品，请走访附近商场经营该产品的市场营销人员，实地观察商品种类及结构，查找有关资料，根据市场细分的标准和变量，对其进行细分。

2. 实训目标

素质目标：通过参与体验市场细分的营销实训活动，培养同学们小组合作、与人沟通和自主学习的素养。

能力目标：通过参与体验市场细分营销实训活动，培养同学们观察分析问题、搜集信息和整理资料的能力。

知识目标：通过参与体验市场细分营销实训活动，让同学们熟悉市场细分和市场细分标准、市场细分的方法和程序等内容。

3. 实训步骤

（1）学生4人分为一组，每个同学对三种产品进行市场细分体验。

（2）通过图书、资料、网络等查找相关资料和成功的范例。

（3）实地走访几家经营该产品的企业，走访营销人员，了解该产品目前市场上的种类、产品功能，面对的消费群体、满足的主要需求等方面的信息。

（4）利用市场细分表对该产品市场进行细分。

(5) 在小组讨论的基础上，完善相关内容，分别形成关于空调、自行车、方便面市场细分的体验报告。

(6) 每组推选一位代表在班级交流体验报告，其他同学们可以发表意见，最后老师做点评。

4. 成果评价（见表3-2）

表3-2　市场细分体验初衷评价表

项　目（分值）	标　准	小组评分	教师评分	实际得分
素质培养（30）	小组成员任务明确；任务完成有序；对于市场细分实训有兴趣和热情；分析报告符合要求；讨论中发言踊跃（每个方面6分）			
能力提升（25）	分析报告内容完整；陈述表达流畅；汇报过程注意形象、礼节；分析报告文字编写规范；体验报告上传手机（每个方面5分）			
知识应用（45）	实例分析报告有时间、地点；商家；细分表格设计；细分说明；其他说明事项等符合要求（每个方面9分）			
总成绩（∑100）				
教师评语	签名：　　年　月　日			
学生意见	签名：　　年　月　日			

任务2　了解目标市场的选择

学习目标

素质目标：通过本任务必备知识的学习、案例分析、善恶研判和营销训练，培养同学们在选择目标市场过程中关注营销职业道德和相关法律法规的、关注可持续发展的意识。

能力目标：通过本任务的案例分析和营销训练、培养同学们能结合中小型流通企业实际，运用目标市场策略的相关知识分析和选择目标市场的职业能力。

知识目标：通过本任务必备知识的学习，能正确描述目标市场、目标市场选择的条件和几种模式、目标市场营销策略、目标市场策略选择应考虑的因素等陈述性知识。

任务驱动

思考：有人认为企业规模大时可以把整个市场作为目标市场，你同意这种观点吗？为什么？

提示：不管企业规模大小都要认真选择目标市场。因为任何一个企业的资源——人力、物力、财力、信息和技术水平总是有限的。如果市场营销目标不明确，“全线出击”，势必分散资源，导致自己处于被动地位，既不能有效地满足消费者的需求和欲望，又不能使企业有限的资源发挥最大的经济效益。

必备知识

实践中企业只能结合自己的实际情况，权衡比较各细分市场的利弊，选择具有可行性的市场作为自己的目标市场。本任务就是要学习什么是目标市场，对目标市场如何评估，如何选择目标市场，目标市场确定后应采用什么样的市场营销策略。通过这些基本内容的学习，培养同学们分析市场和选择目标市场的能力。

一、确定目标市场

所谓目标市场，就是在市场细分的基础上，企业决定要进入的最佳市场部分或子市场，即企业的产品或劳务所要满足的特定消费者群。企业的一切营销活动都是围绕目标市场来进行的，选择和确定目标市场，明确企业的具体服务对象，关系到企业目标的落实，是企业制定营销策略的出发点。

（一）目标市场应具备的条件

为了选择适当的目标市场，必须对各个细分市场进行评估。一般来讲，企业的目标市场必须具备以下条件：

1. 有一定的规模

有一定的规模是企业选择目标市场的首要条件之一。不同企业之间的选择相差很大，大企业一般会选择销售量大的细分市场，小企业通常会选择一些小的细分市场。

2. 有一定的发展潜力

评估一个细分市场值不值得去经营开发，不仅要看它现有规模这一静态方面，还要看到它可能发展变化的动态方面。有的市场目前的规模虽然不大，但从长远来看，可能会迅速增长，有一定发展潜力，这样的细分市场值得去经营。

3. 有足够的吸收力

一个市场可能具有适当的规模和发展潜力，但它不一定就可以作为企业的目标市场，因为很可能它缺乏吸引力。所谓吸引力，主要是指长期获利能力的大小。决定某一市场是否具有长期吸引力，主要有五个因素：一是同行业竞争者和细分市场内竞争的威胁；二是潜在进入者和转行的威胁；三是替代品的威胁；四是购买者（顾客）讨价还价的能力；五是供应商讨价还价的能力和合作前景。企业必须充分估计这些因素对长期获利所造成的机会和威胁，以便作出明智的选择。

4. 符合企业的目标和资源

理想的目标市场还必须与企业的目标和资源联系起来考虑。有些细分市场虽然规模适合，也具有吸引力，但由于不符合企业的长远目标，也可能要被放弃。如果符合企业目标，但企业没有足够的资源，不具备相当的实力生产比竞争者更优的产品，那么也不能选择这一细分市场作为企业的目标市场。

【互动问题】 有人说："市场营销就是通过满足消费者需求来创造利润。"请你从营销伦理和职业道德角度分析，这种说法正确吗？说说你的意见。

（二）目标市场的选择模式

通过对有关细分市场的评估，企业会发现一个或几个值得进入的细分市场。这时，企业需要进行选择，即决定进入哪个或多少个细分市场。企业选择目标市场范围的模式或目标市场覆盖模式主要有五种，如图 3－3 所示。图中 P_1、P_2、P_3代表不同档次、规格的产品，M_1、M_2、M_3代表不同的细分市场。

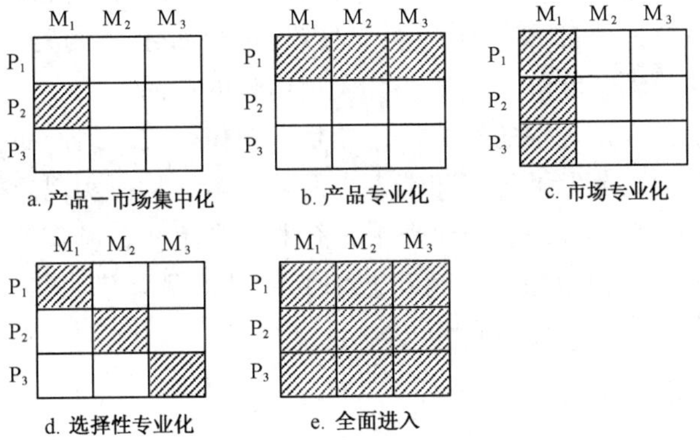

图 3－3　目标市场选择的五种模式

1. 产品—市场集中化

产品—市场集中化是指企业的目标市场，无论从市场的角度还是产品的角度考察，都集中于一个市场层面上。企业只生产经营一种产品，供应某单一的细分市场。这种模式一般适用于资金有限的小企业或初次进入市场的企业，如图 3－3a 所示。

2. 产品专业化

产品专业化是指企业集中生产经营某一种产品，用这一种产品满足各细分市场的需求。该模式可使企业在某个产品方面树立起很高的声誉，扩大销售，如图 3－3b 所示。

3. 市场专业化

市场专业化是指企业向某一个细分市场提供不同种类的产品。这种模式主要为某一个顾客群服务，可降低交易成本，获得良好的声誉，如图 3－3c 所示。

4. 选择性专业化

选择性专业化即企业决定有选择地进入几个不同的细分市场，为不同的顾客提供适应其需求的产品。所选择的几个细分市场必须与企业的目标和资源相适应，但各细分市场之间不一定有必然的联系。这是一种多元化经营模式，可以较好地分散企业的经营风险，但采用这种模式应十分慎重，必须以几个细分市场均有相当的吸引力为前提，如图 3－3d 所示。

5. 全面进入

全面进入是指企业决定全方位地进入各细分市场，为所有顾客群提供他们所需要的不同种类的系列产品。实力雄厚的大企业通常采用这种模式，如图3-3e所示。

二、目标市场策略的类型

目标市场一旦选定，就应考虑采用怎样的营销策略进入目标市场。根据目标市场的独特性和企业自身的情况，有三种目标市场策略可供选择。

（一）无差异性市场策略

无差异性市场策略是指企业只推出一种产品，采用单一的市场营销组合手段，去吸引所有顾客的市场策略。无差异性市场策略对构成市场的各部分一视同仁，即企业把一种产品的整体市场看作一个大的目标市场，不再对市场进行细分。一般来说，这种策略适用于同质市场或具有广泛需求，能够大量生产、大量销售的产品。

该策略的优点是：一是成本的经济性，二是有规模效应。因产品营销方式单一，同时进行大量的生产和经营，节省了生产和销售方面的成本，从而实现规模经济效益。该策略的缺点是：其满足不了消费者的多样化需求，企业产品单一，风险较大，应变能力差。对于大多数的产品来讲，这种策略并不适用。因为一种产品能满足各类顾客的需求是罕见的。对一个企业来说，也不宜长期采用该策略。

（二）差异性市场策略

差异性市场策略是一种以市场细分为基础的目标市场策略。它是指企业选择两个或两个以上的细分市场为目标，推出多种产品，采用不同的市场营销组合手段，凭借产品与市场营销的差异性去分别满足不同顾客群需要的市场策略。差异性市场策略的特征是小批量、多品种生产，全方位营销。

采用这种策略的优点是：可生产多种产品，能够更好地满足各个细分市场的需要，因而通常能使总销售量增加，提高市场占有率，同时可以使企业在细小的市场上占有优势，提高企业声誉，树立良好的企业形象。从今后的趋势看，随着生产的发展、人民生活水平的提高，消费者的需求将愈来愈多样化，将会有越来越多的工商企业实施这种目标市场策略。该策略的缺点是销售成本、费用增加，营销活动复杂化。

实例

汉服走进生活

从年初的《唐宫夜宴》到端午节推出的《洛神水赋》，河南电视台频频“出圈”的系列节目采用大量的汉服元素营造出美轮美奂的盛景，让国人领略了传统中华服饰之美，也为“活”用传统元素提供了好范式。

由汉服引领的视觉文化盛宴已贯穿线上线下，抖音、快手、B站等平台云集了一大批汉服爱好者，以短视频的方式让大众更直观地感受到传统文化的魅力。

如今，越来越多的人选择在平日里身着汉服出行。“90后”汉服爱好者、温州市汉服协会会长旧渔表示，除了在重要场合和传统节假日身着传统汉服外，她平常也会穿一些简单休闲的现代汉服，或是以白衬衫加马面裙等汉服与现代服装混搭的方式出行。

专家认为，“在体验式文化消费过程中，汉服丰富的文化内涵与年轻一代的文化诉求相契合，由此催生了从汉服制造到以汉服为中心的古风文旅活动，这些都使汉服不再是干巴巴的历史资料，也不再是与现代生活相脱节的古代传统服饰，而是鲜活地展现在我们生活中并被赋予现代生活理念的流行时尚，是在继承基础上的创新再造。

（三）密集性市场策略

采取这种策略的企业不是面向整体市场，是只选择一个或少数几个细分市场为目标，以某种营销组合手段，集中全力服务于该市场，以便争取优势地位。这种策略的立足点是：与其在整个市场的占有率低，倒不如集中力量在部分市场拥有较高的占有率。

该策略的优点是可节省市场营销费用，增加盈利，还可提高产品与企业的知名度，必要时还可迅速扩大市场，从而巩固企业的市场地位，提高竞争能力。这种策略对一些小企业尤为适用。这种策略的缺点是：风险大，缺乏多样性，易受竞争的冲击。因为企业所选定的目标市场范围较小，一旦目标市场情况恶化，如出现强大的竞争者，或需求突然发生变化，企业就会陷入困境，具有“把所有的鸡蛋放在一个篮子里”的危险。因此，采用这一策略的企业必须密切关注目标市场的需求动向，制定应急措施，加强风险防范意识，并在具有一定实力时扩大市场范围，以分散经营风险。

小思考：密集性市场策略追求的不是在较大市场上占有较少的份额，而是在较小的市场上占有较大的份额，这样理解对吗？

以上三种目标市场策略的区别如表3-3所示。

表3-3　三种目标市场策略的区别

策略种类	目标市场营销策略
无差异性市场策略	市场营销组合手段——→整体市场
差异性市场策略	市场营销组合手段Ⅰ——→细分市场Ⅰ 市场营销组合手段Ⅱ——→细分市场Ⅱ 市场营销组合手段Ⅲ——→细分市场Ⅲ
密集性市场策略	市场营销组合手段——→ 细分市场Ⅰ / 细分市场Ⅱ / 细分市场Ⅲ

三、目标市场策略的选择

上述三种目标市场策略各有利弊。一个企业到底选择哪种目标市场策略，应根据企业的具体情况权衡利弊，作出决定。一般情况下，应考虑以下因素：

（一）企业实力

企业实力主要是指企业的人力、物力、财力、营销能力、管理能力等。如果是实力雄厚、资源充足的大企业，有可能占领较大的市场，可采用差异性市场策略或无差异性市场策略；如果是实力不足、资源有限的中小企业，无力顾及整个市场，则可采用密集性市场策略。

（二）产品特点

产品特点是指产品在性能、特点等方面是否同质，能否改型变异。某些产品如食盐、大米、钢材等，不同顾客的需求大体相同，可以认为是“同质”产品，宜采用无差异性市场策略；而另外一些产品如服装、轿车、家具等，消费者对其品质、性能、规格、型号、花色、品种等方面存在较大的差异，则宜采用差异性市场策略或密集性市场策略。

（三）市场特点

如果目标市场上所有顾客的需求偏好大致相同，每一时期的购买数量相同，对市场营销刺激的反应基本一致，这种市场称为同质市场，适宜采用无差异性市场策略。相反，如果所选择的目标市场上消费者的需求、爱好、购买习惯存在很大差异，这种市场称为异质市场，适宜采用差异性市场策略或密集性市场策略。

（四）产品市场生命周期

产品市场生命周期包括投入期、成长期、成熟期和衰退期，根据各阶段的特点，可采用不同的目标市场策略。产品处在投入期或成长期时，由于竞争不激烈，顾客的需求差异也没有充分地表现出来，因此企业不宜提供过多的品种，适宜采用无差异性市场策略，以探测市场需求或潜在需求。进入成熟期后，市场产品增多，供需趋于饱和，市场竞争加剧，顾客需求差异明显且日益多样化，企业这时应采用差异性市场策略。在衰退期，为保持原有市场，延长产品市场生命周期，可采用密集性市场策略。

（五）竞争者所采用的目标市场策略

企业采用何种目标市场策略，往往还要视竞争对手的情况而定。当竞争者较少或竞争对手较弱时，可采用无差异性市场策略；反之，则应选择差异性或密集性市场策略，一般不宜采用相同的策略，因为这将导致激烈的竞争。当强大的竞争对手实施无差异性市场策略时，企业可以实行差异性或密集性营销；而当对手实施差异性营销时，企业可以实行密集性营销。当然，如果竞争对手实力较弱时，也可采用与之相同的营销策略。

以上所述只是一般原则。由于市场上竞争双方的情况经常变化，企业应在实战中根据竞争格局和市场具体情况，灵活采用适当的策略，确立企业相对的竞争优势。

相关链接

目标市场特征调查分析表见表3－4。

表3－4　目标市场特征调查分析表

问卷内容	答　案
1. 消费者需要什么	
消费者真正需要的价值是什么	
2. 消费者在何处满足自己的需要	
消费者在哪里购买该产品	
消费者在哪里使用该产品	
消费者为什么到甲店购买，而不到乙店购买	
3. 消费者何时满足自己的需求	
消费者在何时使用该产品	
4. 消费者为何有此需求	
消费者因为什么原因而使用该产品	
5. 消费者如何满足自己的需求	
产品是单独使用还是成套使用	
消费者是单独购买还是几个人购买，通常购买是几个人	
6. 消费者消费特征如何变化	
有哪些因素会促使消费者增加购买该产品	
有哪些因素会导致消费者放弃该产品	
消费者消费特性变化趋势	
……	

案例分析

选准目标市场

北京伯芙曼化妆品公司是一家集科研、生产、贸易为一体的独资化妆品公司。该公司已成功拥有“伯芙曼”“欧玛莉”“欧米娃”三大品牌，产品以高中档为主。“伯芙曼”化妆品拥有护肤、洗发护发、彩妆三大类产品共264个单品，其中护肤类包括156个单品；“欧玛莉”化妆品拥有全天候保温系列、美白精华系列、活肤防皱系列、除痘去疤系列、维生素护肤系列、粉底系列、眼部护理系列等产品，共计51个单品，主要面对广大白领女士市场；“欧米娃”化妆品拥有沐浴系列、洗发系列、护肤系列、呵护系列等30多个单品，主要面向婴幼儿宝宝市场。

问题：

案例中该企业选择目标市场的策略成功吗？请分析原因。

讨论分析：

个人：每位同学根据案例资料和问题，在固定的学习本上记下自己对该企业选择目标市场策略的思考。

小组：请同学们每4人分为一个小组，推选1人为组长，1人记录，每个组员依次陈述自己的观点，共同讨论形成本小组意见，准备在班级交流。

全班：每个小组选一位代表在班级陈述本小组观点，其他同学可以点评。

教师：记录各组陈述观点要点，最后做点评。

善恶研判

背景资料：

达芬奇家具造假事件引起社会对洋品牌的思考。国家工商联家具装饰业商会橱柜专业委员会执行会长表示，达芬奇家具造假事件充分暴露了行业内部一些不法企业为牟取暴利而完全无视消费者的权益。他们欺骗消费者的行为也让消费者更加清楚地认识到家具行业存在的某些陷阱，开始变得理性消费起来，更加看重质量，而不再过于看重洋品牌。

问题：

本案例中存在哪些营销伦理和职业道德问题？

讨论分析：

个人：结合已经学习的内容和收集的资料，试对上述案例中的问题做出你的营销伦理和职业道德研判，并说明你做出营销伦理和职业道德研判所依据的行业道德和伦理规范。

小组：同学们每4人分为一个小组进行讨论，1人记录，形成小组意见，准备在班级交流。

全班：各小组推选一位代表陈述本小组观点。

教师：记录各小组陈述要点，进行点评。

参考答案

营销实训

分析产品目标市场与营销策略

1. 背景资料

分析下列产品的目标市场及应采取的营销策略（如表3－5所示）。

表3－5　部分商品明细表

序　号	商品名称	商品规格	目标市场	营销策略
1	百事可乐	600ml		
2	统一冰红茶	500ml		
3	康师傅矿物质水	550ml		
4	乐百氏矿泉水	550ml		
5	纯果乐鲜果粒	420ml		
6	农夫山泉	550ml		
7	统一鲜橙多	450ml		
8	美之源果粒橙	450ml		
9	大大泡泡糖	——		
10	真知棒棒棒糖	——		

2. 实训目标

素质目标：通过参与分析产品目标市场与营销策略的营销实训活动，培养同学们小组合作、与人沟通和自主学习的素养。

能力目标：通过参与分析产品目标市场与营销策略的营销实训活动，培养同学们观察分析问题和解决问题的能力。

知识目标：通过参与分析产品目标市场与营销策略的营销实训活动，让同学们熟悉目标市场、目标市场策略的类型、目标市场策略选择等内容。

3. 实训步骤

（1）学生4人分为一组，每组负责一种产品，分析该产品的目标市场及采取的营销策略（产品可自选也可由老师指定）。

（2）通过图书、网络等搜集相关产品的信息，认真了解该产品的功能、成分、使用方便性，产品的包装、产品的目标市场，目前该产品采取的营销策略等。

（3）实地走访，通过到附近商场认真观察和调研，从消费者和营销人员两个方面了解该产品主要的购买对象、购买时间、购买方式、购买用途、现场产品陈列方式、促销方式等详细内容（调查消费者不少于10人，营销人员不少于2人），总结分析该产品选择的目标市场以及运用的营销策略。

（4）在调查了解的基础上，通过小组讨论，形成该产品的目标市场选择及营销策略的分析意见，征求别组同学意见，然后用最佳的方式向全班同学进行展示。

（5）每个小组选一位代表在班级交流本小组意见，老师进行点评。

4. 成果评价（见表3－6）

表3－6　××产品目标市场与营销策略评价表

项　目（分值）	标　准	小组评分	教师评分	实际得分
素质培养（30）	小组成员任务明确；任务完成有序；对于目标市场定位实训有兴趣和热情；按要求进行调研；讨论中发言踊跃（每个方面6分）			
能力提升（25）	分析总结内容完整；陈述表达流畅；汇报过程注意形象、礼节；调研中搜集到了有价值的信息；总结分析上传到手机（每个方面5分）			
知识应用（45）	总结分析有时间、地点；商家；总结分析有表格设计；分析说明；附调查资料等符合要求（每个方面9分）			
总成绩（∑100）				
教师评语	签名：　　年　月　日			
学生意见	签名：　　年　月　日			

任务 3　掌握市场定位策略

学习目标

素质目标：通过本任务必备知识的学习、案例分析、善恶研判和营销训练，培养同学们关注企业在产品市场定位中绿色、安全、健康、使用便捷性的意识。

能力目标：通过本任务的案例分析和营销训练，培养同学们对市场上的新产品能运用市场定位相关知识准确理解生产企业定位策略的职业能力。

知识目标：通过本任务必备知识的学习，能正确描述市场定位、市场定位的依据、掌握市场定位的策略及市场定位的步骤等陈述性知识。

任务驱动

思考：由下岗职工成立的天津猫不闻食品有限公司，最初以加工速冻饺子起步，饺子包出来了，质量也很好，许多人在品尝后都认为不错。但目前超市中的速冻饺子众多，已经形成主导的品牌，如何在众多的同类产品中脱颖而出，让消费者在琳琅满目的饺子中记住自己的品牌并喜欢它，这是摆在公司面前的一道难题。

提示：运用市场定位理论，该公司实际主要从两个方面入手：第一，为自己饺子起名为“猫不闻”，不由使人想起了“狗不理”，借“狗不理”迅速提升自己的知名度；第二，对饺子进行文化定位，在保证质量的同时，将文化因素加入饺子中，先后推出“除夕饺子”“破五饺子”“正月十五饺子”“团圆饺子”“喜庆饺子”“生日饺子”等系列饺子。利用人们崇尚吉利的心理，推出不同品牌的文化饺子，从而取得了目标市场的竞争优势。

必备知识

企业选定了目标市场以后，还必须决定在这些市场中要取得什么地位。成功的企业总是千方百计地向顾客头脑中灌输一种产品的特殊利益以及该产品与竞争对手的区别，设计出一种在目标市场中能够给产品带来最大优势的市场定位，并且设计出实现这一目标的市场营销组合策略。通过本任务的学习，掌握给企业的产品和服务定位的能力。

一、市场定位的含义

企业通过市场细分确定目标市场后，如果该细分市场上已经有竞争者捷足先登，甚至竞争者已经占领了有利的市场地位，这时，企业就要考虑进行有效的市场定位。

所谓市场定位，就是根据市场的竞争情况和本企业的条件，建立和发展差异化的竞争优势，确定本企业产品在目标市场上的竞争地位。其意义在于塑造鲜明的个性，在消费者的心目中为本企业的产品树立一个独特的形象，从而使企业及产品在顾客心目中占据一个特殊的位置。

【互动问题】“在市场上顾客真正购买的不是商品，而是解决问题的办法。”请从营销伦理和职业道德角度分析你同意这种说法吗？说说你的看法。

二、市场定位的依据——产品差异化

市场定位的根本目的是要在目标市场建立本企业产品的竞争优势，并使目标市场上的顾客明显感觉和认识自己的这种优势，以便吸引该细分市场上更多的顾客。竞争的优势体现在产品的差异化上。产品差异化是实现市场定位的手段，也是市场定位的主要依据，是指设计一系列有意义的差异，使本企业的产品同竞争者的产品区别开来。其主要表现在六个方面。

（一）特色

特色是指对产品基本功能的增加。

（二）性能

性能是指产品的主要特点在使用中的水平。在产品的价格没有超过顾客支付能力时，顾客总是愿意以较高的价格购买性能更优良的产品。企业应根据目标市场的具体情况确定相应的性能标准。

（三）一致性

一致性是指产品在使用中达到设计标准的程度。如果某种产品在使用中能够达到各项设计标准，那么这种产品就被认为具有高度的一致性，会给顾客留下完美的印象，人们也乐于购买。

（四）可靠性

可靠性是指产品在一定时间内不出故障，能正常使用的可能性。

（五）耐用性

耐用性是指产品预期的使用寿命。

（六）风格

风格是指产品带给顾客的视觉和感觉效果。在风格差异化中，必须注意包装的运用。

当然，每一种差异都会增加企业的成本，企业应突出有价值、有意义的差异，以便通过这些差异有效地把本企业的产品与竞争者的产品区别开来，达到市场定位的目的。

在当今信息爆炸的社会中，消费者大都被过量的产品或服务信息所困惑，他们不可能在作出每项购买决策时都对产品做重新评价。为了简化购买决策过程，消费者会将产品加以归类，哪种“质优”，哪种“价廉”，哪种“可靠”，哪种“耐用”等，以利于他们迅速作出购买决策。所以，通过市场定位，树立企业及产品独特形象，将产品在消费者心目中“定个位置”，就可使消费者产生深刻、独特的印象和好感，对该产品形成习惯性购买，从而使企业的市场地位不断巩固。

实例

互补商圈，吸引客流

在越来越激烈的市场竞争中，上海商业正逐步形成多个经营互补型的商圈。

上海的徐家汇路口，“东方商厦”“太平洋百货”“第六百货”三家商厦隔路相望。三家商厦也曾摆出拼个你死我活的架势，但他们很快认识到恶性竞争只会带来三败俱伤。于是，各家主要在突出自己的经营特色上下功夫。“东方商厦”主要针对中高收入顾客，突出商品档次，向精品店方向发展；“太平洋百货”则成为流行时尚的窗口，主要吸引以女青年为主的青年消费者；“第六百货”则以实惠诱人，坚持以薄利多销、便民利民为经营方向。如彩电，“东方商厦”主要经营大屏幕进口彩电，“第六百货”则主要经营国产彩电，“太平洋百货”则基本不经营彩电。这三家商厦的销售额不仅没有滑坡，而且都在增长，在上海市单位面积销售额和利润对比中名列前茅。这三家商场还成立了“徐家汇地区商场老总联谊会”，定期分析研究市场走势，合理划分经营范围，共同发展。“第六百货”还出资修建了一条空中走廊，把本店与“太平洋百货”连接起来。

上海各商圈因地理位置不同，在整体经营上也有差异。“巴黎春天”“百励”“二百永新”构成的金三角商圈，主要吸引外资机构、高收入白领阶层；南京路上的商圈则针对国内旅游购物者，以大众化名品为主。位于南京路上的“中百一店”“华联商厦”“新世界”是上海商界三巨头。由于他们各自经营有别，利益冲突不大，能够做到联手繁荣南京路，为中华商业第一街的繁荣做出了贡献。

——选自沈为：“上海商业：互补型商圈，吸引客流”，《市场报》。

三、市场定位策略

企业可以从多种角度进行市场定位，以形成自己的竞争优势。企业一般可选择的定位策略有六种。

（一）属性定位

产品属性包括制造该产品时采用的原料、技术、设备及该产品的功能、产地、历史等因素。属性定位即根据产品这些特定的属性来定位，如贵州茅台、西湖龙井等产品就是按产地及相关因素定位。当企业的某种或几种属性是竞争对手的产品所不具备时，企业应强调这些特性。

（二）利益定位

利益包括顾客购买产品时追求的利益和购买产品所获得的附加利益。利益定位就是根据产品所能满足的需求或所提供的利益、解决问题的程度来定位。例如，小天鹅集团向顾客作出的“终身保修”的承诺，就是按产品提供的利益定位的。

（三）质量—价格定位

质量—价格定位是指结合对照质量和价格来定位。一是强调质价相符，在企业产品价格与同类产品相比更高的情况下，强调产品具有高质量，一分钱一分货；二是强调质高价低，物有所值，以加速市场渗透，提高市场占有率。例如，华龙集团提出的“同等质量比价格，同等价格比质量”的口号，就是这种定位方式。这时除了要向顾客传递产品的低价实惠外，还要重视产品质量信息的传递，否则会造成产品定位档次降低，使定位策略失败。所以，华龙集团在营销中同时还宣传“加质加量不加价”。

（四）使用者定位

使用者定位是以将产品指向某一类特定的使用者来定位，根据这些顾客的看法塑造恰当的形象。例如，广东客家酒总公司生产的“客家娘酒”，定位为“女人自己的酒”，突出这一特性，对女性消费者就很具吸引力，在女士的心目中留下深刻的印象。

（五）竞争定位

根据与竞争有关的属性或利益来进行定位，即以竞争产品定位为参照，突出强调“人无我有，人有我优”。例如，海尔产品在服务竞争中强调的是“真诚服务到永远”。

（六）比附定位

比附定位就是比拟名牌、攀附名牌来给自己的产品定位，以借名牌之光而使自己的品牌生辉。其主要有以下做法：一是甘居“第二”，就是明确承认自己在同类产品中，与最负盛名的相比，只不过是第二而已，这会使消费者对企业产生一种谦虚诚恳的印象，提高可信度；二是“攀龙附凤”，例如，内蒙古的宁城老窖，以“宁城老窖，塞外茅台”的广告诉求定位，就是一个较好的例子；三是奉行“高级俱乐部策略”，借助群体的威望和模糊数学的方法，提升自己的地位和形象，如宣称自己是某行业三大企业之一、五十家大企业之一、十大驰名品牌之一等。

以上定位策略往往可以同时交替使用。企业在市场定位过程中，还应避免四种主要的定位失误：一是定位过度，即有些产品言过其实，让人很难相信这些特点，对其产生怀疑；二是定位混乱，即企业对其产品推出的差异过多或定位变化频繁，致使消费者对其只有一个混乱的印象；三是定位过宽，不能突出产品的差异性，很难在顾客心目中树立独特、明显的形象；四是定位过窄，只着重针对某一部分人的需要而忽视其他对此钟爱的顾客，痛失良机。

实例

“霸王”的市场定位

1989年5月，华裔传奇企业家陈启源先生创建广州霸王化妆品有限公司。1995年，霸王品牌系列产品荣获“中国公认名牌产品”“中国美容美发化妆品博览会金奖”等荣誉。2002年5月，占地16亩的现代化生产基地——霸王工业城正式投产使用；2003年11月，霸王品牌洗发护发产品凭借优秀的品质，成为“中华中医药学会”推广产品；2005年，霸王国际斥巨资力邀国际巨星成龙加盟，霸王以“中药世家”鲜明的品牌差异化定位，一举成长为“中国中药日化领导品牌”。

霸王以中药世家为品牌核心，以发扬传统中药文化为理念，坚持中药养发的产品路线，已经成为国内日化企业深度发掘中药文化的代表。2007年，作为中药世家、发展中药日化的代表企业，霸王推出了天然植物系列的多个产品，针对各种不同发质和头发问题，使中药养发产品品类更加丰富，也助推了中药养发市场的进一步壮大。

在产品策略上，主打天然概念牌、突出其功能性——防脱、乌发固发、受损修复、去屑等这些消费者最为关心的洗发效果。在许多国际名牌的化妆品因含有违禁成分被曝光后，消费者对于纯化工的日用品产生了越来越多的不信任感，这时中药养护概念的提出迎合了广大消费者回归天然的需求，也使霸王走上了一条差异化竞争的成长之路。同时，霸王还形成了系列化产品和系列化包装，上市后受到广大消费者追捧、快速走红并成为国内防脱市场第一品牌。

在价格策略上，霸王的价格在同类洗发水中走的是中高价路线，目的是突出其高品质。

——选自李红梅：《市场营销实务》，电子工业出版社。

四、市场定位的步骤

企业进行市场定位时，一般要经过五个步骤：第一，了解消费者对该产品特性或属性（产品差异化）的重视程度；第二，了解竞争对手的产品具有什么特色；第三，确定这种产品在同类产品中的地位；第四，找出消费者心目中对产品的“理想点”；第五，综合分析后找出本企业产品在市场上的位置，从而完成市场定位的过程。

小思考： 麦当劳和肯德基属于哪一种市场定位方式？

综合以上内容，企业实行目标市场营销的过程如图3－4所示。

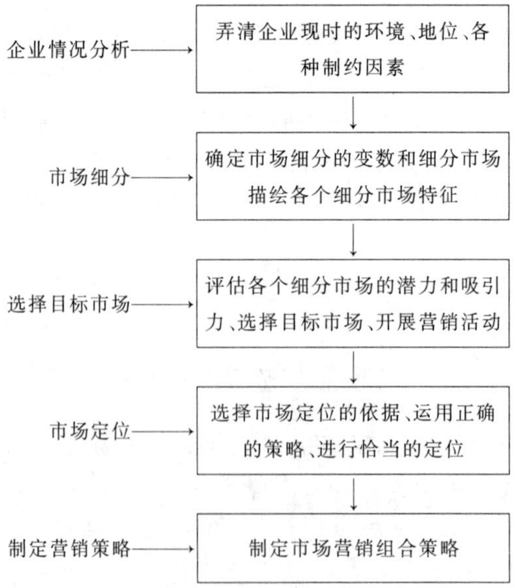

图3－4　目标市场营销过程示意图

案例分析

互联网对电视的冲击

当电视机问世的时候，很多人认为收音机要退出市场了，因为在此之前，人们通常在晚上的时候会齐聚在一起收听广播节目。然而，收音机受到电视机的影响，它开始传送现场直播节目，更多地关注音乐、新闻和报道。

类似地，我们也能预测互联网的引入会产生永久的影响。通过互联网，我们能够选择自己想要的电视节目，甚至可以随时随地观看任何自己想看的内容。只要点一下鼠标，戏剧演出、电影、音乐可以随时下载和观看。和收音机一样，电视不会消失，但是会和我们今天看到的电视有很大的不同。

问题：

认真分析案例，并给互联网、电视、收音机三个市场进行定位分析。

讨论分析：

个人：每位同学根据案例资料和问题，在固定的学习本上记下自己的思考。

小组：请同学们每 4 人分为一个小组，推选 1 人为组长，1 人记录，小组成员依次陈述自己的观点，讨论后形成小组意见，准备在班级交流。

全班：各组选一位代表陈述本组观点。

教师：记录各组陈述观点要点，最后点评。

善恶研判

背景资料：

在某城市的公交车上播放频率最高的广告之一，便是碧生源肠润茶。广告宣传其能快速解决便秘、口臭、青春痘、色斑、皱纹增多等问题，还直接出现修复肠道内黏膜受损组织、恢复肠道正常功能等宣传其功效的字眼。同年二、三季度，碧生源肠润茶因未经审批、虚假宣传保健功能、擅自篡改审批内容等问题，被监管部门查处。

问题：

本案例中碧生源肠润茶的广告宣传存在哪些营销伦理和职业道德问题？

讨论分析：

个人：结合已经学习的内容和收集的资料，试对上述案例中的问题做出你的营销伦理和职业道德研判，并说明你做出营销伦理和职业道德研判所依据的行业道德和伦理规范。

小组：同学们每 4 人分为一个小组进行讨论，1 人记录，形成小组意见，准备在班级交流。

全班：各小组推选一位代表陈述本小组观点。

教师：记录各小组陈述要点，进行点评。

参考答案

营销实训

有竞争关系商品定位调研

1. 背景资料

根据下面定位的实例，进行竞争性产品定位调研（见表3－7）。

表3－7　　A、B洗涤剂定位方法实例

项　目	洗涤剂A	洗涤剂B
属性	容易洗涤、快速	洗涤后有清醒气味
价格与品质	价格低、品质好	价格较高，品质最好
用途	适用于有顽固污渍的衣服，机洗	适用于较薄的衣服，手洗
产品使用者	家庭主妇	新产品喜好者
产品分类	专业运动员使用	专业洗衣店使用
竞争对手	相较于产品B，更能去除污渍	相较于产品A，清洗衣服更轻柔

2. 实训目标

素质目标：通过参与有竞争关系商品定位调研营销实训活动，培养同学们小组合作和自主学习的素养。

能力目标：通过参与有竞争关系商品定位调研营销实训活动，培养同学们搜集信息和分析问题、解决问题的能力。

知识目标：通过参与营销实训活动，让同学们熟悉市场定位、市场定位策略等内容。

3. 实训步骤

（1）学生4人分为一组，选择两个有竞争关系的产品，到市场上调查了解，分析它们的定位策略和技巧，注意每位同学所选产品不得重复。

（2）按实例中的项目任选五项，每位同学分别写出两个商品各自的市场定位内容。

（3）每位同学将初稿征求本组其他同学意见，形成竞争性产品市场定位调研分析课业。

（4）每个小组选一位同学的课业在班级交流，最后老师做点评。

4. 成果评价（见表3－8）

表3－8　　有竞争关系商品定位调研实训评价表

项　目 （分值）	标　准	小组 评分	教师 评分	实际 得分
素质培养 （30）	小组成员学习分析任务；企业调研有序；对于产品市场定位实训有兴趣和热情；按要求进行调研；讨论中发言踊跃（每个方面6分）			
能力提升 （25）	调研总结内容完整；陈述表达流畅；汇报过程注意形象、礼节；调研中搜集到了有价值的信息；总结分析上传到手机（每个方面5分）			

续表

项　　目 （分值）	标　　准	小组评分	教师评分	实际得分
知识应用 （45）	调研总结有时间、地点；商家、产品；调研总结有表格设计；分析说明；附调查资料等符合要求（每个方面9分）			
总成绩 （∑100）				
教师评语	签名：　　年　月　日			
学生意见	签名：　　年　月　日			

练习与实训

一、基本概念

市场细分　　目标市场　　市场定位　　同质市场　　异质市场

二、填空题

1. 金利来领带，“金利来，男人的世界”的定位，属________定位策略。

2. 江苏启东盖天力制药厂“白加黑”感冒药，“白天服白片不瞌睡，晚上服黑片睡得香”的定位，属________定位策略。

3. 有效市场细分必须具备________、________、________三个条件。

4. 按用户经营规模分，生产资料市场可分为________、________、________等。

三、选择题

1. 某制鞋厂只选择青年这一消费群，向他们提供所需的各种皮鞋，这种策略叫（　　）。

A. 产品—市场集中化　　B. 市场专业化

C. 产品专业化　　D. 选择性专业化

2. 细分市场是由类似的（　　）组成的。

A. 产品　　B. 行业　　C. 消费者群体　　D. 企业

3. 消费者市场细分因素最主要的有地理因素、人口因素、心理因素、购买行为因素等四类，其中使用习惯属于（　　）。

A. 购买行为　　B. 人口状况　　C. 心理因素　　D. 地理环境　　E. 审美情趣

四、判断题

1. 市场细分实际上是对产品进行分类。 （ ）
2. 一个理想的目标市场必须有足够的市场需求。 （ ）
3. 市场细分有利于企业合理配置和运用资源。 （ ）
4. 市场变化是企业产品重新定位的根本原因。 （ ）
5. 在市场定位过程中，企业通过与竞争者在产品和定价方面对比分析，就可制订恰当的竞争战略。 （ ）

五、简答题

1. 用表格列出细分消费者市场的标准和主要变量，并说明有效细分市场的条件是什么？
2. 试述目标市场策略的类型及适用范围。
3. 你认为下列产品或服务应以哪些变数作为市场细分的依据？

A. 童鞋　B. 电冰箱　C. 冬装　D. 旅游团

4. 企业为什么要对市场进行细分？怎样才能细分好市场？
5. 如何进行目标市场定位？
6. 假设你负责某县城市场的业务，你如何根据地理位置变数来细分以下产品市场？

A. 空调　B. 女士时装　C. 自行车

7. 试替下列产品细分市场：A. 家用清洁剂　B. 汽车　C. 面包

六、案例分析

零食消费男女有别，细分市场有潜力

为了解孩子们对零食的消费情况，架起食品生产商与市场沟通的桥梁，北京一家调查公司对北京、上海、广州、成都、西安五大消费先导城市的儿童零食消费市场进行了一次调查。调查以街头拦截访问方式进行，调查对象为0—12岁儿童的家长和7—12岁的儿童。调查结果如下：

1. 女孩偏爱果冻和水果，男孩偏爱饮料和膨化食品

男孩、女孩对零食消费表现出不同程度的偏爱。调查显示：女孩爱吃果冻和水果的比例均比男孩高出8个百分点左右，对于冰淇淋、巧克力和面包的喜爱率也分别高出男孩5.2—6.8个百分点；男孩更偏爱饮料和膨化食品，喜爱率比女孩分别高出近3个百分点和1个百分点。

2. 9岁以下儿童喜爱饼干和饮料，10岁以上儿童偏爱巧克力和膨化食品

对5个城市有独立回答能力的7—12岁儿童的调查显示：不同年龄的儿童对零食的偏好也有所不同，年龄小的儿童偏爱饼干和饮料；年龄大的儿童偏爱巧克力和膨化食品。调查还显示：在偏爱饼干和饮料的儿童中，7—9岁比10—12岁的儿童均多出9个百分点以上；在偏爱巧克力和膨化食品的儿童中，10—12岁比7—9岁的儿童分别多出7个和5个百分点以上。

3. 零食消费中果冻独占鳌头

①城市儿童对果冻有特别的偏好。果冻食品以其新鲜的口味、科学的营养成分及细腻爽滑的口感，成为城市儿童最喜爱吃的零食。调查显示：六成以上的儿童表示爱吃果冻；

其次是水果，占57.2%；最后是饮料，占51.7%。

②经常购买果冻的儿童家长每年在果冻上的花费超过百元。5个城市经常购买果冻的家长一年用于果冻的花费大约为105.9元。分城市看，广州和成都的家长一年在果冻上的开销较高，分别达到了174.1元和170.7元，居于前两位；北京和上海的家长花费分别为66.3元和56元，分列第三、第四位；相比之下，西安的儿童家长一年花费在果冻上的开销较低，仅为22.3元。

③一批果冻品牌已确立市场地位。“喜之郎”以其强大的广告攻势及优良的品质不仅赢得了孩子们的喜欢，也赢得了家长们的心。本次调查显示：“喜之郎”在儿童家长中的综合知名度最高，提及率达到90%；“乐百氏”和“旺旺”的提及率也超过五成，分别为66.2%和53.9%；“徐福记”和“波力”的提及率分别为42.8%和35.2%，分列第四、第五位。

——选自佚名，“零食消费男女有别，细分市场有潜力”，《北京现代商报》。

分析：

（1）对城市儿童零食消费市场中男孩、女孩消费品品种和比例进行调查，与市场细分有何关系？

（2）在企业营销过程中这种调查有何作用？

七、综合实训

实训任务　市场细分实训

1. 背景与情境

随着对市场营销知识深入的学习，你们对市场细分也很感兴趣，想了解为什么同一市场上，卖同样产品的商家有很多，他们面对市场是如何思考的？又是怎样设计产品和服务呢？你们想深入企业对这些问题进行了解。

2. 实训目标

（1）素质目标：与企业市场相关人员交流沟通顺畅，小组成员配合密切。

（2）能力目标：结合企业实际能理解和掌握市场细分原理和方法，理解和掌握市场定位的原理和基本方法。

（3）知识目标：通过调研结合实际准确理解市场细分，市场定位，目标市场等陈述性知识。

3. 实训步骤

（1）每组4人，其中1人为组长，由组长组织成员讨论分工，明确调研思路，按分工各负其责，相互沟通，积极配合，共同完成本实训任务。

（2）根据本组所选企业经营商品类别，选择2种商品，详细了解这2种商品市场细分、目标市场选择、市场定位等实际情况。

（3）实际调查前可通过网络和图书馆搜集市场细分、目标市场和市场定位策略等相关资料。

4. 实训成果及要求

（1）每组撰写一份调查报告，调查报告要说明调查什么企业，调查了两种什么产品；

每种产品是如何市场细分的；详细说明细分的标准，如何选择目标市场的；如何进行市场定位的。

（2）报告呈现形式各组自定，报告不少于1200字。

5. 实训时间（2课时）

在学生学习本项目内容开始时，即可让学生分组，布置本实训任务，利用课余时间去企业进行调研，并积极撰写调研报告。在本项目学习完后，用2个课时让各小组介绍展示本组报告，其他组同学可发表个人意见，最后由老师点评，经过展示点评。各组认真修改完善实训报告，并把修改后的报告在班级微信平台展示交流。

6. 实训评价（见表3-9）

表3-9　　市场细分实训评价表

项　目	评价标准	分　值	小组个人自评（30%）	小组成员互评（30%）	教师评价（40%）	小　计
素养培养（Σ30）	参与实训的态度端正，有浓厚的兴趣，小组讨论积极踊跃	10				
	能根据情景和自身实际自主学习，能主动提出关于市场细分工作的相关问题	10				
	能够结合调查认识到市场细分工作价值	10				
能力提升（Σ20）	能将所学的市场细分知识运用到实训任务中，学以致用	10				
	正确分析市场细分工作相关内容	10				
知识应用（Σ20）	熟练陈述市场细分、目标市场选择、市场定位等基本知识	10				
	熟悉市场细分标准、市场如何定位方法	10				
项目成果展示（Σ30）	能够独立完成实训，完成任务及时并能主动提出问题，解决问题	10				
	市场细分调查报告结构完整，无错别字，观点正确	10				
	市场细分调查报告汇报形式新颖，语速恰当，语言流畅，有感染力	10				
合计		100				

参考答案

项目三 PPT

项目四 产品策略

导读案例

休闲度假时代文旅产品需要怎样的顶层设计和产品创新？

时代文旅创始人熊晓杰说，过去十四年我们在长隆做了非常多的娱乐营销经典案例，比如与《爸爸去哪儿》《功夫熊猫》《奔跑吧兄弟》《王者荣耀》和央视春晚等合作，几乎大家能够想到的一线户外真人秀节目和大的 IP 都与我们有过合作。所以大家会产生这个疑问，你有财力和实力做这个事情，我作为中小企业能做这个事情吗？其实对于这个问题，大家的理解是不太完整的。

我们当年做这个大 IP 联合推销，其实花的钱不是特别多，原因是我们做得很早，很多人还没有意识到这种新型营销形式的时候，我们用很低的成本，甚至零成本做成很多事情。这是源于我 2005 年刚从媒体进入长隆时，提出了两句口号，这两句口号就是后来的长隆战略："娱乐化营销""企业媒体化"。这两句话是最适合中国景区品牌和市场营销的核心战略。

再回过头来说，除了与大 IP 合作之外，长隆娱乐营销一共有很多种方法。另外的方法是什么呢？第一个是新闻至上，没有新闻制造新闻。长隆的新闻发布会频率，我相信是所有中国企业中最高的，大概每十天到半个月就会有一次新闻发布和炒作，通过频繁的新闻发布不断吸引眼球。第二个是为品牌注入情感。你要创造品牌和消费者之间的情感互动。第三个是为你的品牌讲故事，做一些故事营销的事。第四个是大规模定制化的内容制造。长隆在内容制造上花了非常多的精力，大家现在感受到的长隆品牌是在高铁、中央电视台看到长隆的广告，但之前长隆能够深入人心，是因为大量打动消费者情感的内容制造。我们认为未来一定是内容营销的时代，广告越来越不重要，内容的制造越来越重要，一个企业营销水平的高低直接与企业内容制造水平高低相关。第五个是把你的产品变成生活场景。举个例子，我们的水上乐园，是世界最大的，设备很先进，但是它给消费者提供的消费体验和一般的水上乐园并没有本质区别，可是我们通过大量的活动，例如万人比基尼、比基尼小姐大赛、各种娱乐 IP 的植入、电影宣发会等，把水上乐园打造成一个时尚、酷炫、潮流的场所。

大家发现，所有这些娱乐营销的方法中，与大 IP 合作会花比较多的钱。如果你有很好的人脉，或者先知先觉，可能会花很少的钱，而且非常适合中小企业学习和借鉴。

（摘自 2020 年 8 月第四届中国文旅产业年会熊晓杰的发言）

提示：中国有五千年的历史，有非常深厚的文化积累，有很多很好的故事，企业要运用现代新技术把它挖掘出来，把文化与生活方式、真正的体验空间充分结合，做自己最擅长的、最能够把握好的。

任务1 认知产品组合策略

学习目标

素质目标：通过本任务必备知识的学习、案例分析、善恶研判和营销训练，培养同学们关注企业产品组合中的创新性和可持续发展的意识。

能力目标：通过本任务的案例分析和营销训练，培养同学们运用产品组合的相关知识，对某一个消费品生产企业的产品组合进行分析的专业能力。

知识目标：通过本任务必备知识的学习，能正确描述产品、产品整体概念的内涵、产品组合等陈述性知识。

任务驱动

思考：现代市场竞争并不在于各家公司在其工厂中生产什么，而在于它们能为其产品增加些什么价值，诸如包装、服务、广告、客户咨询、融资、送货、仓储以及人们所重视的其他价值，你同意把这些内容也加入产品中吗？

提示：市场营销对产品的理解是广义的，它包括向市场提供的能满足人们某种需要的一切物品和劳务，如实物、服务、场所、主意或计策等。因为购买者的目的是满足某种需要，因而他们希望得到与满足该需要有关的一切。正如一位消费者说的："不要给我衣服，我要的是迷人的外表；不要给我房子，我要的是温馨舒适的家。"

必备知识

从本任务开始，我们将分别学习营销组合中的产品、价格、渠道、促销四项内容，这是营销人员用来实施营销策略的战略工具。产品是营销组合中最主要的因素，也是最基本的营销要素。本任务就从什么是产品开始，了解产品的内涵、产品组合及组合策略，为学习其他营销策略打好基础。

一、产品的整体概念

产品是企业开展市场营销活动的物质基础，是市场营销组合中的首要因素。在整个市场营销活动过程中都离不开产品。

那么，什么是产品呢？通常人们认为产品是一种具有特定的物质形态和用途的物体，即实体的产品、物质的产品，如自行车、电视机、照相机等。这种理解是狭义的。现代市场营销所说的产品是广义的，它是指向市场提供的能满足人们某种需要的一切东西，包括有形物品、无形的服务和人员、组织、观念或它们的组合，亦称作产品的整体概念。

产品的整体概念由三个基本层次构成：核心产品、形式产品和附加产品（延伸产品），如图4-1所示。

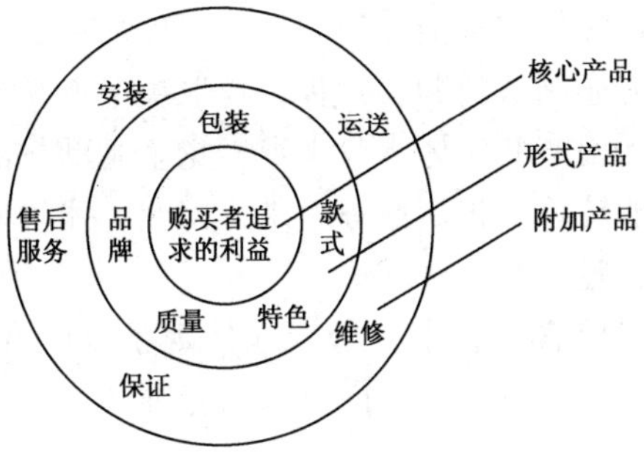

图4-1 产品整体概念示意图

（一）核心产品

核心产品是指消费者购买某种产品时所追求的实际效用和利益，也就是产品的使用价值，如产品的用途、功能、效用等。这是产品整体概念中最基本的层次，是产品整体概念中最重要的部分。

消费者或用户购买某一产品，不单纯是为了取得一种有形的可以感触的物体，更重要的是取得某种实际利益，满足自己特定的需求和欲望。例如，消费者购买一架照相机，不是为了占有这个黑匣子，而是为了满足其艺术爱好或纪念的需求，拍出清晰的照片，留下美好的回忆。可见，核心产品向人们说明的是产品的实质。某一产品能否被消费者接受，不仅取决于企业能否提供这一产品，更重要的是取决于这一产品能否给消费者带来某种实际利益，使其需求得到满足。所以，企业市场营销人员在设计、开发新产品时，必须以向消费者提供尽量多的实际利益为出发点，在推销产品时最重要的是向消费者说明产品的实际价值。

（二）形式产品

形式产品是指产品在市场上出售时的物质形态，它通过五个侧面来表现，包括产品的质量水平、特色、款式、品牌和包装等。以电冰箱为例，人们在购买时，并不是能制冷的冰箱就随便买一个，还要考虑冰箱的品质、牌子、造型、颜色等。可见，产品的形式向人们展示的是核心产品的外部特征，它能满足同类消费者的不同需求。

形式产品一般不涉及产品的实质，但当这种形式与实质内容协调一致时，将给消费者带来各种心理上的满足，起到促销的作用。因为在激烈竞争的市场上，消费者主要是通过产品的形式进行比较，作出购买决策。因此，企业应极其重视对其产品包装、商标、款式、造型等方面的设计，塑造完美的产品形式，以此提高产品的竞争能力。

（三）附加产品

附加产品也称延伸产品、扩大产品，是指超出产品实体以外的一系列附加利益和附加服务，包括提供信贷、免费送货、维修保证、安装、技术培训、售后服务等在消费领域给予购买者的好处。例如，电冰箱销售给顾客后，送货上门、一年内免费维修等。

在现代市场营销环境下，企业销售的绝不仅仅是产品的使用价值，而必须是产品整体概念所反映的全部内容。顾客的需求能否得到最大限度的满足，不仅取决于生产领域产品的设计和开发，还取决于流通领域的购买过程，更取决于产品在消费领域的使用过程。在日益激烈的市场竞争中，利用产品实体本身来赢得竞争主动权的机会已越来越小，营销者争夺顾客的主战场将逐步地转移到售后服务上来。因此，能够向顾客提供完善的产品附加利益的企业必将在竞争中获胜。

产品整体概念的上述三层含义，十分清晰地体现了以顾客为中心的现代市场营销观念。这一概念的内涵和外延都是以消费者的需求为标准的，消费者有什么样的需求，企业就应当提供什么样的产品。

综上所述，产品整体概念形成于生产、流通、消费各个领域。顾客所追求的是整体产品，企业向市场提供的也必须是整体产品。

【互动问题】 有人说："产品的核心是用户，生产产品首先要搞清楚核心用户是谁。"从营销伦理和职业道德角度分析，你同意这种说法吗？为什么？

二、产品组合

在一般情况下，一个企业不可能只经营一种产品，更不可能经营所有产品，但企业往往需要同时经营多种产品。具体决定生产和经营哪些产品，这些产品之间有无联系，便产生了产品组合的一系列问题。

产品组合是指一个企业生产或经营的全部产品的结构，也就是一个企业生产或经营的全部产品线和产品项目的结合方式。它反映了企业的经营范围和产品结构。

产品线（产品大类）是指密切相关的一组产品，它们有类似的功能，可以满足顾客的同类需求，只是在规格、档次、款式等方面有所不同，也称产品大类。例如，海尔集团向市场提供冰箱、空调、洗衣机、彩电等各类产品，形成了四条产品线。

产品项目是指产品线中不同规格、型号、尺寸、档次、外观的产品。型号、品种、尺寸、外观等相同的产品就是一个产品项目，它是企业产品目录中列出的每一个明确的产品单位。

产品组合包括三个变化因素：产品组合的广度、深度和关联度。

产品组合的广度是指一个企业生产经营多少产品类别，拥有多少条产品线。产品类别多，组合即广，反之为窄。

产品组合的深度是指每条产品线中包含的产品项目的数量。产品项目数量多，产品组合程度即深，否则反之。专业服装商店产品组合深度较大，而一般百货商店服装产品组合深度较小。

产品组合关联度是指各条产品线之间，在最终用途、生产条件、分销渠道或其他方面的关联程度。例如，海尔集团有40多个产品大类、800多个产品项目。为便于分析研究，现选取一部分产品种类、项目来说明，如表4-1所示。

表 4-1　　海尔集团产品（部分）组合示意表

	广度			
	电冰箱	空调器	洗衣机	电视机
深度	大王子 双王子 小王子 帅王子	小元帅 金元帅 小超人 小状元 小公主	丽达 小神功 小丽人 小神童 神童五 小神泡	探路者

表 4-1 中，海尔集团有 4 条产品线，产品组合的广度为 4；电冰箱的产品组合深度为 4，电视机为 1；海尔的产品都是家用电器，关联程度较高。如果海尔集团又生产火腿肠、中药，那它的产品组合关联程度就大大降低，甚至毫无关联性。

产品组合的三个变化因素对企业制定产品组合策略具有重要意义。一般情况下，扩大产品组合的广度，可以拓展企业的经营领域，实行多角化经营，分散投资风险，不断开拓新市场；增加产品组合的深度，使产品线变得更加完整，可以适应更多的特殊需求，占领同类产品更多的细分市场，提高市场占有率；加强产品组合的关联性，可以提升企业的市场地位，发挥和提高企业的综合优势，在某一特定的市场领域赢得良好声誉。

案例分析

“海尔”空调“量体裁衣”

青岛海尔空调推出了“为您量体裁衣”活动，根据用户的房型、居住面积和朝向等情况，上门为用户设计最符合需求的空调，并且凭借强大的技术优势，先后设计了嵌入式、卡式、吊顶落地式、风管式等十几种模式，室内机可安装在卫生间或储藏室的天花板内，丝毫不占房间的有效空间，而且极易与室内装饰浑然一体。由于此举最大限度地满足了用户个性化的需求，尽管空调价格不菲，但仍然成为市场上最受消费者宠爱的品牌，销售一路攀升，创造了家电市场的又一个亮点。

问题：

你是如何理解海尔公司推出的“量体裁衣”活动的？用整体产品的知识来分析一下海尔集团的“量体裁衣”活动。

讨论分析：

个人：每位同学结合案例和问题学习相关内容，形成自己的看法，并在固定的学习本上写出你的看法。

小组：请同学们每 4 人分为一个小组，推选 1 人为组长，1 人记录，开展小组讨论，每个人陈述自己的看法，形成小组意见。

全班：每个小组选一位代表发言，陈述本组观点。

教师：记录各小组陈述要点，最后做点评。

善恶研判

背景资料：

曾经风靡一时的胡师傅无烟锅，在广告中宣称自己使用了宇宙飞船所使用的锰钛合金和紫砂合金，能将锅体温度控制在油烟挥发的临界点240°以内，从而达到无油烟的效果。但消费者购买该产品后，使用时不仅烟雾缭绕，锅体还出现脱落现象。经查实该产品为铝合金制成，并未通过国家权威部门检测。其发明人胡某承认所谓的紫砂陶瓷合金，不过是自己空想出来的名称。

问题：

本背景资料中存在哪些营销伦理和职业道德问题？

讨论分析：

个人：结合已经学习的内容和收集的资料，试对上述背景资料中的问题做出你的营销伦理和职业道德研判，并说明你做出营销伦理和职业道德研判所依据的行业道德和伦理规范。

小组：同学们每4人分为一个小组进行讨论，1人记录，形成小组意见，准备在班级交流。

全班：各小组推选一位代表陈述本小组观点。

教师：记录各小组陈述要点，进行点评。

参考答案

营销实训

体验产品/服务三个层次的内容

1. 背景资料

根据下面的范例（见表4－2），请你任选一组产品/服务项目，详细展示其三个层次的内容。

表4－2　　产品/服务的三个层次范例

产品名称	核心产品	形式产品	延伸产品
动力割草机	达到预期标准用于割草	停机保护、××品牌质量	质量保证期、售后服务
反病毒软件	防止病毒入侵计算机	杀毒效果、××品牌质量	质量保证期、负责安装、软件升级、售后服务

2. 实训目标

素质目标：通过参与体验产品/服务三个层次的内容营销实训活动，培养同学们自我探究、小组合作和自主学习的素养。

能力目标：通过参与体验产品/服务三个层次的内容营销实训活动，培养同学们搜集信息和分析问题、解决问题的能力。

知识目标：通过参与体验产品/服务三个层次的内容营销实训活动，让同学们熟悉产品、产品组合等内容。

3. 实训步骤

（1）学生4人分为一组，认真学习有关产品整体概念的内容，并在网上查找相关资料。

（2）实地走访有关产品/服务的生产或经营企业，了解他们对产品整体概念是如何把握的，并从调查资料中选择一组产品/服务项目，作为实训的内容。

（3）按表4－2的形式，进行整体产品的三个层次：核心产品（核心利益）、形式产品（外观、品牌、包装等）、延伸产品（服务项目）的详细说明，形成整体产品报告（小组间选择产品不得重复）。

（4）可结合主要竞争对手说明其整体产品的特殊竞争力。

（5）每个小组选一位同学把本组报告在班级交流，老师做点评。

4. 成果评价（见表4－3）

表4－3　　有竞争关系商品定位调研实训评价表

项　目 （分值）	标　准	小组评分	教师评分	实际得分
素质培养 （30）	小组成员学习分析任务；企业调研有序；对于产品组合实训有兴趣和热情；按要求进行调研；讨论中发言踊跃（每个方面6分）			
能力提升 （25）	调研总结内容完整；对有竞争关系的产品陈述表达流畅；汇报过程注意形象、礼节；调研中搜集到了有价值的信息；总结分析上传到手机（每个方面5分）			
知识应用 （45）	调研总结有时间、地点；商家、产品；调研总结有表格设计；有竞争关系分析说明；附调查资料等符合要求（每个方面9分）			
总成绩 （Σ100）				
教师评语	签名：　　年　月　日			
学生意见	签名：　　年　月　日			

任务2　学习产品市场生命周期策略

学习目标

素质目标：通过本任务必备知识的学习、案例分析、善恶研判和营销训练，培养同学们对产品和市场进行实事求是分析意识。在根据产品市场生命周期制定营销策略等过程中树立全面、科学分析的态度。

能力目标：通过本任务的案例分析和营销训练，能运用产品市场生命周期相关知识，能判断市场上常见产品所处生命周期的阶段并会制定相应的市场营销策略的专业能力。

知识目标：通过本任务必备知识的学习，能正确描述了什么是产品市场生命周期、产品市场生命周期各阶段的特征和营销策略，描述产品市场生命周期理论对企业市场营销活动的价值等陈述性知识。

任务驱动

思考：试分析目前油气动力家用汽车、学前教育培训处于产品市场生命周期哪个阶段？

提示：首先，运用产品市场生命周期的知识说明产品市场生命指的是什么生命，其生命周期有多长。其次，对油汽动力家用汽车、学前教育培训产品分别处于产品市场生命周期的哪一个阶段逐个进行分析，并简要说明理由。

必备知识

产品市场生命周期通常表现为一个随时间变化的产品销售曲线，这个过程由于经受的风险不同以及企业营销人员努力的差异，每种产品市场生命周期都有不同的长度和特征。本任务通过学习产品市场生命周期的内涵、产品市场生命周期不同阶段特征和应采取的营销对策，提升产品在市场上的竞争力。

一、产品市场生命周期

产品市场生命周期是市场营销中一个十分重要的概念。

任何一种产品在市场上的销售情况和获利能力都是变化的，这种变化和自然界生物的生命历程一样，都有一个诞生、成长、成熟和衰亡的过程，这个过程称为产品市场生命周期。所以，产品市场生命周期就是指一种产品从进入市场开始到被市场淘汰，企业不再生产或经营为止的全部持续时间。产品市场生命周期的长短主要取决于产品上市后消费需求的变化速度、新产品更新换代的程度、企业营销的努力程度等。所以，有的产品市场生命周期长些，如电视、汽车，有的产品市场生命周期短些，如时髦流行商品。就大多数产品而言，产品市场生命周期的理论是适用的。

理解产品市场生命周期概念时应注意以下问题：

第一，产品市场生命和产品使用寿命是两个不同的概念，应加以区别。产品的使用寿命是指产品从开始使用到报废为止所持续的时间，即产品的耐用程度。而产品的市场生命是一种社会经济寿命。有的产品使用寿命很短，但它的市场寿命很长，如鞭炮、肥皂等；有的产品使用寿命很长，但它的市场寿命很短，如时装等。

第二，产品市场生命周期主要是指产品种类、品种和品牌的生命周期。如电视机种类，17 英寸黑白电视机是一个品种，海尔是个品牌。相比之下，产品种类有更长的寿命周期。但营销研究产品市场生命周期，主要是研究产品市场品种的市场寿命，以便分阶段采取不同的营销对策。

第三，同一产品在不同国家、不同地区可能处于生命周期的不同阶段。如45英寸彩电在我国大城市已进入衰退期，但在一些农村地区可能还处在投入期或成长期。这就为开发新市场、延长产品市场生命周期提供了依据。

【互动问题】“不管顾客需要什么，我的汽车就是黑色的。”请从营销伦理和职业道德角度分析你对这种观点的想法。

二、产品市场生命周期各阶段的特征和营销对策

产品市场生命周期是根据产品在市场上的销售情况和利润变化情况来衡量的，一般经历四个阶段：投入期、成长期、成熟期和衰退期，如图4－2所示。

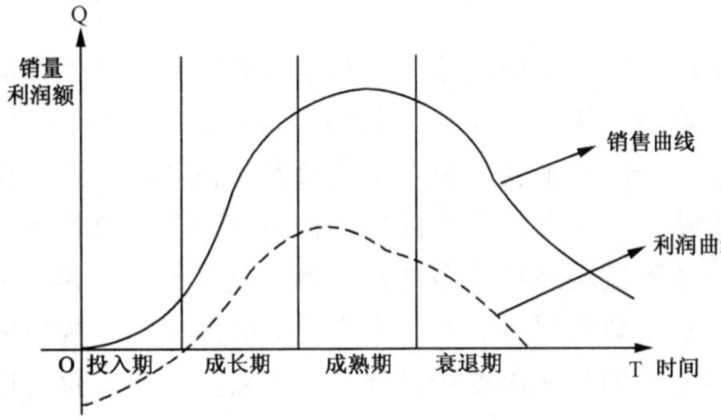

图4－2 产品生命周期示意图

图4－2中的销售曲线和利润曲线的变化趋势大体相同，只是变化的时间有点不同。当销售曲线还在上升时，利润曲线已开始下降，这是由于竞争压低了销售价格所造成的。

由于产品在其市场生命周期的不同阶段具有不同的特征，因此，在营销过程中，应采取不同的对策。

（一）投入期的特征和营销策略

投入期是指产品投入市场的初期阶段。

1. 特征

（1）销售量小且销售额增长缓慢。这是由于消费者对新产品不了解、不熟悉，只有极少数求新者购买，多数人观望，或不知道新产品上市，中间商对新产品的销售前景不明，不敢贸然进货。

（2）生产批量小，制造成本高，宣传推销费用大，企业利润很低甚至亏损。作为新产品，在这一阶段需要投入大量的广告费用，以扩大产品知名度，另外，由于成本高，宣传费用大，销量又小，出现亏损应属正常现象，所以，营销者应保持清醒的头脑。

（3）竞争者少。技术含量较高的产品在投入期竞争者较少甚至没有竞争者。

（4）风险大。由于市场预测失误、新产品本身有致命的缺陷、上市时机选择不当、宣传不力等，都可能使新产品上市不久即夭折。

2. 对策

重点是提高知名度，突出一个“准”字。具体地讲：

（1）采取各种方式，加强广告宣传促销工作，努力扩大产品知名度，如赠送样品、新产品演示、免费试用、技术培训、支持中间商经销等，使产品尽快为消费者所接受而进入成长期。

（2）解决生产中存在的技术问题，提高产品质量，降低生产成本。

（3）选择适当的销售渠道，减少流通费用。

（4）采用定价与促销的市场营销组合手段。可形成以下四种策略供选择：

第一，快速撇取策略，即企业以高价高促销推出新产品。高价可以获得高额利润，高促销则是为了引起大众注意，加速市场渗透。采取这一策略的条件是：市场容量大，大多数顾客还不知道该产品，顾客渴望得到这种产品而不在乎价格，企业面临潜在竞争者的威胁。

第二，缓慢撇取策略，即企业以高价低促销推出新产品。低促销能减少营销费用，它和高价相结合可以使企业通过销售获得大量利润。这种策略适用的条件是：市场容量小，潜在顾客已经知道、了解产品，消费者愿意出高价购买该产品，潜在竞争威胁不大。

第三，快速渗透策略，即企业以低价高促销推出新产品。以最快的速度占领市场，获取最大的市场占有率。这种策略适用的条件是：市场容量大，顾客不了解这种产品，消费者对价格很敏感，潜在竞争威胁严重，产品生产成本会随着生产规模的扩大而降低。

第四，缓慢渗透策略，即企业以低价低促销推出新产品。低价可以刺激市场盈利。这种策略适用的条件是：市场规模有限，潜在购买者已了解这种产品，消费者对价格很敏感，市场上存在一些威胁不大的潜在竞争。

小思考：一般情况下，新能源汽车采用哪一种定价与促销的组合手段效果较好？

（二）成长期的特征和营销策略

成长期是指产品在市场上销量迅速增长的阶段。

1. 特征

（1）销售量迅速增长。产品已为消费者熟悉了解，最初的购买者继续光顾，进行重复购买，保守的顾客也开始购买，促使销量不断增长。

（2）利润增大。随着生产经验的积累，成本下降，费用减少，利润随之增大，可能达到整个生命周期的最高点。

（3）吸引竞争者加入。在高额利润的驱使下，新的竞争者进入市场，企业间为争夺市场份额的竞争日益激烈。

2. 对策

重点是创名牌，提高偏爱，突出一个“优”字。具体地讲：

（1）努力提高产品质量，增加新的花色、品种、款式，改进包装，使整体产品优于竞争对手。

（2）积极寻找和进入新的细分市场，广泛分销，发展网点，以扩大产品销路。

（3）价格稳中有降，不可轻易抬价。原来以高价进入市场的产品，在适当时机降低价格，以争取对价格敏感的消费者，并抑制竞争者的加入。

（4）改变广告宣传的重点。从扩大产品知名度转为宣传产品的特色，树立产品形象，使消费者产生偏爱，以保持原有顾客，争取新顾客。

（三）成熟期的特征和营销策略

任何一项产品的销售增长率达到某一点后，这时就进入成熟期。

1. 特征

（1）销量最大，达到整个生命周期的最高峰，但增长速度缓慢，并渐趋稳定。市场上多数产品都属于成熟期产品，即“二大一长”的产品，生产量、销售量大，持续时间长。

（2）利润平稳或下降。利润在缓慢增长，达到最大后将有所下降。

（3）市场供需饱和，竞争激烈。一部分顾客开始转向购买新产品或替代品。由于存在行业内生产过剩的威胁，迫使各个企业都采用有效的竞争手段来维持市场占有率，导致激烈的市场竞争。

2. 对策

重点是延长产品生命周期，维持市场占有率，突出一个“改”字。具体地讲：

（1）市场改革，即开发新市场，寻找新客户。

第一，发现和进入新的细分市场。如彩色电视机在城市市场趋于饱和后，向农村市场进行转移。

第二，促使现有顾客增加使用频率和使用数量，如对牙膏的使用，宣传每天早晚刷牙、饭后漱口，才能有效地保持口腔卫生。

第三，吸引竞争者的顾客和从未使用过本产品的顾客，使之成为本企业产品的使用者。

（2）产品改革。其可从以下几个方面进行：

第一，品质改良。提高产品质量，增进使用效果，使本企业产品更可靠、更经济、更耐用、更安全等。

第二，特性改良。主要侧重增加产品的新特性，尤其要在产品的高效性、方便性、适用性等方面改进。

第三，形态改良。它是指对产品外观的改进，包括采用新的包装、款式、风格、花色等，增加产品的美感。

（3）营销组合改革。通过改变市场营销组合中的一个或几个变量，以刺激需求、扩大销量。例如，适当降价，增加广告投放量，改善分销渠道，提供完善的售后服务等。

（四）衰退期的特征和营销策略

1. 特征

（1）需求量、销售量明显下降。消费者兴趣转移，过度的竞争，更新的产品开始进入市场，这些都导致产品销量急剧下降。

（2）伴随着销量的迅速下降，利润也在锐减，甚至出现亏损。

（3）产品出现积压，仿制品充斥市场，竞争者或立即退出市场或缓慢地退出市场。

2. 对策

重点是掌握时机，调整市场，突出一个“转”字。衰退期的产品迟早要退出市场，但并不是说产品一进入衰退期就立即退出市场，企业应有计划、有步骤地转移阵地。具体地讲：

（1）立即放弃。对于确实没有必要继续经营下去的衰退产品或有更好的发展项目时，企业应果断地放弃老产品，将企业的资源转到新的项目上去，或将老产品的所有权、生产技术转卖给一些有兴趣的企业。

（2）逐步放弃。如果立即放弃将造成较大的损失，企业可选择逐步放弃，即逐步地减少投资和产品数量、放弃较小的细分市场、缩减分销渠道、大力降低促销费用、精简推销人员等，直到该产品完全被市场淘汰为止。对于决定放弃的产品，不管采取哪种方式，都必须承诺和加强对以前的顾客提供必要的服务，以维护消费者的利益和企业的良好形象。

（3）继续经营。当企业判断竞争者将退出该产品市场时，可采取这种策略，即继续沿用过去的策略，希望竞争者退出市场后，这种产品能增加盈利。这必须对竞争者的动向有一个准确地判断。

实例

“无声小狗”便鞋在市场生命周期各阶段的营销策略

20世纪60年代的美国，“无声小狗”便鞋风行一时。回顾“无声小狗”便鞋从投入一直到衰退的整个生命周期各阶段采用的营销策略，会使我们获益匪浅。

1. 投入期的营销策略

美国澳尔费林环球股份有限公司（以下简称澳尔费林公司）根据潜在顾客的需求，决定生产防汗、不怕潮湿、不会变质、穿起来舒适的猪皮皮鞋，代替马皮皮鞋。1957年，试销了男工便鞋3万双，每种款式有11种颜色，向农村和小镇出售。到了1958年，试销成功后，即给鞋子起名为“无声小狗”，同时还设计了一个带着忧郁眼睛、耷拉着耳朵的矮脚狗作为广告标志。

一般来说，产品在投入期主要遇到的困难是知名度不高、市场占有率和销售增长率都很低，“无声小狗”也遇到了这一困难。同时，它还面临着销售市场和渠道转变的困难。该公司原来的产品是马皮皮鞋，卖给农民，鞋子的主要特点是结实和抗酸，而“无声小狗”则强调舒适，消费对象是城市和郊区，因而原先的销售点、销售网及推销员都不能适应。

针对上述两大困难，首先，公司加强了广告宣传，在发往35个城市的《本周》杂志上大做广告，并通知销售经理，假如在6周以内，在35个城市设立600个新零售点，公司即批准拿出销售额的17%用作广告费用。其次，在1958年8月，该公司调回分散在各地的推销人员，集训一个多月后，再将他们派往35个城市，所有推销人员忘我地工作，使销路终于打开了。

2. 成长期的营销策略

这一时期，该公司进一步扩大了广告的范围，广告预算是制鞋业平均广告费的4倍。与此同时，它又不断开发新款男便鞋，销售额成倍地增长，到1961年，“无声小狗”便鞋在美国已成为名牌。

这一时期，生产远远赶不上需求，该公司将每双鞋的售价由原来的7.95美元/双提高到9.95美元/双，同时确定重点经销商，发展新款式。这一时期，销售量猛增，工人一天三班倒地干活，仍供不应求，管理人员忙着采购更多的猪皮。这时，谁也无暇考虑是什么原因和主要有哪些人来购买公司的便鞋。

3. 成熟期的营销策略

1963年，销售额的增长开始放慢，该公司开始有时间调查消费者购买“无声小狗”便鞋的一些资料了。该公司了解到购买者多数是属于高收入、高教育水平的阶层，购买原因主要是穿起来舒服、轻便和耐用。

于是公司继续扩大广告范围，开始使用电视广告，同时还增加了13种广告杂志的广告，将影响进一步扩大到新的目标市场。同时，强调“无声小狗”便鞋的特点是舒适，喊出“穿上无声小狗鞋，使人行走变得更柔软”的宣传主题口号。此外，继续延伸它的销售渠道，发展它的零售点，这时它拥有1.5万个零售点。在这一时期的后期，由于成本提高，产品价格涨到11.95美元/双，但由于公司便鞋质量好，相对竞争对手成本低，总销售量仍然上升，利润在1965年达到了顶峰。

4. 衰退期的营销策略

从1966年开始，“无声小狗”便鞋的总销售量和利润开始逐年下降，到了1968年，形势非常严峻，除了竞争更加激烈、原料成本上涨等因素外，更主要的是消费者很少重新购买，原因是消费者不喜欢它的款式；同时，由于鞋子质量好，不易穿坏，因而影响了再购买。

该公司的经理们为销量的下降伤透了脑筋，他们认为“无声小狗”便鞋的重点似乎应该仍是舒适，但款式一定要更新了，他们是否能重新唤起人们的购买热潮呢？

——选自陈水芳：《现代市场营销学》，浙江大学出版社2001年版。

三、产品市场生命周期知识的意义

产品市场生命周期知识总结了各种产品进入市场以后的发展变化规律。掌握产品市场生命周期知识，可以使我们更加自觉地按照产品自身发展变化的规律办事。产品市场生命周期知识的意义在于：

第一，产品市场生命周期知识说明，产品投放市场后，可以划分为不同的阶段，各个阶段的特点各不相同，所以，在不同的时期应采用不同的营销策略。这正是研究产品市场生命周期的重要意义之一。

第二，产品市场生命周期知识还说明，各种不同的产品，它们的市场生命周期长短不同，因此，经营产品市场生命周期长短不同的企业应有不同的经营方式。如经营产品市场生命周期长的企业，应该加强对原有产品的改造，使之具有新的功能和用途，以吸引新的顾客；而经营产品市场生命周期短的企业，就要加强新产品的开发，同时准备几代产品，生产一代，研制一代，储备一代，构思一代，当这一代产品销量下降时，另一代可以马上投入市场，永葆企业的活力。

第三，产品市场生命周期知识还给我们提供了一个很重要的启示，即随着科学技术的发展，各种产品市场生命周期日益缩短。因此，企业要有开拓创新精神，加快产品开发和更新换代的速度，这样才能立于不败之地。可以说，不断地研制开发新产品对企业的生存和发展具有重要的战略意义。

相关链接

产品市场生命周期的特征对比见表4－4。

表4－4　产品市场生命周期的特征对比

	投入期	成长期	成熟期	衰退期
产品状态	销量低、成本高、利润少	销售量急剧增加、成本下降、利润提高	销量稳定、利润最高	销售量急剧下降、成本增加、微利或亏损
竞争状态	竞争少	竞争白热化	竞争格局稳定、非价格竞争	竞争对手转移
消费者行为	好奇者购买	购买者开始增加	消费者迅速增加	消费者开始转移
营销策略	宣传、促销	改进、差别化	非价格竞争、开发新用途	延长、更换、转移
销售增长率	有正有负	>10%	0%～10%	<0%
普及率	1%～15%	15%～50%	50%～80%	>80%

案例分析

“摇摆者”相机的命运

美国产品在第二次世界大战后纷纷涌入欧洲市场，不久便有许多产品又匆匆退出欧洲市场，其中一个重要原因就是没有根据产品在不同市场所处生命周期阶段的差异来采用适当的市场营销因素组合方案。美国拍立得公司在成功地经营立即取相的照相机20年后，于1965年向处于成熟期的本国市场推出廉价的大众化的20型“摇摆者”相机。由于该公司的良好声誉和立即取相的概念在美国市场深入人心，因此很快获得成功。1966年，该公司按在美国的营销方案将“摇摆者”相机投放到法国市场，结果遭到了惨败。

问题：

结合案例分析该公司惨败的原因，你认为该公司应该如何营销？

讨论分析：

个人：每位同学结合案例内容和问题，查找有关资料，形成自己的看法，在固定的学习本上记下你的看法。

小组：请同学们4人分为一个小组，推选1人为组长，1人记录，每个人陈述自己的看法，然后小组共同讨论，形成小组意见。

全班：每个小组选一位代表发言，陈述本小组观点。

教师：记录各小组陈述要点，最后做点评。

善恶研判

背景资料：

目前我国消费领域存在严重的浪费现象，超量超前的挥霍性、奢侈性、炫耀性、攀比性和盲目消费呈现加剧态势。人们流行按照广告宣传选择消费品，为追求时尚新潮频繁地更新换代，使大量物品，特别是耐用消费品，在还可使用时就被闲置或抛弃等，造成大量的浪费。

问题：

本背景资料中存在哪些营销伦理和职业道德问题？

讨论分析：

个人：结合已经学习的内容和收集的资料，试对上述背景资料中的问题做出你的营销伦理和职业道德研判，并说明你做出营销伦理和职业道德研判所依据的行业道德和伦理规范。

小组：同学们每4人分为一个小组进行讨论，1人记录，形成小组意见，准备在班级交流。

全班：各小组推选一位代表陈述本小组观点。

教师：记录各小组陈述要点，进行点评。

参考答案

营销实训

产品市场生命周期认知

1. 背景资料

通过市场调研，选择处在产品市场生命周期不同阶段的产品，按要求填写表4－5内容。

表4－5　产品市场生命周期特征与对策

	导入期	成长期	成熟期	衰退期
产品名称				
消费者类型				
经销商				
竞争者				
营销费用				
营销利润				
营销重点				
价格策略				
促销策略				

2. 实训目标

素质目标：通过参与产品市场生命周期认知营销实训活动，培养同学们自我探究、小组合作和自主学习的素养。

能力目标：通过参与产品市场生命周期认知营销实训活动，培养同学们搜集信息和分析问题、解决问题的能力，根据产品市场生命周期不同阶段制定相应市场营销策略的基本能力。

知识目标：通过参与产品市场生命周期认知营销实训活动，让同学们熟悉产品市场生命周期特征与对策等内容。

3. 实训步骤

（1）学生4人分为一组，每位同学负责产品市场生命周期一个阶段并选择相应的商品。

（2）认真学习有关产品市场生命周期的相关内容，从图书馆或网上查找相关资料。

（3）实地走访2家以上企业，调查企业经营产品情况，了解生命周期不同阶段产品的基本特征和采取的营销对策。

（4）小组成员共同讨论，按表4－5格式将调查的有关内容填入相应的空格。（各组要选择不同的商品）

（5）每个小组选一位同学在班级交流，最后老师做点评。

4. 成果评价（见表4－6）

表4－6　　产品市场生命周期认知实训评价表

项目（分值）	标准	小组评分	教师评分	实际得分
素质培养（30）	小组成员共同学习分析任务；有序安排调研任务；对于产品组合实训有兴趣和热情；按要求进行调研；讨论中发言踊跃（每个方面6分）			
能力提升（25）	调研总结内容完整；产品市场生命周期认知陈述表达流畅；汇报过程注意形象、礼节；内容没有雷同；总结分析上传到手机（每个方面5分）			
知识应用（45）	表格中内容填写完整；产品；总结分析有表格设计；分析说明；附调查资料并符合要求（每个方面9分）			
总成绩（∑100）				
教师评语	签名：　年　月　日			
学生意见	签名：　年　月　日			

任务3　熟悉销售服务策略

学习目标

素质目标：通过本任务必备知识的学习、案例分析、善恶研判和营销训练，培养同学

们树立在服务顾客时热情服务是营销活动的重要组成部分的意识，树立为顾客服务就是营销，而且是更重要的营销的态度。

能力目标：通过本任务的案例分析和营销训练，能运用产品销售服务的相关知识，能根据不同的产品提供不同的销售服务的能力和服务技巧。

知识目标：通过本任务必备知识的学习，能正确描述产品销售服务及基本要求、产品销售服务的内容、产品销售服务的基本策略等陈述性知识。

任务驱动

思考：某超市根据市场需要聘任了3名消费指导师，商场要求小张为这3名消费指导师制定一些基本工作规范。如果你是小张，该如何制定工作规范呢？

提示：消费指导师是专门为顾客服务的一种全新职业，其工作规范主要包括：礼貌待客，服务顾客主动热情、耐心周到；提供消费指导实事求是；一心为顾客着想；不谋私利；不为个别厂家所诱惑，虚假推介产品；为消费者提供的指导意见切实可行；坚守岗位，遵守工作纪律。

必备知识

产品在市场上的竞争能力，不仅取决于产品的质量、性能、包装等，在很大程度上还取决于产品的售前、售中、售后服务工作的优势。企业的质量保证、服务承诺、服务态度和服务效率，已成为消费者判定产品质量、决定购买与否的一个重要条件。营销人员必须熟悉销售服务工作，熟悉服务内容，制定合适的销售服务策略，这些就是本任务学习的内容。

一、产品服务的含义

所谓产品服务，是指以实物产品为基础的行业，为支持实物产品的销售而向消费者提供的附加服务。如果用产品整体概念来解释，产品服务就是指整体产品中的附加产品、延伸产品部分，也称产品支持服务。其目的是保证消费者所购产品效用的充分发挥。

随着科学技术的进步，产品技术越来越复杂，消费者对企业的依赖性越来越大。他们购买产品时，不仅购买产品本身，而且希望在购买产品后，能得到可靠而周到的服务。企业的质量保证、服务承诺、服务态度和服务效率，已成为消费者判定产品质量、决定购买与否的一个重要条件。对于生产各种设备和耐用消费品的企业，做好产品服务工作显得尤为重要，可以提高企业的竞争能力，赢得重复购买的机会。

【互动问题】“再烦也别忘记微笑，再急也要注意语气，再苦也别忘坚持，再累也要爱自己。”从营销伦理和职业道德角度分析你同意这种说法吗？说说你的理解。

二、产品服务的过程及内容

产品服务过程包括售前服务、售中服务和售后服务。

售前服务是指产品销售之前向顾客提供的服务，例如，提供各种技术咨询，为消费者用户进行勘察、设计、产品介绍、导购服务、迅速报价等，以激发顾客购买欲望，强化顾客购买动机。

售中服务是指产品在销售过程中提供的服务，例如，热情接待，为顾客精心挑选产品，解答消费者提出的有关产品的各种疑问，示范如何操作使用产品等，以影响顾客心理感受，增强信赖感，促成交易。

售后服务是指产品售出后向消费者提供的服务，例如，送货上门、安装、调试、维修保证、技术培训、提供信贷、定期保养、保证更换、实行“三包”、按合同提供零配件等，以保证顾客所购商品价值的充分发挥，解除后顾之忧，提高满意程度，促进重复购买。

小思考：把进口产品的说明书译成中文，属于哪一种服务？你认为有无必要？

三、产品服务的特点

（一）形态的无形性

服务是无形的，在购买以前看不见也摸不着，只能被消费而不能被占有。因此，企业必须善于宣传其所提供服务的价值，以感染、吸引顾客，还可通过化无形为有形，使无形的服务通过有形的证据表现出来。

（二）不可存储性

服务的价值只存在于服务进行之中，不能储存以供今后销售和使用。所以，企业在提供服务的过程中，必须始终与顾客保持紧密的联系，按照顾客的要求提供服务项目，并及时了解顾客对服务的意见和建议，按需提供，及时服务。

（三）产销的同时性

由于服务的不可存储性，所以服务的生产和消费一般是同时进行、不可分离的。如果服务是由人提供的，那么提供服务者也成为服务的组成部分。有时提供服务还需要被服务者在场，如指导顾客使用、维护产品等。

（四）质量的波动性

服务质量是由人来控制的，而人的素质又是千差万别的。所以，服务质量取决于由谁来提供服务，在何时何地提供服务及谁享受服务，服务质量会因人、因时、因地而存在差异。因此，企业应挑选和培训优秀的服务人员，尽量减少服务的质量波动；规范服务程序和服务方式，向服务的标准化靠拢；加强与顾客的沟通，提倡顾客积极参与服务过程，借以稳定和提高服务质量水平。

四、产品服务策略

服务策略的制订主要体现在服务项目、服务水平、服务形式三个方面。

(一) 服务项目

各种服务项目，对不同行业的消费者来说，其相对重要性是不同的。例如，家用电器、计算机等产品，消费者对维修服务的要求十分强烈，而对家具等体积较大的产品，消费者更注意是否送货上门。企业应通过调查，了解消费者对不同产品要求的服务项目，按重要性的大小加以排列，然后作出决定，至少应在本行业消费者认为最重要的服务项目上使消费者得到最大限度的满足。

确定服务项目，不仅要根据其重要性，还要判断其关键性。例如，某企业研究了若干家同行业主要企业的服务工作，发现消费者对这些企业在免费运送、及时提供零配件等方面的服务都很满意，但在技术指导方面做得不够，这样技术指导对该企业来说就是关键性的服务项目，抓住了这个服务项目，就可胜出一筹。

(二) 服务水平

在一般情况下，较高的服务水平将使消费者获得较大的满足，因此，就有较大的可能使消费者重复购买，但这并不是绝对的。所以，提高服务水平不能笼统地指全部服务项目，需要根据消费者的要求与各服务项目已经达到的水平加以分类，才能明确应着重提高服务水平的服务项目。

(三) 服务形式

产品服务有两种不同的形式，即固定服务和流动服务。固定服务就是根据产品销售的分布情况，按区域或在产品销售比较集中的地区，设立固定的服务网点，开展服务工作。这可以采取不同的做法：一是企业培训一批修理服务人员，派到分布在各地的修理服务站；二是维修服务工作委托经销商提供；三是委托专业修理店为特约修理点。流动服务就是企业的销售服务部门根据销售档案的记载，定期或不定期地派人走访各用户，检查、修理本厂产品，或根据消费者的要求，上门为顾客提供修理服务。

以上服务形式的选择，在很大程度上取决于消费者的需求和竞争者的策略，因此企业应灵活地作出选择。

案例分析

建立顾客档案

现在许多商场和饭店建立“顾客档案”的做法给人留下了很深刻的印象。北京一家商场推出了大件商品回访制度，引来了大批的回头客。顾客凡购买大件商品，商场就为顾客建立档案，并在3个月内派专业人员回访了解使用情况，解决出现的问题，此后则每年回访一次。显然，它解除了消费者的后顾之忧，不仅真正体现了良好的服务意识，同时也为自己赢得了市场。

在上海，一家饭店的促销手段值得称道：友情追踪。把凡来过该店办过宴庆的顾客情况收集起来建成档案。每当顾客的喜庆日子来临，店家就送上贺卡、鲜花等礼物以示祝贺。于是，顾客对该店产生了好感，也心甘情愿地成为他们的“回头客”。

问题：

上述案例说明什么？对你有何启发？

讨论分析：

个人：每位同学结合建立顾客档案的案例资料和提出的问题，在固定的学习本上记下自己的看法。

小组：请同学们每4人分为一个小组，推选1人为组长，1人记录，通过小组讨论，形成对上述问题的小组意见，准备在班级交流。

全班：每个小组选一位代表发言，陈述本组意见。

教师：记录各小组陈述要点，最后做点评。

善恶研判

背景资料：

在市场营销中企业有些产品会达不到应有的质量标准；有时企业出于自身利益的考虑，不向消费者披露有关产品相关的价值功能、用途和安全事项；产品包装不能提供真实信息，存在过分包装、过度包装、环境污染等问题。

问题：

本背景资料中存在哪些营销伦理和职业道德问题？

讨论分析：

个人：结合已经学习的内容和收集的资料，试对上述背景资料中的问题做出你的营销伦理和职业道德研判，并说明你做出营销伦理和职业道德研判所依据的行业道德和伦理规范。

小组：同学们每4人分为一个小组进行讨论，1人记录，形成小组意见，准备在班级交流。

全班：各小组推选一位代表陈述本小组观点。

教师：记录各小组陈述要点，进行点评。

参考答案

营销实训

调研售前、售中、售后服务的内容

1. 背景资料

通过市场调研选择一个实体产品（有形产品）和一个有特色的服务产品（无形产品），按要求填写表4-7。

表 4-7　　产品销售服务现状调查情况说明表

项　目	售前服务	售中服务	售后服务
×× 企业 ×× 产品			
×× 企业 ×× 服务			

2. 实训目标

素质目标：通过参与产品销售服务现状调查营销实训活动，培养同学们自我探究、小组合作和与人沟通的素养。

能力目标：通过参与产品销售服务现状调查营销实训活动，培养同学们搜集信息和分析总结问题的能力。

知识目标：通过参与产品销售服务现状调查营销实训活动，让同学们熟悉产品售前、售中、售后服务的内容。

3. 实训步骤

（1）学生 4 人分为一组，每位同学都要负责调查整理一种产品、一项服务。

（2）认真学习有关销售服务方面的知识，通过图书馆、网络收集典型销售服务案例。

（3）实地到企业询问销售人员，听取他们对服务活动的实际体验，了解相关产品的服务情况。

（4）小组成员共同讨论，按表 4-7 格式将调查了解的有关内容填入相应的空格，形成销售服务调查课业。

（5）每个小组选一位同学在班级交流本组调查的课业，最后老师做点评。

4. 成果评价（见表 4-8）

表 4-8　　产品销售服务现状调查实训评价表

项　目 （分值）	标　准	小组 评分	教师 评分	实际 得分
素质培养 （30）	小组成员讨论学习任务；企业调研认真；对于产品销售服务实训有兴趣和热情；调研中与人合作，与人沟通良好；讨论中发言踊跃（每个方面 6 分）			
能力提升 （25）	调研内容完整；对产品销售服务现状调研内容陈述表达流畅；汇报过程注意礼仪、礼貌；调研中搜集到了有价值的信息；课业上传到手机（每个方面 5 分）			
知识应用 （45）	课业有商家、产品（每项 5 分）；调研总结表格设计规范（25 分）；资料等符合要求（10 分）			
总成绩 （Σ100）				

续表

教师评语	签名： 年 月 日
学生意见	签名： 年 月 日

练习与实训

一、基本概念

产品整体概念　产品组合　产品线　产品生命周期　产品组合的深度

二、填空题

1. 产品整体的概念由________、________、________三个层次构成。
2. 产品市场生命周期可分为________、________、________、________四个阶段。

三、选择题

1. 产品组合包括四个变数，即（　）。
A. 产品组合策略　B. 产品组合的宽度　C. 产品组合的长度
D. 产品组合的深度　E. 产品组合的关联度
2. 能向顾客提供基本利益和效用的产品是（　）。
A. 形式产品　B. 核心产品　C. 附加产品　D. 潜在产品
3. 我们一般说增加产品线、扩大经营范围，都是指拓展产品组合的（　）。
A. 宽度　B. 深度　C. 关联度　D. 前三者总和

四、判断题

1. 产品市场寿命和产品使用寿命是一样的。（　）
2. 每个产品都必须经历投入、成长、成熟和衰退四个时期。（　）
3. 很多旅客在寻找旅馆时期望干净的床、洗漱用品和衣柜或者交通的便利等，这些旅客追求的是形式产品。（　）

五、简答题

1. 产品整体概念的含义是什么？树立整体产品观念有何意义？
2. 产品组合策略有哪几种？如何进行调整？
3. 产品生命周期各阶段有何特征？应采取什么样的营销策略？
4. 你是怎样认识市场营销中服务策略的作用的？
5. 试讨论以下产品的三个层次：A. 电脑　B. 汽车　C. 矿泉水
6. 表4－9描述了四种市场情景，请完成空格中的内容。

表 4－9

市场描述	生命周期阶段	定价策略
顾客喜爱并购买你的产品，竞争者引入相似产品		
仅你的公司拥有市场上同类型的产品，它处于“特权”的地位		
一种新的“有生命力的”产品被引入，其促销优于你的产品，顾客开始购买它，你的销量受到冲击		
在有许多品牌可选的情况下，你发觉竞争对手提供优惠券，并改进了他们的分销渠道		

7. 试为下列产品设计服务项目：A. 家用电脑　　B. 家用洗衣机

六、案例分析

五粮液集团既有 200 多元的“五粮液”，也有 100 多元的“五粮春”、四五十元的“五粮神”“东方龙”，还有二三十元的“五粮醇”“五粮湖”和不到 10 元的“尖庄”，共有 20 多种产品，恰到好处地形成了适应不同消费层次的产品结构，构成了与不同档次品牌名酒竞争的市场态势。

分析：

（1）该集团采用了什么产品组合策略？

（2）这种策略有何优点和缺陷？

七、综合实训

实训任务　产品策略实训

1. 背景与情境

当你们学习了产品策略以后，你们很好奇，很想结合实际产品，认真分析一下产品的构成、产品市场生命周期各阶段及产品服务策略，以加深对所学产品策略知识的理解。

2. 实训目标

（1）素质目标：会运用市场营销产品策略的专业知识与企业营销人员沟通，会精心选择问题，巧妙的提出问题。

（2）能力目标：结合实际产品会分析产品组合、产品市场生命周期等产品策略基本问题。

（3）知识目标：通过企业实地调研，深入理解产品、产品构成、产品市场生命周期、服务策略等陈述性知识。

3. 实训步骤

（1）每组 4 人，其中 1 人为组长，由组长组织成员讨论小组成员分工，明确调查思路，按分工各负其责，相互沟通，积极配合，共同完成实训任务。

（2）根据各组所选企业经营商品类别，选择 2 种商品，详细了解每种商品的产品构成、该产品处在市场生命周期哪个阶段、服务策略等相关产品策略的内容。

（3）实际调查前可通过网络和图书馆搜集产品策略相关资料。

4. 实训成果及要求

(1) 每组撰写一份调查报告，报告要说明调查了什么企业，什么产品，该产品的结构、产品市场生命周期、产品服务策略等内容。

(2) 报告呈现形式各组自定，报告不少于1200字。

5. 实训时间（2课时）

在学生学习本项目内容开始时，即可让学生分组，布置本实训任务，利用课余时间去企业进行调研，并积极撰写调研报告。在本项目学习完后，用2个课时让各小组介绍展示本组报告，其他组同学可发表个人意见，最后由老师点评。经过展示点评，各组认真修改完善实训报告，并把修改后的报告在班级微信平台展示交流。

6. 实训评价（见表4-10）

表4-10　　产品策略实训评价表

项　目	评价标准	分　值	小组个人自评（30%）	小组成员互评（30%）	教师评价（40%）	小　计
素养培养（Σ30）	参与实训的积极性高，小组合作意识强，小组讨论积极踊跃	10				
	表现出细致、严谨的工作作风，能主动提出关于产品策略实训的一些问题	10				
	能够结合实训认识到产品策略在企业营销工作中的价值	10				
能力提升（Σ20）	能将所学的产品策略知识运用到实训任务中，学以致用	10				
	具有结合实际产品正确分析构成产品市场生命周期策略的能力	10				
知识应用（Σ20）	结合实际理解产品构成、产品市场生命周期、服务策略等相关知识	10				
	熟练掌握产品策略分析的基本思路和方法	10				
项目成果展示（Σ30）	能够独立完成实训任务，并能主动提出问题，解决问题	10				
	产品策略实训报告结构完整，无错别字，观点正确	10				
	产品策略实训报告展示形式新颖，语速恰当，语言流畅，有感染力	10				
合计		100				

参考答案　　项目四 PPT

项目五
定价策略

导读案例

从2007年4月15日起，2008年北京奥运会门票开始向全球公众预售，最低票价只有5元，开幕式门票每人限购1张，其他场次的门票每人限购2至5张不等，售票只面向个人。由此可见，北京奥运会门票走的是低价路线。奥运会门票的低价策略，不仅让奥运会更具有亲和力，让奥运走入千家万户，而且奥组委自身的收入也没有降低多少。

提示：北京奥运会的指导思想就是想让全民分享奥运大餐，因此选择低价策略，让奥运会更具有亲和力，提高了大家参与奥运会的积极性。

任务1　熟悉企业定价目标

学习目标

素质目标：通过本任务必备知识的学习、案例分析、善恶研判和营销训练，提升同学们对企业产品定价目标的确定要全面考虑社会、企业和顾客多个方面的利益意识。

能力目标：通过本任务的案例分析和营销训练，能结合企业产品价格，理解企业定价目标的能力。

知识目标：通过本任务必备知识的学习，能正确描述企业的定价目标、影响企业定价的内外部因素等陈述性知识。

任务驱动

思考：小张新开了一家网店专门销售服装，由于第一次经营服装类产品，他不知道该如何给自己的产品定价，请你提供可行建议。

提示：商品价格是在一定的供求状况下形成的，价格既受供求状况影响，也受市场、顾客心理、政策法规等因素影响。所以，小张给自己的服装定价一是要参照网上同类型商品的价格；二是要考虑消费地该类产品的市场价格，而且必须有一定幅度的折扣，才能吸引网上购买者的光顾。

必备知识

价格是营销组合的第二大工具，也是营销组合中唯一能创造收益的因素。价格高低不仅直接影响企业盈利目标的实现，而且直接关系到顾客对产品的接受程度。企业为了获得最佳结果，通常要仔细制定所售产品或服务的价格。因此，企业必须明确定价目标，认真分析影响价格制定的各种因素，给企业的产品和服务制定合适的销售价格，这些就是本任务学习的内容。

一、商品价格的含义

定价策略是市场营销组合中非常重要且独具特色的组成部分，是市场营销活动中最为活跃的因素。因为企业定价是为了获取利润，扩大产品销售，这就要求企业定价不仅要考虑产品成本的补偿，还要考虑消费者对价格的承受能力，从而使定价具有买卖双方双向决策的特点。

对于商品价格的含义，马克思政治经济学的观点认为，价格是商品价值的货币表现，价格是严肃的、不能随意变动，价格与实现企业利润密切地联系在一起，定价是一门科学。市场营销的观点认为，价格是市场变化的灵敏反应，是调节市场供求关系的“一只看不见的手”，价格是活泼的，可变亦可不变，定价是科学和艺术的统一。我们所探讨的定价方法、策略、技巧、价格调整等，突出体现了定价的艺术性和灵活性。

二、企业定价目标

定价目标是指企业通过制定特定水平的价格，凭借价格产生的效应所要达到的预期目的。它的确定必须服从于企业的营销总目标。不同企业有不同的定价目标，一般主要有以下几种：

（一）以追求最大利润为定价目标

获取最大限度的利润几乎是所有企业的共同愿望。当企业及其产品在市场上享有较高声誉、在竞争中处于有利地位时，追求最大利润的定价是可行的。然而市场供求和竞争状况总是不断变化的，任何企业都不能永远保持其绝对的竞争优势，因此，企业可把追求最大利润作为一个长期的指导目标，同时选择一个适应当前环境的短期目标来确定实际价格。

追求最大利润不一定就是给单位产品制定最高的价格，最大利润往往取决于合理价格所推动的销售规模，取决于企业的整体效益。如果价格过高，超过消费者的承受能力，产品销售困难，反而一点利润也实现不了。

（二）以提高市场占有率为定价目标

市场占有率是企业经营状况和产品竞争能力的综合反映。较高的市场占有率可以保证企业产品的销路，易于形成企业控制市场和价格的能力。实践证明，紧随着市场占有率的往往是高盈利率，提高市场占有率比短期盈利意义更为深远。正因为如此，提高市场占有率通常是企业普遍采用的定价目标。这时，企业会为产品制定较低的有吸引力的价格，以最快的速度进行市场渗透，以达到维持或提高市场占有率的目标。

（三）以实现预期的投资收益率为定价目标

投资收益率反映着企业的投资收益。企业对于所投入的资金都期望在预期的时间内分批收回，为此，定价时就需在总成本之外加上一定比例的预期利润。在产品成本不变的情况下，价格的高低往往取决于企业确定的投资收益率的大小。如果投资收益率低于同期银行存款利率，这种投资是不划算的。一般来说，只有企业在同行业中处于领导地位或是全新产品、独家产品，受保护或没有竞争者的产品时，才适合选用此种定价目标。

（四）以应付或防止竞争为定价目标

价格是市场竞争中最重要的手段和方式。处在激烈市场竞争环境中的企业常常以应付或防止竞争为定价目标。因此，企业在定价前要广泛搜集竞争对手的有关资料，审慎比较权衡后，然后根据自己的实力确定本企业产品的价格。实力雄厚的大企业为阻止新的竞争者进入市场，往往可采用低定价的办法排挤竞争者，借力提高市场占有率；实力弱的企业则追随市场主导企业的价格或以此为参考，与其保持适当的差异。只有在具备特殊优越条件时，企业才能把价格定得高于主要竞争者。

（五）以维持企业生存为定价目标

当企业由于生产能力过剩，市场竞争激烈，或顾客需求发生变化，造成产品积压，资金周转困难，影响企业生存时，企业就应该为其产品制定较低的价格（保本价甚至亏本价），以求收回成本，使企业得以继续经营下去。这时生存比获利更为重要，但这只能作为企业面临困境时的短期目标，一旦出现转机，应马上选择其他的定价目标。因为从长期来看，企业必须获取利润才能得到发展，否则企业最终将面临破产的结局。

（六）以产品质量领先为定价目标

质价相符是定价的一般原则。一些企业为了在市场上树立一个产品质量最优的形象，往往在生产成本、产品开发研究等方面做了较大的投入。为补偿这些支出，他们往往给自己的产品或服务制定较高的价格，反过来，这种较高的价格又进一步提高了产品优质的形象，增加了对高收入消费者的吸引力。

小思考：某企业推出一种新产品，为迅速打开市场并赢得一定数量的顾客，应选择哪一种定价目标？

三、影响定价的因素

企业定价除了考虑定价目标外，还要考虑其他的影响因素，如产品成本费用、市场需求情况、消费者心理、竞争状况、国家法规等。给产品定价时，必须首先对这些因素进行分析，然后才能据此确定定价方法和选择定价策略，如图5－1所示。

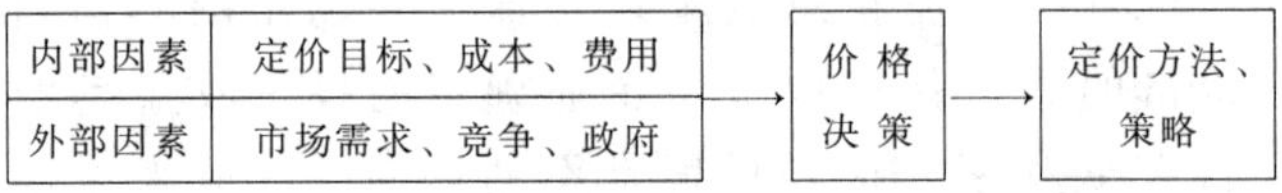

图5－1　影响定价的因素

（一）产品成本费用

成本既是商品价格的主要组成部分，也是定价的基础。产品成本包括制造成本、销售成本和储运成本等。企业为了保证再生产的实现，通过商品的销售既要收回成本，又要实现一定的利润。因此，成本是产品定价的最低限度。从长期来看，任何产品的价格都应高于所发生的成本费用，这样在生产经营过程中所发生的耗费才能从销售收入中得到补偿，企业才能获取利润。企业必须了解成本的具体构成及变化情况，努力降低成本，控制价格，扩大销售，增加盈利。

（二）市场需求状况

市场需求是影响企业定价的重要因素。当产品价格高于某一水平时，将无人购买，因此，市场需求是产品定价的上限。所以，企业在制定价格时，必须了解价格与需求的关系、需求价格弹性等因素。

1. 价格与需求的关系

一般地，市场需求随着产品价格的上升而减少，随着产品价格的下跌而增加，需求曲线是一条从左上方向右下方倾斜的曲线，如图5－2所示。

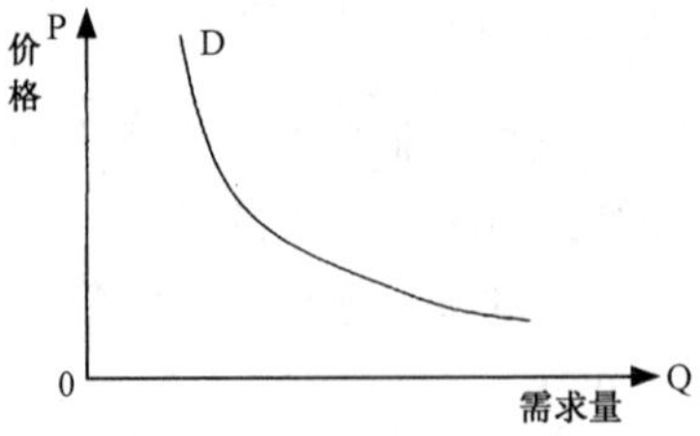

图5－2　需求曲线示意图

需求曲线表明了价格与需求之间成反比关系，即价格下降，需求增加；价格上升，需求减少。但是也有一些产品，需求与价格之间呈同向变化的关系，如能代表一定的社会地位和身份的装饰品、显示其经济实力的标志性产品或有价值的收藏品等。

2. 需求价格弹性

价格的变动会影响市场需求，那么需求对价格的变动将作出多大的反应呢？这就必须了解需求价格弹性。

需求价格弹性，简称需求弹性，是指价格变动而引起的需求相应变动的比率，反映需求变动对价格变动的敏感程度。它的大小一般依据需求弹性系数测定。需求弹性系数反映需求变动率与价格变动率的比值，用 $|E_P|$ 来表示，则：

$$需求弹性系数 |E_P| = \frac{需求量变动的百分比}{价格变动的百分比}$$

$$= \frac{\Delta Q/Q}{\Delta P/P} = \frac{\Delta Q}{\Delta P} \cdot \frac{P}{Q}$$

在上式中，P 代表价格；ΔP 代表价格变动量；Q 代表需求量；ΔQ 代表需求变动量。由于价格与需求反向变动，需求弹性系数小于零，为方便起见，常用绝对值 E_P 来表示。

不同产品具有不同的需求价格弹性，并对价格的制定影响很大。

(1) $E_P > 1$，富于弹性。即需求的变动对价格的变动十分敏感，价格较小幅度地下降或上升，就可能引起需求量较大幅度地增加或减少。这种产品的需求是有弹性的，这时，应该降低价格，以刺激需求，实现薄利多销。

(2) $E_P < 1$，缺乏弹性。即需求的变动对价格的变动不敏感，价格变动对需求的影响不大。这时，企业可以适当地提高产品的价格，增加企业的总收益。因为缺乏弹性的商品，降价会减少企业的收益。

(3) $E_P = 1$，单一弹性。即需求的变动与价格的变动反向同幅度。价格下降 10%，需求量就增加 10%，对企业总收益影响不大。这时，企业应采取通行价格来实现预期的利润。

(4) $E_P = 0$，完全无弹性。即需求的变动对价格的变动一点都不敏感，价格的任意变化都不会引起需求量的变动。

(5) $E_P \to \infty$，完全有弹性。即需求的变动对价格的变动有无穷大的敏感性。这时，企业应综合考虑各种因素，努力使自己的产品以市场上的通行价格出售。

影响需求价格弹性的因素主要有消费者对产品的需求程度、产品的独特性和知名度、产品的替代性、产品的供求状况等。在消费者购买力一定的条件下，产品需求强度越大，越是必需，越有名气，替代品越少，消费者的价格意识就越淡漠，其需求价格弹性就越小；反之，则越大。

（三）市场竞争

企业的定价是一种竞争行为，任何一次价格的制定或调整均会引起竞争者的关注，并可能导致竞争者采取相应的对策。同时，竞争者的定价行为也会影响本企业产品的定价，迫使本企业作出相应的反应。所以，企业在定价时，必须考虑各个竞争者产品的质量和价格，利用它们作为自己定价的出发点。如果企业的产品与竞争者相似，就可制定与竞争者相似的价格，否则销路就会受影响；如果比竞争者产品质量差，则将价格定得低些；如果产品质量优于竞争者的产品，那么价格就可以定得高些。

【互动问题】“营销新手在乎价格，营销老手在乎价值。唯有营销高手，懂得用文化创造长久的竞争力。”从营销伦理和职业道德角度说说你的看法。

（四）政府的法律、政策

所有国家的政府都有自己的经济政策，对市场价格的制定和调整也都有相应的限制和法律规定，如我国的《价格法》《反不正当竞争法》就对价格的制定作出种种限制。因此，定价时要了解相应的法律、法规和政策以及企业的定价权限等。有关政府禁止的价格行为主要有四类。

1. 禁止价格垄断

价格垄断行为分为两种类型：

（1）滥用市场优势控制市场价格的行为。如果经营者为了获取高额利润，利用或滥用市场优势，控制市场价格，严重损害其他经营者和消费者的利益，则构成垄断行为，属于法律禁止之列。

（2）联合控制价格行为。其具体包括：一是联合固定价格行为，指处于垄断状态的两个或两个以上经营者为避免价格竞争，以合同、协议等方式共同决定商品或服务的价格；二是限制转卖价格行为，指生产企业在向批发商或零售商提供商品时，要求他们必须按照所限定的价格销售商品，剥夺了批发商或零售商本应享有的自由定价权，使他们无法根据各自面临的竞争状况以及成本费用来制定商品的销售价格，使同一商品的不同经营者之间的价格竞争减弱。

2. 禁止价格欺诈

价格欺诈行为主要有：

（1）虚假降价。它是指谎称降价而实际没有降价的行为，例如，虚假宣传，伪装降价，虚拟原价，谎称降价、实则提价等。

（2）模糊标价。它是指故意用模糊的语言、文字、计量单位等表示价格的行为，例如，以虚假的优惠价、折扣价、处理价、最低价及其他虚假信息诱骗消费者进行交易。

3. 禁止价格歧视

所谓价格歧视，是指提供相同等级、相同质量的商品或服务时，具有同等交易条件的消费者在价格上处于不平等地位。例如，对具有同等条件的甲、乙企业，对甲实行批量作价，对乙则不实行批量作价；或对甲允许讨价还价，对乙则不允许等，从而构成价格歧视行为，使条件相同的买主处于不平等的地位，妨碍了他们之间的正当竞争。

4. 禁止低价倾销

企业在降价处理商品时，不得以排挤竞争对手或者独占市场为目的，以低于成本的价格销售商品。这实质就是禁止经营者的低价倾销行为。判断是否构成低价倾销行为，一是看手段，即看其定价是否低于成本，蚀本销售；二是看目的，即看其是否为了排挤竞争对手或者独占市场；三是看后果，即看其是否扰乱了正常的生产经营秩序，损害国家利益或其他经营者的合法权益，如引发恶性低价竞销、阻碍或威胁竞争对手的生存和发展、造成国家税收损失等则为低价倾销。

（五）其他因素

如产品市场生命周期，在产品市场生命周期的不同阶段，企业定价目标不同，因而定价方法和策略也应有所不同。

相关链接

影响商铺定价的12个因素：

- 片区商业成熟度（大的市场环境）；
- 目前片区商铺的租金水平；
- 临街铺位的供需状况（包括空置、转让与出租情况）；
- 现在片区商业的销售价格；
- 商铺的硬件（包括商铺的面宽、进深是否合理等）；
- 商铺的位置（大环境中的位置、小环境中的位置）；
- 商铺的外观档次；
- 片区的交通状况；
- 可比楼盘的价格参照；
- 分铺位价格差比率；
- 未来的发展空间；
- 片区固定居民数和流动人流量。

案例分析

讨价的艺术

一家苹果公司的采购员来到果园，问："多少钱一斤?""8角。""6角行吗?"目前正是苹果刚上市的时候，这么多的买主，卖主显然不肯让步。"商量商量怎么样?""没什么好商量的。"

"不卖拉倒"，买卖双方不欢而散。

不久，又一家公司的采购员来到果园，见了果农，先递上一支香烟，问："多少钱一斤?""8角。""整筐卖多少钱?""整筐8角一斤。"卖主仍然不让步。

买主没有急于还价，而是不慌不忙地打开筐盖，拿起一个苹果在手里掂量着，端详着，不紧不慢地说："个头还可以，但颜色不够红，这样上市卖不上价呀。"

接着伸手往筐里掏，摸了一会儿摸出一个个头小的苹果："老板，你这一筐，表面是大的，筐底可藏着不少小的，这怎么算呢?"边说边继续在筐里摸着，一会儿，又摸出一个带伤的苹果："看！这里还有虫咬，也许是雹伤。您这苹果既不够红，又不够大，有的还有伤，无论如何算不上一级，勉强算二级就不错了。"

这时卖主沉不住气了，说话也和气了："您真的想要，那么，您还个价吧。"

"农民一年到头也不容易，给您6角钱吧。""那可太低了"，卖主有点着急，"您再添点吧，我就指望这些苹果过日子呢。"

"好吧，看您也是个老实人，交个朋友吧，6角5分钱一斤，我全包了。"

双方终于成交了。

问题：

为什么第一个买主遭拒绝，而第二个买主却能以较低的价格成交？

讨论分析：

个人：每位同学结合案例内容，在固定的学习本上记下你对讨价艺术的看法。

小组：请同学们每4人分为一个小组，推选1人为组长，1人记录，每个人陈述自己的看法，然后小组成员共同讨论，形成小组意见，准备在班级交流。

全班：每个小组选一位代表在班级交流，陈述本组观点。

教师：记录各组陈述要点，最后做点评。

善恶研判

背景资料：

近日，某市发生了一件让人无语的事情。一名女子在服务区的面馆，花45元买了3碗面。后来女子让服务员加汤时，对方的一句话让女子当场着急了。因为服务员说汤虽然是免费的，但用一个新纸碗要花15元钱。

女子非常不满，认为一次性的纸碗价格是很便宜的，店家居然要15元，这简直是乱收费。女子一气之下拍了视频，发到网上，告诉大家不要来这家店吃饭了。

后来有关部门去店里核实后发现，顾客和店家之间存在着一些误会。店家为了便于结账，采用了一个碗对应一碗面的管理方式。如果老板给了服务员100个碗，那么就需要服务员卖完之后，交给老板100碗面的钱。如果服务员免费给了女子一个新纸碗，那么就需要服务员自己承担15元钱。因为女子要碗加汤的时候，服务员很忙，所以没有解释清楚，让顾客产生了误会。

问题：

本案例中存在哪些营销伦理和职业道德问题？

讨论分析：

个人：结合已经学习的内容和收集的资料，试对上述案例中的问题做出你的营销伦理和职业道德研判，并说明你做出营销伦理和职业道德研判所依据的行业道德和伦理规范。

小组：同学们每4人分为一个小组进行讨论，1人记录，形成小组意见，准备在班级交流。

全班：各小组推选一位代表陈述本小组观点。

教师：记录各小组陈述要点，进行点评。

参考答案

营销实训

体验产品的定价

1. 背景资料

你和你的朋友打算开一个小商店卖衣服和小饰品，小店的地址在一个比较高档的社区（或以某一社区类似商店为例完成实训任务），分析你对产品定价的考虑。从衣服和小饰品中各选一样产品，写出它的定价范围（最高价、最低价），然后计算产品的售价。描述你的定价目标，并解释你的产品的最终售价是如何得出的。

2. 实训目标

素质目标：通过参与体验产品的定价营销实训活动，培养同学们自我探究、小组合作、自主学习、自主决策的素养。

能力目标：通过参与体验产品的定价营销实训活动，培养同学们分析问题、解决问题的能力。

知识目标：通过参与体验产品的定价营销实训活动，让同学们熟悉产品定价目标、定价方法和定价策略等内容。

3. 实训步骤

(1) 学生4人分为一组，完成本实训任务。

(2) 认真学习有关企业定价目标，影响定价的内外部因素和企业定价办法和策略的相关知识，收集企业定价方面的典型案例。

(3) 实地到类似的小店了解同类产品的进价，销售过程中的费用项目及费用金额、产品售价的范围（最高售价、最低售价）。

(4) 按照调查的资料，结合你所选产品的情况，把相关内容填入表5－1中。

表5－1　　产品定价认知实训表

产品	定价目标	定价范围 最高/最低价	说明你得出最终售价的理由
××服装			
××饰品			

(5) 每个小组选一位学生在班级交流调查结果，最后由老师做点评。

4. 成果评价（见表5－2）

表5－2　　产品定价认知实训评分表

项目 (分值)	标准	小组 评分	教师 评分	实际 得分
素质培养 (30)	小组成员共同分析任务；认真组织企业调研；对于产品定价认知实训有兴趣和热情；按要求完成调研内容；讨论中发言踊跃（每个方面6分）			
能力提升 (25)	调研总结内容完整；对产品定价认知陈述表达流畅；汇报过程注意形象、礼节；调研中思路清晰，方法得当；总结分析上传到手机（每个方面5分）			
知识应用 (45)	调研总结有商家、产品（4分）；调研总结表格设计规范（30分）；调研资料没有雷同现象（6分）；调查表中资料等符合要求（5分）			
总成绩 (Σ100)				

续表

教师评语	签名：　　年　月　日
学生意见	签名：　　年　月　日

任务2　了解企业定价方法

学习目标

素质目标：通过本任务必备知识的学习、案例分析、善恶研判和营销训练，培养同学们在产品定价策略的制定和执行过程中自觉践行营销职业道德和营销伦理以及践行社会法律法规的意识。

能力目标：通过本任务的案例分析和营销训练，能结合企业经营的日常生活用品和生产资料，根据市场需求变化分析选择适宜的定价方法的专业能力。

知识目标：通过本任务必备知识的学习，能正确描述企业成本导向定价法、需求导向定价法、竞争导向定价法等陈述性知识。

任务驱动

思考：家乐福北京分店是1995年12月5日在中国内地开设的第一家分店，开业初期，它采用低价策略成功地打开市场后，下一步便是针对主要对手来制定价格。每周三它都要派出大量人员到两个主要竞争对手燕莎和望京超市采价，然后迅速汇总，星期四晚上调整价格，迎接双休日的销售高峰。如果你是燕莎和望京超市的营销人员，面对这种情况该怎样应对？

提示：在市场经济中，企业之间的竞争日趋激烈，竞争方式多种多样，其中最原始、最残酷的就是价格竞争。由于价格比较容易掌握，加之消费者又敏感，有些企业为了阻止竞争者进入目标市场，或吸引目标顾客到自己企业购买，就以竞争者价格为基础，故意将价格定得更低。面对这种情况，加强收集竞争对手的相关信息，建立灵活的应对机制，才能保持本企业的竞争优势。

必备知识

企业定价是一项十分复杂而又难以准确掌握的工作。因为产品成本确定了价格的最低限度，消费者对产品价格的看法确定了价格的最高限度，同时考虑竞争对手的价格以及其他内部和外部因素，以便在这之间找到最合适的价格，就必须有科学的定价方法。

定价方法是企业在特定的定价目标指导下，考虑影响定价的各种因素，对商品价格水平进行计算的具体方法。影响企业定价的因素很多，但主要有成本费用、市场需求和竞争状况三个方面。从对这三个方面不同的侧重点出发，企业的定价方法就可以分为三类：成本导向定价法、需求导向定价法和竞争导向定价法。

一、成本导向定价法

成本导向定价法是以产品的成本作为定价的基本依据，定价时较少地考虑市场需求和竞争状况。

（一）成本加成定价法

企业根据所确定的加成率（毛利率）和单位产品的总成本来制定产品的单价。定价时，首先确定单位变动成本，再加上分摊的固定成本，构成单位产品总成本，在此基础上加一定的毛利率，计算出产品的价格。由于毛利率的确定方法不同，加成定价法又可分为成本加成法（顺加法）和售价加成法（倒扣法）。其计算公式为：

成本加成法（顺加法）：

$$P = \text{单位产品总成本} \times (1 + \text{加成率})$$

$$\text{加成率} = \frac{\text{销售收入} - \text{销售成本}}{\text{销售成本}}$$

售价加成法（倒扣法）：

$$P = \frac{\text{单位产品总成本}}{1 - \text{加成率}}$$

$$\text{加成率} = \frac{\text{销售收入} - \text{销售成本}}{\text{销售收入}}$$

生产部门较多地采用成本加成定价法。零售商业部门较多地采用售价加成定价法。

成本加成定价法应用范围广泛，生产者、中间商以及建筑业、农业部门经常使用这种定价方法。它的优点是计算简便易行，计算出来的价格能保证获得预期的利润；缺点是忽视了市场需求的变化和竞争的影响，缺乏灵活性，而且它只是从卖方的角度来考虑，不一定切合实际。在产销量与产品成本相对稳定、竞争不太激烈的情况下，可以采用此种方法。

（二）目标利润定价法

目标利润定价法是根据企业的总成本和确定的目标利润来制定产品价格。它的具体做法是，首先预计未来时期的销售量，计算出在这个预计销售量下的总成本，再结合企业确定的目标利润计算出产品的价格。其计算公式为：

$$P = \frac{\text{总成本} + \text{目标利润}}{\text{预计销售量}}$$

$$= \text{单位产品总成本} + \frac{\text{目标利润}}{\text{预计销售量}}$$

这种方法计算简便，如果企业能按制定的价格实现预计的销售量，就能达到预期的目标利润。但它没有考虑价格与需求之间的关系和竞争者产品的价格等因素对企业产品销量的影响，如果在目标期内实际销量少于预期的销量，那么目标利润就很难实现。所以，这种方法适用于市场占有率较高或带有垄断性的企业。

（三）边际贡献定价法

边际贡献定价法是企业仅计算变动成本，而暂不计算固定成本，也就是按变动成本加预期的边际贡献来制定产品的价格。边际贡献是指产品销售收入与产品变动成本的差额，如果边际贡献弥补固定成本之后有剩余，就形成企业纯收入，否则，企业将发生亏损。在企业经营不景气、销售困难、生存比获利更重要，或企业生产能力过剩、只有降低售价才能扩大销售时，就可采用边际贡献定价法。其计算公式为：

$$P=\frac{\text{总的变动成本}+\text{边际贡献}}{\text{总产量}}$$

$$=\text{单位产品变动成本}+\text{单位产品边际贡献}$$

边际贡献定价法的原则是，产品单价高于单位变动成本时，就可以考虑接受。因为不管企业是否生产、生产多少，在一定时期内固定成本都是要发生的，而只要产品单价高于单位变动成本，这时销售收入弥补变动成本后的剩余，可以弥补固定成本，以减少亏损或增加企业的盈利。

二、需求导向定价法

需求导向定价法是以消费者对产品的价值感受和需求强度来作为定价的基本依据。其是一种伴随着营销观念的更新而产生的新型的定价方法。面对商品供应的日益丰富和消费需求的不断变化，企业已经认识到判定产品价格是否合理，最终并不取决于生产者或经销商，而是取决于消费者和用户。合理的定价，不仅使消费者获得公平交易的满足，还应成为刺激消费者产生再次购买欲望的手段。所有这些都赋予定价强烈的艺术性的特点，需求导向定价法正是定价艺术性的集中体现。其主要包括以下三种：

（一）理解价值定价法

理解价值定价法是以消费者对商品价值的感受和理解程度来确定价格，而不是根据产品的成本。如果把买方的价值判断与卖方的成本费用进行比较，定价时更应该考虑前者。因为消费者在购买商品时，总会在同类产品之间进行比较，选择那些既能满足其需求，又符合其支付标准的商品，当价格水平和消费者对商品价值的理解大体一致时，消费者就会顺利购买。例如，一位消费者在一小卖部喝一杯咖啡、吃一块点心要付1.5美元，在饭店的咖啡厅，同样的东西需2.5美元，如果送到饭店的房间里享受，需3.5美元，价格一级比一级高，这并不是由成本的增加而导致的，而是由于附加的服务和环境气氛为产品增加了价值，消费者对产品的感受、理解不同所致。

理解价值定价法的关键是要正确地估计顾客的认知价值。如果估计过高，会导致定价过高，影响销售；如果估计过低，会导致定价过低，产品虽卖出去了，但影响收益。所以，为了加深顾客对商品价值的理解程度，提高其愿意支付的价格限度，企业在定价时，应首先做好市场定位，突出产品特色，加深顾客对产品的印象，提高购买率。

【互动问题】 网游按时间点卡收费最严重的问题就是，无论是穷学生，还是亿万富翁，在游戏消费上的标准都是一样的——这在营销上是最忌讳的。请从营销伦理和职业道德角度分析，你同意以上说法吗？为什么？

（二）市场可销价格倒推法

市场可销价格倒推法也称反向定价法，即根据消费者能够接受的销售价格，据以倒推出批发价和出厂价。其计算公式为：

$$批发价=\frac{市场可销零售价}{1+批零差率}$$

$$出厂价=\frac{市场可销批发价}{1+进销差率}$$

或：

$$出厂价=市场可销批发价\times（1-进销差率）$$

市场可销价格的确定，可通过主观评价、市场调查或试销评估来确定。批零差率和进销差率一般可由买卖双方协商，按利润合理分配，或依据一般行情来确定。这种定价方法不以实际成本为依据，而是以市场需求为定价的出发点，力求使价格为消费者所接受，并促使企业降低生产成本，有利于开展市场竞争，提高经济效益。但企业的成本必须降到出厂价格规定的范围内，否则无法采用。这种方法常被批发商和零售商采用。

（三）需求差异定价法

需求差异定价法又称差别定价法，即企业对同一种产品或劳务可根据不同的顾客，不同的时间、地点，不同的式样等制定不同的价格。这种价格差异并非以成本差异为基础，而是以顾客需求差异为基础。差别定价法有以下几种形式：

1. 因顾客而异的差异定价

因顾客而异的差异定价即对同一产品或服务，根据顾客不同的需求程度，制定不同的价格。例如，对批发商和零售商采用不同的价格。

2. 因产品式样、花色而异的差异定价

因产品式样、花色而异的差异定价即对同一产品，根据不同式样、花色、规格等，制定不同的价格。例如，式样新颖的服装比式样陈旧的服装定价可高些；同一质量和成本的花布，因花色不同，需求量不同，定价也不同。

3. 因时间而异的差异定价

因时间而异的差异定价即同一种产品或服务，在不同的季节、不同的月份、不同的日子，甚至不同的时点，制定不同的价格。例如，长途电话的收费，在白天与晚上、平时与节假日就不相同。

4. 因地点而异的差异定价

因地点而异的差异定价即企业为处于不同位置的产品或劳务制定不同的价格，即使它们的成本费用没有任何差异。例如，影剧院、体育场前排和后排的票价就不相同。

企业实行差别定价必须具备一定的条件：一是市场能够细分，并且各个细分市场显示出不同的需求强度；二是以低价购买产品的顾客不可能将产品用高价转卖出去；三是在高价市场上，不存在竞争者用低价倾销手段争夺顾客的可能；四是差别定价不会导致顾客的反感，从而影响企业形象。

实例

乘客在乘坐飞机从甲城市飞往乙城市的同一条航线上，有10种不同的票价可供选择。在这条航线上服务的3家航空公司激烈竞争，精明的乘客得到不少好处。许多票价都是针对不同的细分市场。这10种可能的票价是：（1）头等舱是218美元；（2）标准经济舱是168美元；（3）晚间二等舱是136美元；（4）周末短途旅行是134美元；（5）义务工作人员是130美元；（6）周内短途旅行是128美元；（7）短途旅游观光团是118美元；（8）军事人员是128美元；（9）青少年机票是112美元；（10）周末机票是103美元。

三、竞争导向定价法

竞争导向定价法是以市场上相互竞争的同类产品价格作为定价的基本依据，主要有以下几种方法：

（一）通行价格定价法

通行价格定价法也称随行就市定价法，是以本行业的平均价格水平或本行业中占主导地位的企业的价格水平作为定价的基础。平均价格水平往往被认为是“合理价格”，容易被市场接受。同时，企业试图与竞争对手和平相处，避免恶性价格战所产生的风险，而且这种通行价格一般也能为企业带来适度的利润。当需求弹性不易测量、成本难以估计、企业认为现行价格反映了本行业的集体智慧时，就可采用这种定价方法，如钢材、面粉等均质产品及其他原材料的定价都是如此。

（二）竞争价格定价法

与通行价格定价法相反，竞争价格定价法是一种主动竞争的定价方法。它不是追随竞争者的价格，而是根据本企业的实际情况及与竞争对手的产品差异状况，以高于或低于竞争者的价格来出售产品。这充分体现了定价的灵活性，一般为实力雄厚或产品独具特色的企业所采用，关键是知己知彼、随时调整。

（三）密封投标定价法

大宗物资采购、工程项目承包、仪器设备引进、矿产能源开发等大都采用招标和投标的交易方式。投标价格是投标者根据竞争者的报价估计确定的，而不是按照自己的成本费用确定的。投标企业在报价时，必须预测竞争者的价格意向，努力制定既能保证中标，又能保证最大期望利润的最佳报价，而这正是投标定价的困难之所在。

投标定价法的另一种形式是拍卖定价法。它是指预先展示所出售的商品，在一定的时间和地点，按一定的规则，由买主公开叫价的方式，引导购买者报价，利用买方竞购的心理，从中选择最高价格成交。这种方法具有竞争公开、出价迅速、交易简便的特点，现仍流行于世界各地，尤其在出售文物、古董、珍品、高级艺术品、房产等商品时多采用此方法。

小思考：北京故宫博物院的门票在旅游淡季为60元/人，在旅游旺季为80元/人，这采用了哪种定价方法？

案例分析

“灵魂砍价”是医改惠民缩影

“再降1块，1块钱，买个冰棍儿都买不到……”“降价不能像挤牙膏，大胆降！”近日，重庆、湖北等八省（区、市）医保部门组团进行带量采购时，再现“灵魂砍价”，不少网友直呼“给力”。

一段时间以来，随着医保带量采购机制不断捋顺，“灵魂砍价”成为常态。而实际谈判过程，远没有看上去那么轻松。对某种药品来说，价格些微变化，叠加庞大用量，都意味着巨大的利益调整。为了分厘之差，医药专家常常与药企代表争得面红耳赤。而之所以“锱铢必较”，是因为一分一厘的小账背后，是一笔笔民生大账。就拿这次谈判来说，与历史采购价相比，药价平均降幅55.03%，最高降幅99.40%。谈判药品目录涵盖抗微生物、抗肿瘤、解毒剂等多个领域，许多医疗机构用量大、患者受众面广的药品均在其中。对参保人员来说，这都是重大利好。

医改是系统工程、重大工程，不会一蹴而就，必须久久为功。一方面，打破固有壁垒、调整利益分配势必会产生一些新矛盾。就拿带量采购来说，价格是砍下来了，但一些药品出现了“进了医保，进不了医院”的尴尬。这就需要相关方面进一步完善机制，拿出更精细化的方案予以破解。比如，对部分谈判药品实行定点医疗机构和定点药店“双通道”保障政策，拓宽患者购药渠道。再如，将一些药品纳入单行支付管理，以减小医院的进药顾虑。另一方面，从长远来看，随着收入水平提高，国人对多样化、高品质卫生健康服务的需求也会水涨船高，再加上人口老龄化不断加剧，这些都要求医改要始终处于动态调整之中，不断顺应大众需求变化。

问题：

通过该实例的学习，你有哪些启发？请你从产品定价的角度谈谈你的看法。

讨论分析：

个人：每位同学根据案例资料和问题，在固定的学习本上记下自己的思考。

小组：每小组6位同学，1人为组长，1人记录，小组成员都要陈述自己的观点，讨论后形成小组意见，准备在班级交流。

全班：各组派一位代表陈述本组观点。

教师：记录各组陈述要点，最后做点评。

善恶研判

背景资料：

发改委公布的信息显示，在上海市家乐福南翔店一个球形茶壶价签标示每个36.8元，实际结算价是每个49元；时尚衣架价签标示每排9.9元，实际结算价是每排20.5元。此外，昆明市家乐福世纪城店、武汉市汉福超市洪山广场店、长沙市家乐福芙蓉广场店都有“低价招徕顾客、高价结算”的现象。

问题：

本背景资料中存在哪些营销伦理和职业道德问题？

讨论分析：

个人：结合已经学习的内容和收集的资料，试对上述背景资料中的问题做出你的营销伦理和职业道德研判，并说明你做出营销伦理和职业道德研判所依据的行业道德和伦理规范。

小组：同学们每4人分为一个小组进行讨论，1人记录，形成小组意见，准备在班级交流。

全班：各小组推选一位代表陈述本小组观点。

教师：记录各小组陈述要点，进行点评。

参考答案

营销实训

产品定价方法调查

1. 背景资料

调查了解不同的生产者和经营者，他们采取什么样的定价方法，并简要分析说明采用该种定价方法的原因。

2. 实训目标

素质目标：通过参与产品定价方法调查营销实训活动，培养同学们自我探究、小组合作、自我管理的素养。

能力目标：通过参与产品定价方法调查营销实训活动，培养同学们分析问题、解决问题的能力。

知识目标：通过参与产品定价方法调查营销实训活动，让同学们熟悉成本导向定价、需求导向定价、竞争导向定价方法等具体内容。

3. 实训步骤

（1）学生4人分为一组，完成本实训任务（每位同学都要单独完成下列调查表内容）。

（2）认真学习有关企业定价方法的具体内容，并从图书馆和网络查找有关资料。

（3）每位同学深入实际调查收集每种方法在实践中的应用实例，并按要求填入表5-3中。

表 5－3　　产品定价方法调查表

大类方法	具体方法	典型定价实例	说　明
成本导向定价法	成本加成定价法		
	目标利润定价法		
	变动成本定价法		
需求导向定价法	理解价值定价法		
	市场可销价格倒推法		
	需求差异定价法		
竞争导向定价法	随行就市定价法		
	竞争价格定价法		
	密封投标定价法		

(4) 每个小组4位同学相互讨论交流，修改完善自己调查表中的内容。

(5) 每个小组选一位代表在班级交流本组调查的内容，最后由教师点评。

4. 成果评价（见表5－4）

表 5－4　　产品定价方法调查实训评分表

项　目（分值）	标　准	小组评分	教师评分	实际得分
素质培养（30）	小组成员共同分析任务；认真组织调查；对于产品定价方法调查实训有兴趣和热情；按要求完成调查内容；讨论中发言踊跃（每个方面6分）			
能力提升（25）	调查内容完整；对产品定价方法陈述表达流畅；汇报过程注意形象、礼节；调查中思路清晰，方法得当；调查表内容上传到手机（每个方面5分）			
知识应用（45）	调查表中九种定价方法举出实例（每个3分）；每种方法都有说明，并且说明准确（每个2分）			
总成绩（∑100）				
教师评语	签名：　　年　月　日			
学生意见	签名：　　年　月　日			

任务 3　掌握企业定价策略

学习目标

素质目标：通过本任务必备知识的学习、案例分析、善恶研判和营销训练，培养同学们在制定产品价格的过程中自觉践行价格制定中的营销职业道德和营销伦理、国家有关价格制定的法律法规的意识。

能力目标：通过本任务的案例分析和营销训练，培养同学们能结合企业产品的实际定价情况，从多个角度分析认识企业的定价策略的专业能力。

知识目标：通过本任务必备知识的学习，能正确描述企业新产品定价策略、折扣和让价策略、心理定价策略、促销定价策略、产品组合定价策略等陈述性知识。

任务驱动

思考：市场上很多商品由于淡旺季差异、购买数量差异、产品市场生命周期阶段不同、销售场所不同、顾客不同、销售时间不同而制定不同的价格，你认为合理吗？试说明理由。

提示：企业不仅要根据适当的定价方法科学地制定产品的基本价格，还要根据具体的市场环境、产品特点、产品所处的市场生命周期阶段、消费者心理需求和特点等，运用灵活的定价策略和技巧，制定适合市场变化的灵活的产品价格，从而实现企业的定价目标。这种定价的宗旨在于使产品的价格既能为顾客所接受，又能为企业带来较多利润。

必备知识

给企业产品定价从理论上讲有各种方法，在营销实践中必须根据企业营销环境、竞争对手、消费者需求灵活应用，即在实际营销活动中，每个企业的营销人员给自己产品定价时，必须讲究一定的技巧，这些定价技巧可以叫作定价策略。

一、新产品定价策略

新产品定价是企业定价策略的关键环节，对新产品能否及时打开销路、占领市场，关系重大。一般有三种策略可供选择：

（一）取脂定价策略

取脂定价策略即高价投放新产品，价格远高于价值，力求在短时间内收回全部成本，并获取盈利。这种定价策略就像从奶油中撇取油脂一样，所以称取脂定价策略或撇取定价策略。

这种策略的优点：一是易于企业实现预期的利润；二是掌握市场竞争及新产品开发的主动权；三是树立高档名牌产品形象；四是便于价格调整，因为一开始的高价为后面降低价格留有充分的余地。它的缺点：在高价抑制下，销路不易扩大；高价厚利极易诱发竞争，使企业获得高额利润的时间较短。这种策略适宜的条件是：市场上无类似的替代品，需求相对无弹性、市场生命周期短、花色式样变化快的产品或产品具有明显的优势且短期内不易消失，顾客主观上认为该产品具有很高的价值等。

（二）渗透定价策略

渗透定价策略即低价投放新产品（微利保本），以吸引顾客，扩大销售，提高市场占有率，实现盈利目标。

这种策略的优点：一是迅速打开销路，提高市场占有率；二是树立良好的企业形象；三是阻止竞争者进入，便于企业长期占领市场。它的缺点：本利回收期长，企业在市场竞争中价格变动余地小，难以应付短期内骤然出现的竞争和需求的变化。这种策略适宜的条件是：产品需求弹性大、产品市场生命周期长、潜在市场容量大的产品。在某种情况下，渗透定价可紧随取脂定价，即企业可对新产品制定一个较高的初始价格，以吸引对价格不敏感的消费者，收回初期的投入后，就接着运用渗透定价策略，以吸引对价格敏感的消费者，并提高市场占有率。

（三）满意定价策略

满意定价策略也称温和定价或君子定价，是介于取脂定价和渗透定价之间的一种中间价格，因价格水平适中，生产者、中间商及消费者各方面都能顺利接受。这种策略比较稳妥，价格稳定，利润适中，一般能使企业收回成本和取得适当盈利，不足之处是比较保守，有可能失去获得高盈利的机会，一般产品都适宜采取这种定价策略。

实例

高价也可多销

1945年圣诞节即将来临时，为了欢度第二次世界大战后的第一个圣诞节，美国居民急切地希望能买到新颖别致的商品作为圣诞礼物。当年6月份，美国有一位名叫朵尔顿·雷诺兹的企业家到阿根廷谈生意时发现，圆珠笔在美国将有广阔的市场，其立即不惜资金和人力从阿根廷引进当时美国人根本没有见过的圆珠笔，只用一个多月便拿出了自己的改进产品，并利用当时人们原子热的情绪，取名为“原子笔”。之后，他立即拿着仅有的一支样笔来到纽约的金贝尔百货公司，向主管们展示这种“原子时代的奇妙笔”的不凡之处：“可以在水中写字，也可以在高海拔地区写字。”这些都是雷诺兹根据圆珠笔的特性和美国人追求新奇的性格精心制定的促销策略。果然，公司主管对此深感兴趣，一次订购了2500支，并同意采用雷诺兹的促销口号作为广告。

当时，这种圆珠笔生产成本仅为0.8美元，但雷诺兹果断地将售价抬高到20美元，因为只有这个价格才能让人们觉得这种笔与众不同，配得上“原子笔”的名称。1945年10月29日，金贝尔百货公司首次销售雷诺兹圆珠笔，竟然出现了3000人争购“奇妙笔”的壮观场面。人们以赠送与得到“原子笔”为荣，一时间新颖、奇特的高贵的“原子笔”风靡美国，大量订单像雪片一样飞向雷诺兹的公司。短短半年时间，雷诺兹生产圆珠笔所投入的2.6万美元成本竟然换得150万美元的利润。等到其他对手挤进这个市场杀价竞争时，雷诺兹已赚足大钱，抽身而去。

——选自牟丰勋：《现代市场营销揭秘》，中国商业出版社。

二、折扣和让价策略

企业为了鼓励顾客的某些行为，如提早付款、批量购买、淡季购买等，会对基本价格进行修订，实行价格折扣和折让，以适应消费者的偏好和市场情况变动。其主要有以下几种方式：

（一）现金折扣

现金折扣即对按约定日期付款或提前付款的顾客给予一定的价格折扣。其目的在于鼓励顾客提前支付货款，加速资金周转，减少呆账风险。如“2/10，信用净期 30”，表示货款必须在 30 天内付清，如果在成交后 10 天内付款，可给予 2% 的折扣；超过 10 天必须全额付款。

（二）数量折扣

根据顾客购买数量的多少给予一定的价格折扣，它可分为累计数量折扣和非累计数量折扣两种形式。

累计数量折扣，即规定顾客在一定的时间内购买商品累计达到一定的数量和金额时，按总量大小给予不同的折扣，其目的在于鼓励顾客经常购买本企业的产品，建立一种长期的购买合作关系。非累计数量折扣，即按顾客每次购买产品数量和金额的多少给予不同的折扣，购买越多，折扣越大，其目的在于鼓励顾客进行一次性的大量购买，便于企业大批量的生产和销售。

（三）功能折扣

功能折扣又称交易折扣，是依据各类中间商在市场营销中担负的功能不同，给予不同的价格折扣。折扣水平要依中间商的性质、所承担的风险、提供的职能（如储存、顾客服务、推销）等确定，一般给予批发商的折扣较大，零售商的折扣较小。其目的在于鼓励中间商充分发挥自己的功能，调动其积极性。

（四）季节折扣

季节折扣是对提前购买季节性强的商品的顾客给予一定的价格折扣，目的在于鼓励顾客淡季购买，以减少企业仓储压力，实现均衡生产和上市。如空调器生产厂家在空调销售的淡季给进货的批发商或零售商以季节折扣等。

（五）让价策略

让价也叫折让，是根据价目表给予减价的一种让价形式。它没有规定一定的减价比例，有时也没有明确规定减价金额，而是要根据具体情况来确定。例如，以旧换新就是一种价格折让，洗衣机的以旧换新要根据具体情况折让。还有一种形式是促销让价，是指生产企业对参与促销活动的中间商给予一定的减价、津贴作为报酬，以鼓励中间商宣传产品，扩大产品销售。

小思考：折让策略的实行，对中小企业来讲是一种公平竞争吗？

三、心理定价策略

心理定价策略是根据顾客不同的购买心理，采用不同的定价技巧，通常为零售商所采用。其主要有以下几种策略：

（一）尾数定价策略

尾数定价策略也称非整数定价，即对多数日用品或低档商品，在定价时保留价格尾数，用零头数标价，使价格水平保留在较低一级档次。如定价 9.98 元，而不定价 10 元，在消费者心理上产生一种便宜的感觉。在消费者看来，带尾数的价格是经过精心计算得来的，是比较准确的，给人以真实感、信赖感，用以满足顾客的求实心理，使之感到物美价廉。

（二）整数定价策略

对一些高档耐用消费品，特别是一些消费者不太了解的商品，消费者往往以价格高低来衡量产品质量的优劣。对这些商品，企业在定价时，合零凑整，采用整数定价，利用“一分钱一分货”和方便快速的心理，使价格上升到较高一级档次。例如，一台电视机标价 2500 元，而不标价 2498 元，这样反而会增加顾客的购买欲望，如定为非整数价格，反而不利于销售。

（三）如意定价策略

利用人们求吉祥如意的心理，在定价时，采用一些吉祥的数字来给产品标价，例如，“8”“9”“6”或偶数以及 118 元、168 元、198 元等。

（四）声望定价策略

企业利用消费者仰慕名牌和“价高质必优”的心理，对在消费者心目中享有声望的产品制定较高的价格，例如，一些有名望的商店（老字号）、标志性高级消费品（高级轿车、钻石、珍珠等），价格定得都较高。这一方面显示商品的档次和企业的声望；另一方面又迎合了消费者的求名心理，满足较高收入消费者的需要。

（五）招徕定价策略

招徕定价策略也称特价品定价、牺牲品定价，即企业利用消费者的求廉心理，在一定时期内，有意识地将某几种商品的价格定得特别低，以招徕顾客，借以带动和扩大其他正常价格产品的销售。现在，一些超级市场和百货商店几乎天天都有“特价”“惊爆价”“减价”等商品，就是这种策略的运用。采用招徕定价策略时，应注意：一是特价商品的确定必须是大多数消费者都需要的；二是价格对顾客要具有足够的吸引力，降价幅度太小难以吸引顾客，而幅度太大，会造成误会，顾客会误以为是残次品；三是数量要充足，保证供应，否则顾客会有一种被愚弄的感觉，损害企业形象。

实例

这一招很灵

据媒体报道，超市经营生鲜成本很高，冷库、冰柜等设备的前期投入非常大，加之商品损耗大等因素，所以，生鲜产品利润很薄，个别（如活鸡、活鱼宰杀）根本不赚钱。业内人士则透露，蔬果类商品的毛利只有3% ~5%。但为什么超市不通过提价增加利润呢？家乐福生鲜部经理道出了真相：生鲜有集聚人气、稳定消费群体的作用。对家庭来说，生鲜商品是每日必需的。主妇前往超市买菜时，肯定也会顺带买一些卫生纸、洗衣粉之类的商品，无形中带动了其他商品的销售。所以，我们还会定期对一些生鲜食品制定特别低的价格，以此招徕顾客。

（六）习惯定价策略

有些商品在顾客心目中已经形成了一个习惯价格，符合其标准的价格就会被顺利接受，偏离其标准的价格则会引起疑虑；高于习惯价被认为是不合理的涨价，低于习惯价又被怀疑是否货真价实。因此，对这类商品，企业在定价时要按照消费者已经形成的习惯心理，力求维持产品价格不变，避免价格波动带来麻烦。当必须变价时，应同时改变包装或品牌，避开习惯价格对新价格的影响，引导消费者逐步形成新的习惯价格。

四、促销定价策略

促销定价是指企业在某些情况下临时把价格定得低于目录价格，甚至低于成本，以促进销售。促销定价的形式有：

（一）牺牲品定价

牺牲品定价即招徕定价或特价品定价。

（二）特别事件定价

企业利用某个特定的时间或场合、某种特别的节日或某些重要的社会活动日，将价格大幅度地降低，以吸引顾客，如开业庆典、周年纪念、“六一儿童节”“三八妇女节”；一些商店利用寒暑假开学前的时机，降低学习用品的价格，吸引学生购买。

（三）现金回扣

有些制造商在特定的时间内向顾客提供现金回扣，以刺激他们购买本企业产品，达到清理存货的目的。

（四）心理折扣

企业开始时给产品制定很高的价格，然后大幅度降价出售。如标出“原价××元，现价××元”。但采取这种方式不得违反有关法规，如虚增原价、所标原价无根据或所标原价非本次降低前的售价等。

【互动问题】 有一次，阿里巴巴公司通过内网面向员工以成本价销售余量月饼，并临时开发了一个内部预订页面。随后，4 名该公司安全部门的员工编写程序“刷单”，多刷了 124 盒月饼，因此遭到辞退。请你从营销伦理和职业道德角度评价阿里巴巴公司的做法。

五、产品组合定价策略

如果企业生产经营多种产品，而且这些产品之间存在某种联系时，定价就应综合考虑。一般有以下几种情况：

（一）产品线定价

一个企业通常不仅销售一个产品，而是销售各种各样的系列产品，这时企业应适当地确定产品线中相关产品之间的价格差异，这就是产品线定价策略。例如，一个空调生产企业可以为空调分段制定 1800 元、2800 元、3800 元这样一个产品线价格。如果一条产品线上两种产品的价格差异不大，顾客就会购买性能较高的产品；反之，如果价格差额较大，顾客就会更多地购买性能较低的产品。同时，还应考虑到各种产品的成本差异、顾客的预期价格以及竞争者的价格等。

实例

某洗衣机厂洗衣机的定价

某洗衣机厂生产三种型号的洗衣机：A 型是普及型的单缸洗衣机，成本为 1000 元，售价为 1200 元；B 型是带有甩干装置的双缸洗衣机，成本为 1300 元，售价为 2600 元；C 型是全自动洗衣机，成本为 2600 元，售价为 5200 元。该洗衣机厂后面两种型号的洗衣机，其较高的售价所反映的不仅是更多的生产成本，而且是更高的顾客需求强度。

（二）任选品定价

许多企业在提供主要产品的同时，还提供与主要产品密切相关、但又可独立使用的产品，如舞厅里提供的饮料、汽车上的报警器等。企业可将选购品的价格定得很低以吸引顾客，也可定得很高来获取利润。

（三）附带产品定价

附带产品又叫互补产品，是指必须和主要产品一起使用的产品，如计算机的软件、刀架上的刀片等。企业往往将主要产品的价格定得较低，将附带产品的价格定得较高，通过低价促进主要产品的销售，以此带动附带产品的销量。

（四）副产品定价

肉类加工和化工等企业在生产过程中往往会有副产品，只要买主愿意支付的价格大于企业储存和处理这些副产品的费用，就可以接受。这样能够减少企业的支出，为主要产品制定更低的价格，增强竞争能力。

（五）组合产品的定价

企业可以将相关产品组合在一起，为其制定一个比分别购买更低的价格，进行一揽子销售，例如，电脑公司把电脑硬件、软件和维修合同组合在一起，旅游景点的参观套票等，都是典型的组合定价。采用这种方式定价时，提供的价格优惠要足以吸引原本只准备购买部分产品的顾客转而购买全套组合产品，但一定要注意不能搞硬性搭配。

案例分析

折让策略的运用

某服装店制定了一个打折方案，在一个月打折的期限内，第一天打9折，第二天打8折，第三天、第四天打7折，第五天打6折，依此类推，第十天打3折，最后两天打1折。顾客只要在打折销售期间选定自己喜欢的任何一天去购买，都可享受到相应的折扣和优惠。结果第一天、第二天来的顾客不是很多，第三天就开始成群结队地来到商店，第五天打6折时顾客就像潮水般的涌来抢购，以后连日顾客爆满。还没到最后一天，所有的商品被顾客买光了。

问题：

本案例对你有何启发？这家服装店运用这一打折方案成功吗？

讨论分析：

个人：每位同学根据案例内容，在固定的学习本上写下自己对该服装店打折方案的看法。

小组：请同学们每4人分为一个小组，进行小组讨论，推选1人为组长，1人负责记录，形成小组意见，准备在班级交流。

全班：每组选一位代表在班级发言，陈述本组观点。

教师：记录各小组陈述要点，最后做点评。

善恶研判

背景资料：

为了吸引消费者，家乐福在价签的字体上做起了文章。根据发改委的通报，昆明市家乐福世纪城店销售的特色鱿鱼丝，其销售价格为每袋138元，价签标示时用大号字体标示“13”，而用小号字体标示“8.0”，诱导消费者误认为销售价格为每袋13.80元。2000克火腿礼盒销售价格为每盒168元，价签标示时用大号字体标示“16”，而用小号字体标示“8.0”，诱导消费者误认为销售价格为每盒16.80元。

问题：

本案例中存在哪些营销伦理和职业道德问题？

讨论分析：

个人：结合已经学习的内容和收集的资料，试对上述案例中的问题做出你的营销伦理和职业道德研判，并说明你做出营销伦理和职业道德研判所依据的行业道德和伦理规范。

小组：同学们每 4 人分为一个小组进行讨论，1 人记录，形成小组意见，准备在班级交流。

全班：各小组推选一位代表陈述本小组观点。

教师：记录各小组陈述要点，进行点评。

参考答案

营销实训

定价策略调查

1. 背景资料

请同学们到市场上调查了解企业具体的定价策略，并简要分析说明采用不同定价策略的原因，将调查内容填入表 5－5 中。

表 5－5　产品定价策略调查表

大　类	定价策略 （每类中任选三种）	典型定价策略运用实例	说　明
折扣和折让策略	现金折扣 数量折扣 功能折扣 季节折扣 让价策略		
心理定价策略	尾数定价 整数定价 如意定价 声望定价 招徕定价 习惯定价		
促销定价策略	牺牲品定价 特别事件定价 现金回扣 心理折扣		

2. 实训目标

素质目标：通过参与产品定价策略营销实训活动，培养同学们自我探究、小组合作和自我管理的素养。

能力目标：通过参与产品定价策略营销实训活动，培养同学们搜集信息和分析问题的能力。

知识目标：通过参与产品定价策略营销实训活动，让同学们熟悉新产品定价策略、折扣和让价策略、心理定价策略、促销定价策略等内容。

3. 实训步骤

（1）学生4人分为一组，共同完成本实训任务。

（2）认真学习有关定价策略的相关知识。

（3）每位同学从实践中收集企业运用定价策略的实际案例（每个大类策略中选择三个小的定价策略实例）。

（4）每个小组选一位同学在班级交流调查结果，最后老师进行点评。

4. 成果评价（见表5－6）

表5－6　有竞争关系商品定位调研实训评价表

项　目（分值）	标　准	小组评分	教师评分	实际得分
素质培养（30）	小组成员研究训练任务；企业调研有序；对于产品定价策略实训有兴趣和热情；按要求进行调研；讨论中发言踊跃（每个方面6分）			
能力提升（25）	调研内容完整；对产品定价策略实例报告陈述表达流畅；汇报过程注意形象、礼节；调研中搜集到了有价值的信息；总结分析上传到手机（每个方面5分）			
知识应用（45）	产品定价策略实例收集符合要求（每个方面3分）；说明符合要求（每个方面2分）			
总成绩（Σ100）				
教师评语	签名：　年　月　日			
学生意见	签名：　年　月　日			

任务4　掌握企业调价策略

学习目标

素质目标：通过本任务必备知识的学习、案例分析、善恶研判和营销训练，培养同学们在产品调价过程中践行营销道德和营销伦理以及价格制定的法律法规的意识。

能力目标：通过本任务的案例分析和营销训练，培养同学们结合实际产品与企业面对的市场情景，能准确分析企业调价的方法及原因的专业能力。

知识目标：通过本任务必备知识的学习，能正确描述企业主动调整产品价格原因和策略、企业对竞争者调价的对策等陈述性知识。

任务驱动

思考：超市里的生鲜食品价格，有几天会涨上去，过一段时间又会降下来。为什么超市会调整价格？

提示：企业给定产品价格后，由于外部环境的变化，经常还要调整价格。价格调整一般有两种情况：一种是市场供求环境发生了变化，企业认为有必要调整自己的价格；另一种是竞争对手价格有所变动，企业不得不作出相应反应，并注意努力提高反应的灵活性和有效性。

必备知识

在企业营销过程中，企业和竞争者都会面对不断变化的环境而调整产品的价格，并可能由此引发一系列的价格竞争。本任务主要学习企业价格调整原因、调整策略、调价中应注意的问题，从而使企业在主动调价和应对竞争调价中都能作出准确的判断，学会利用价格这一营销工具提升企业的竞争力。

一、企业主动调整产品价格

（一）降低价格

1. 降价原因

企业在下面几种情况下，必须考虑降价：①生产能力过剩，需扩大销售，而通过改进产品、加强促销等手段都达不到目的时，可考虑降低价格；②企业面临激烈的价格竞争并且市场占有率正在下降，为了增强竞争能力，维持和提高市场占有率，必须降价；③企业的成本低于竞争者，但在市场上并未处于支配地位，这时也应降价，以提高企业的市场占有率，并进一步降低成本，形成良性循环。

2. 降价策略

一是直接降低产品的价格；二是增加免费服务项目，如送货上门、免费安装等；三是随产品赠送优待券或馈赠礼品，达到暗中降价的效果；四是增加单位产品的含量；五是改进产品的性能和质量、增加折扣种类等，以此来实际降低产品价格。

（二）提高价格

1. 提价原因

提价一般会引起顾客和中间商的不满，但在有些情况下，企业不得不考虑提高价格：

（1）通货膨胀引起成本增加，企业无法在内部自我消化，这时必须考虑提高价格。

（2）企业产品供不应求，通过提价抑制部分需求。

（3）为补偿产品改进费用而提价。

（4）出于竞争需要，将产品价格提到同类产品之上，以树立高档产品形象。

企业决定提高产品价格时，还必须考虑是一次大幅度提价还是多次小幅度提价。对后一种方式，消费者可能更容易接受。

2. 提价策略

一是直接提高产品的价格；二是减少免费服务项目或增加收费项目；三是减少价格折扣；四是使用便宜的材料和配件作替代品，或采用廉价的包装材料；五是减少产品的功能、服务和分量等。

小思考：在提价策略和降价策略中，你认为明调和暗调哪一种效果更好？

二、顾客对企业调价的反应

顾客对企业调价的反应将直接影响产品的销售。因此，应进行认真分析研究，采取恰当的对策。

企业降低价格时，顾客作出的有利的反应是认为企业让利于顾客，不利的反应是：产品卖不出去了；质量有问题；产品已经老化，很快会被新产品所替代；产品价格可能还要降低，等等再买；企业可能经营不下去了，要转行，将来售后服务没有保证等。

企业提高价格时，顾客作出的有利的反应会认为企业产品质量好，价格自然高或认为这种产品畅销，供不应求，以后价格可能还要涨，应及早购买；不利的反应是厂家想多赚钱，随便乱涨价等。

实例

巧妙定价出奇效

泰国曼谷有一家专门经营儿童玩具的商店，有一次购进了造型极为相似的两种玩具小鹿，一种是日本生产的，另一种是中国生产的，标价都是3.9元一只。出乎意料的是，两种造型可爱的小鹿就是卖不动，店员们认为，定价太高，纷纷建议老板降价促销。可是，精明的老板经过一番思考，不仅没有采纳大家降价促销的建议，反而作出将中国生产小鹿的售价提高到5.6元的决定，并让店员们把它与日本生产的3.9元小鹿放在一起卖。光顾这家商店的顾客看到两种相似的小鹿，价钱相差如此悬殊，就忍不住询问，此时，售货员按老板的安排，告诉顾客：价钱不同是因为产地不同、进货渠道不同，其实质量并没有什么区别。经过仔细比较，顾客发现两种小鹿玩具确实差不多，自然觉得买日本生产的就特别合算，产生一种买了便宜、得了实惠的心理。不出半个月，日本产的小鹿就卖光了。这时，老板又让售货员把中国生产的小鹿玩具标上原价5.6元，现价3.9元，减价出售。光顾这家商店的顾客看到减价，又以为买得便宜、得了实惠，成了人们茶余饭后津津乐道的话题，其广而告之的效果可想而知，不久，这些中国生产的小鹿也卖光了。

——选自彭石普：《市场营销——理论、实务、案例、实训》，东北财经大学出版社2010年版。

三、竞争者对企业调价的反应

竞争者的反应也是企业调价时所要考虑的重要因素。竞争者对企业降价可能作出不同的理解：一是该企业想与自己争夺市场；二是该企业想促使全行业降价来刺激需求；三是该企业经营不善；四是该企业可能即将推出新产品。

竞争者对企业降价的不同认识将导致采取不同的行动。如企业降价时，如果竞争者不降价，企业产品的销量会上升，市场占有率也会提高。当然，竞争者也可能采用非价格手段来应付企业的降价，但更多的情况是，竞争者会追随企业降价，企业间进入新一轮价格竞争。

【互动问题】 某企业为了打击竞争对手，故意将价格定得很低，直到竞争者退出市场。请你从营销伦理和职业道德角度评价这家企业的做法。

四、企业对竞争者调价的对策

在市场竞争中，如果竞争对手率先调整了价格，那么企业也要采取相应的对策。

（一）了解竞争者调价的有关问题

面对竞争者的调价，企业在采取对策之前，应弄清下列问题：

第一，为什么竞争者要调价？

第二，竞争者的调价是长期行为，还是临时的措施？

第三，竞争者的调价会对本企业产生什么影响？

第四，其他企业对竞争者的调价会做何反应？

第五，对企业可能做出的每一种反应，竞争者以及其他的对手会有何反应？

（二）应付竞争者调价的对策

弄清上述有关问题后，企业可采取适当的对策。

一般情况下，企业对竞争者调高价格比较容易做出反应，此时可采取跟随提价或价格不变。更多的时候，企业会受到竞争者以争夺市场为目的降价的攻击，这时可采取以下对策：

1. 维持原价

如果竞争者降价的幅度较小，本企业的市场份额不会失去太多，则保持原有的价格不变。

2. 维持原价，并采取非价格手段进行反击

例如，改进产品质量、增加服务项目、加强沟通等，这比单纯降价更有竞争力。

3. 跟随降价，保障原有的竞争格局

如果不降价会导致市场份额的大幅下降，而要恢复原有的市场份额将付出更大的代价时，企业应考虑采取这一对策，跟随降价。

4. 提价并推出新品牌来围攻竞争对手的降价品牌

这将贬低竞争对手降价的产品，同时提升企业产品的形象，不失为一种有效的价格竞争手段。

5. 推出更廉价的产品进行反击

企业可以在市场占有率正在下降、对价格很敏感的细分市场上采用这种策略进行反

击，但应避免出现恶性价格竞争，导致两败俱伤。

案例分析

临期食品“白菜价”虽好 监管不能丢

“建议零售价18.9元的香辣海带结，特价只要4.5元；建议零售价35元的麻花礼盒装，特价只要10.8元；建议零售价14.8元的进口饼干，特价只要5元……”如今，在一些热门商圈或社区，以“白菜价”售卖临期食品的超市悄然走红。

对消费者而言，临期食品不是过期食品，还在厂家商家标注的保质期内，并不影响正常食用。对于超市来说，临期食品“白菜价”并不亏，能把临期食品低价处理掉，有利于避免食品滞销，同时，也避免了食品被白白浪费掉。

不过，临期食品超市的悄然走红，也有令人担忧之处。首先是食品价格的监管问题。根据我国的《价格法》，对于市场调节价，由经营者自主制定，通过市场竞争形成。对于临期食品的销售价格，虽然属于商家自愿定价的范围，但是否存在“利用虚假的或者使人误解的价格手段，诱骗消费者或者其他经营者与其进行交易”“为了排挤竞争对手或者独占市场，以低于成本的价格倾销，扰乱正常的生产经营秩序”等不正当价格行为，损害其他经营者或者消费者的合法权益，还需要有关部门跟进监督，确保价格公开公平、合法合规。

其次是食品安全的监督问题。食品安全关系公众身体健康和生命安全，《食品安全法》明确规定了各级政府和食品安全监督管理部门的监管责任，要求“食品经营者应当按照保证食品安全的要求贮存食品，定期检查库存食品，及时清理变质或者超过保质期的食品”。对于以“白菜价”出售的临期食品，应当加强监管，防止生产经营标注虚假生产日期、保质期，进而损害消费者健康。

问题：

通过该实例的学习，你有哪些启发？请从营销职业道德角度谈谈你对临期食品定价的看法。

讨论分析：

个人：每位同学根据案例资料和问题，在固定的学习本上记下自己的思考。

小组：每小组6位同学，1人为组长，1人记录，小组成员都要陈述自己的观点，讨论后形成小组意见，准备在班级交流。

全班：各组派一位代表陈述本组观点。

教师：记录各组陈述要点，最后做点评。

善恶研判

背景资料：

低价促销是超市重要的销售手段之一，但有些促销价格并非真正的低价。发改委在价格监管过程中发现长春市家乐福新民店销售的“七匹狼男士全棉横条时尚内衣套装”价签标示原价每套169元、促销价每套50.7元，经查实原价应为每套119元。在家乐福中国总部所在地上海也有这种行为发生。上海市家乐福联洋店销售的“正林特供香瓜子”价签标示原价每袋14.8元、促销价每袋6.9元，经查实原价为每袋7.4元。沃尔玛也存在此种行为。沈阳市沃尔玛中街店销售的5公斤装“香雪高级饺子粉”价签标示原价每袋30.9元，促销价每袋21.5元，经查实原价应为每袋23.9元。

问题：

本案例中存在哪些营销伦理和职业道德问题？

讨论分析：

个人：结合已经学习的内容和收集的资料，试对上述案例中的问题做出你的营销伦理和职业道德研判，并说明你做出营销伦理和职业道德研判所依据的行业道德和伦理规范。

小组：同学们每4人分为一个小组进行讨论，1人记录，形成小组意见，准备在班级交流。

全班：各小组推选一位代表陈述本小组观点。

教师：记录各小组陈述要点，进行点评。

参考答案

营销实训

体验产品调价

1. 背景资料

对你所在学校附近商店的商品价格调整进行调查，调查的内容和具体要求如表5-7所示。

表5-7 商品调价调查表

项目		商场、商品名称	调价时机	调价幅度及方式	调价程序	调价原因
鲜活商品	调高价格的商品					
	调低价格的商品					
保质期短的商品	调高价格的商品					
	调低价格的商品					
季节性商品	调高价格的商品					
	调低价格的商品					
促销商品	调高价格的商品					
	调低价格的商品					

了解不同商品的价格调整状况，分析其调价的时机把握、具体调价方式与调价原因。

2. 训练目标

素质目标：通过参与产品调价策略营销实训活动，培养同学们小组合作和自我管理的素养。

能力目标：通过参与产品调价策略营销实训活动，培养同学们搜集营销信息和分析问题的能力。

知识目标：通过参与产品调价策略营销实训活动，让同学们熟悉企业主动调整价格、顾客对企业调价的反应、企业对竞争者调价的对策等内容。

3. 训练步骤

（1）学生4人分为一组，每位同学要完成每类商品的调查任务（各小组内同学选择的商品不要重复）。

（2）通过图书馆和网络，认真学习有关商品调价的基本知识、调价的基本策略，收集企业调价方面的一些典型案例。

（3）实地调查走访两家以上企业，向营销人员详细了解企业调价的操作过程。

（4）将调查收集的资料，按表5－7的要求进行整理归纳，小组讨论后形成正式的商品调价报告课业。

（5）每组选一位代表在班级交流，最后老师做点评。

4. 成果评价（见表5－8）

表5－8

项　目 （分值）	标　准	小组 评分	教师 评分	实际 得分
素质培养 （30）	小组成员共同分析任务；每位同学深入企业调查；对于产品调价调查实训有兴趣和热情；按要求完成调查表内容；讨论中发言踊跃（每个方面6分）			
能力提升 （25）	调查内容完整；对产品调价调查陈述流畅；汇报过程注意形象、礼节；调查中思路清晰，方法得当；调查表内容上传到手机（每个方面5分）			
知识应用 （45）	有商家、商品（10分）；调价时机（5分）；调价幅度及方式（10分）；调价程序（12分）；调价原因（8分）；上述内容表述准确即可给分			
总成绩 （Σ100）				
教师评语	签名：　　年　月　日			
学生意见	签名：　　年　月　日			

练习与实训

一、基本概念

需求弹性　　需求导向定价法　　竞争导向定价法　　取脂定价　　渗透定价

二、填空题

1. 企业定价目标具体有＿＿＿＿＿＿、＿＿＿＿＿、＿＿＿＿＿＿、＿＿＿＿＿＿、＿＿＿＿＿＿、＿＿＿＿＿＿六个方面。

2. 竞争导向定价法具体分＿＿＿＿＿、＿＿＿＿＿＿、＿＿＿＿＿三种方法。

3. 一般地，生产部门较多地采用＿＿＿＿＿＿定价方法，零售企业较多地采用＿＿＿＿定价方法。

4. 折扣定价策略一般包括＿＿＿＿＿、＿＿＿＿＿＿、＿＿＿＿＿、＿＿＿＿＿四种。

5. 一般＿＿＿＿＿＿、＿＿＿＿＿＿产品可采用声望定价策略。

三、选择题

1. 现在许多超级市场经常推出"特价""惊爆价"商品，这属于（　　）策略。

A. 现金回扣　　B. 招徕定价　　C. 特别事件定价　　D. 习惯定价

2. 价格欺诈行为主要有（　　）。

A. 虚假降价　　B. 模糊定价　　C. 联合固定价格　　D. 两套价格

3. $E_P>1$，表示富于弹性，定价时应（　　）。

A. 提高价格　　B. 降低价格　　C. 保持价格不变

4. 下列商品中，除（　　）以外，均不适合采用成本加成定价法。

A. 商品房　　B. 电冰箱　　C. 糕点　　D. 服装

5. 价格调整的主要形式有（　　）两种。

A. 降价　　B. 重新定价　　C. 提价　　D. 进行价格组合

6.（　　）是指针对消费者"一分钱一分货"的心理，对在消费者心目中享有声望、具有信誉的产品制定较高价格。

A. 整数定价　　B. 声望定价　　C. 尾数定价　　D. 招徕定价

四、判断题

1. 定价既是一门科学，也是一门艺术。（　　）

2. 企业定价的唯一目标是追求利润最大化。（　　）

3. 产品成本是影响产品价格的基本因素。（　　）

4. 产品价格主要是根据供求状况决定的。（　　）

5. 价格调整不需要考虑需求弹性问题。（　　）

五、简答题

1. 影响定价的因素有哪些？

2. 新产品定价策略有几种？各适宜在什么条件下采用？

3. 常用的心理定价策略有哪几种方式？

4. 目前我国图书定价属何种定价？试分析说明。

5. 谭先生的公司发明了一种有效的防晒外墙涂料，并取得专利权，他估计其他竞争者约需两年后才能生产同类产品，他应如何为这种新产品定价？

6. 试讨论下列新产品的定价策略：

A. 个人电脑　　B. 移动电话　　C. 新配方无磷洗衣粉

7. 某企业生产甲产品，年生产能力3万件，因行情不佳，本年计划只生产1万件，本年甲产品的固定成本总额4万元，变动成本总额9万元，出厂价16元/件。后有两客户提出愿以原价七折的价格各增加订货5000件，则该企业在这样的价格条件下能否接受订货？为什么？

8. 使用表5－9中的信息，在曲线图中构建一条供应曲线和需求曲线，试估算当供求达到相对均衡时的市场价格和产品数量。

表5－9

价格（元）	需求数量（个）	供应数量（个）
5	10000	2000
10	8500	3000
15	6000	5000
20	3000	7500
25	1000	9000

9. 表5－10是零售价为5元一瓶的通心粉调味料在不同的分销渠道链的毛利率。试计算制造商生产一瓶通心粉调味料的生产成本。

表5－10　　通心粉调味料分销毛利

分销阶段	毛利率
制造商	50%
分销商	50%
批发商	33%
零售商	40%

10. 某牛奶公司销售的牛奶有经济装、冰箱装、独立装三种，假设基本数据如表5－11所示。试计算下述产品每升的平均价格。

表5－11

类　型	型　号	单　价	销售量	总升数	总价格
经济装	1升	8元	2个		
冰箱装	0.5升	6元	19个		
独立装	0.05升	1元	10个		
总　计					

六、案例分析

定价中的伦理问题

“孩子在郑州上学，不知道怎么了，突然要我们寄几千元钱给她，来了才知道剪一次头发就花了6000元。”洛阳市民李先生和张先生相约赶到郑州，一起到郑州市消费者协会投诉他们的孩子理发遭遇高消费一事。

张先生说，他的女儿小玉和李先生的女儿小丽在郑州市一所警校上学。一天下午，小玉和小丽逛街时看到某美容美发店门口写有“剪发20元，洗发38元”标语，两个人就进去剪发。剪发签字时，上面就写着“洗发10元，剪发20元”，但后来一结账，单子上就变成了6000元！小玉说：“我们剪发一共花费1.2万元，但身上只带了100多元，从下午2：30到晚上10：25，我们拿不出钱，他们就不让走。”没办法，她们只好向学校同学打电话借钱，一共交给该店9800元，办了一张该店的卡，才得以脱身。

分析：

通过本实例的学习，你有哪些启发？

七、综合实训

实训任务　价格策略实训

1. 背景与情境

当你学习了产品定价策略以后，已经知道了企业的定价、定价程序、定价策略、调价策略与相关定价方法，你还很想了解一下，企业经营那么多的产品，经营者是怎样给自己经营的产品定价的？根据市场供求关系变化又是怎样给自己产品进行调价的？

2. 实训目标

（1）素质目标：会用产品定价策略和定价方法等专业知识与企业营销人员进行沟通，并能友好地与企业相关人员处理调研中的相关问题，顺利完成调研任务；具有营销伦理道德和商业秘密安全意识。

（2）能力目标：结合产品与企业实际定价方法，能准确分析判断企业定价和调价的方法及原因。

（3）知识目标：通过实际调研企业价格策略，深入理解产品定价目标、定价策略、调价方法等陈述性知识。

3. 实训步骤

（1）每组4人，其中1人为组长，由组长组织成员讨论小组成员的分工，明确调研思路，按分工各负其责，相互沟通，积极配合，共同完成本实训任务。

（2）根据本组所选企业经营商品类别，选择2种供求情况不同且定价策略不同的产品，详细了解2种产品的定价目标、定价策略和具体的定价方法，根据供求情况营销人员调价时机的选择以及调价方法的具体应用。

（3）实际调查前可通过网络或图书馆搜集价格策略相关资料。

4. 实训成果及要求

（1）每组成员撰写一份调查报告，报告要详细说明调查什么企业，什么产品，该产品定价目标、定价策略和定价方法，简要说明为什么这样定价，并了解根据供求情况怎样调价，调价时机和调价方法的选择，并说明调价的理由。

（2）报告呈现形式各组自定，报告不少于1500字。

5. 实训时间（2课时）

在学生学习完本项目内容开始时，即可让学生分组，布置本实训任务，利用课余时间去企业进行调研，并积极撰写调研报告。在本项目学习完后，用2个课时让各小组介绍展示本组报告，其他组同学可发表个人意见，最后由老师点评。经过展示点评，各组认真修改完善实训报告，并把修改后的报告在班级微信平台展示交流。

6. 实训评价（见表5－12）

表5－12　　定价策略实训评价表

项　目	评价标准	分　值	小组个人自评（30%）	小组成员互评（30%）	教师评价（40%）	小　计
素养培养（Σ30）	参与实训的态度端正，小组合作意识强，小组成员讨论积极踊跃	10				
	实训过程中表现出细致、严谨的工作作风，能主动提出关于价格策略实训的相关问题	10				
	能够结合实训认识价格策略在市场营销中的重要性，商业秘密安全意识强	10				
能力提升（Σ20）	能将所学的价格策略知识运用到实训任务中，学以致用	10				
	结合企业的实际，运用定价策略和定价方法，熟悉企业产品定价	10				
知识应用 Σ20	了解定价目标、定价程序、定价方法等相关知识	10				
	掌握产品定价程序和定、调价方法	10				
项目成果展示（Σ30）	能够独立完成实训完成任务并能主动提出问题，解决问题	10				
	定价策略实训报告结构规范，无错别字，观点正确	10				
	定价策略实训报告汇报形式新颖，语速恰当，语言流畅，有感染力	10				
合计		100				

参考答案　　项目五 PPT

项目六
渠道策略

导读案例

产品怎么卖，渠道是关键

联想集团是一家高科技企业。开始联想电脑一部分是直销，但当利润下降、规模效应起来后，联想与其代理商之间的矛盾越来越明显。为了解决这个问题，联想最终决定彻底放弃直销，建立了一条与国际模式相似的渠道。其商用机的经销模式为：厂商——一级代理——二级代理——用户。

联想集团在发展过程中，为适应市场竞争的规模化需要，及时推出了“大联想”渠道策略，即在与代理伙伴相互融合的基础上，进一步加强一体化建设，不仅将代理商纳入自己的销售服务体系，而且将其纳入培训体系，加强作为厂商的联想集团与代理商及其他合作伙伴的共同发展、共同成长。这种大市场与大渠道的模式，将保证渠道随时的、无限制的扩张力，包括代理品牌的数量、产品的数量与规模及渠道覆盖面等，同时也确保了渠道的畅通无阻。作为目前中国最大的分销商，联想科技公司与多家国外著名企业有着不同层次的合作关系，同时代理 10 多个国外著名品牌的电子信息产品，有 1000 多家二级代理商队伍，拥有雄厚的分销实力。

面对如此巨大的成就，联想人提出，联想最大的成就不是联想 PC 卖了多少台，不是联想在中国 IT 业排第几位，重要的是联想摸索出一套在中国如何做企业、如何做高科技企业的经验，那就是“产品是立足之本，渠道是立身之本”。

——选自任会福、李娜：《市场营销理论与实务》，人民邮电出版社 2011 年版。

提示：企业要想实现经营目标，除了应根据目标市场的要求提供消费者所需的产品，制定合理的价格外，还必须运用分销渠道策略，通过适当的渠道把产品顺利方便地送达到消费者手中。联想充分利用了自己的渠道，获得了很高的销量，也说明了渠道是产品的生命线，得渠道者得市场。

任务1 认知分销渠道

学习目标

素质目标：通过本任务必备知识的学习、案例分析、善恶研判和营销训练，培养同学们在渠道运用和渠道合作中的营销道德和营销伦理的意识。

能力目标：通过本任务的案例分析和营销训练，培养同学们能结合企业产品的进货渠道和销售渠道分析企业渠道结构和渠道类型的专业能力。

知识目标：通过本任务必备知识的学习，能正确描述分销渠道及功能、分销渠道模式、分销渠道的基本类型等陈述性知识。

任务驱动

思考：陈先生代理一种著名的小家电产品，请为陈先生设计分销渠道。

提示：陈先生代理的是著名的小家电产品，这种产品的用户面比较广，要求销售点多且面广。因此，应从渠道宽度方面选择分销，从渠道长度方面选择间接渠道，这样有利于实施市场控制和节约成本，培育固定的营销渠道，形成一个营销网络，让消费者最方便地接触产品，减少附加成本，从而方便消费者购买和使用产品。

必备知识

商品和劳务只有到达消费者和用户的手中，才是现实的产品。在市场经济条件下，产品在流通领域内的这种运动是依赖一系列的中间商转移其所有权来实现的，担负这一职能的就是市场分销渠道。

营销中最复杂、最具挑战性的环节就是分销，分销是生产和消费契合的关键点。有效的分销仍然是提高消费者满意度和销售利润的主要因素。

一、分销渠道及其功能

（一）分销渠道

分销渠道又称分配渠道、销售渠道等，它是指产品从生产者向消费者或用户转移的过程中所经过的一整套机构或途径。在现代社会中，大部分生产企业并不是把产品直接销售给最终的消费者或用户，而是借助一系列中间商的买卖活动来实现的。所以，分销渠道的起点是生产者，终点是消费者和用户，中间环节包括批发商、零售商、代理商以及储运商等，由他们构成了产品的分销渠道，如图6-1所示。从生产者到最终的消费者和用户，任何一组相关联的市场营销机构都叫作分销渠道。

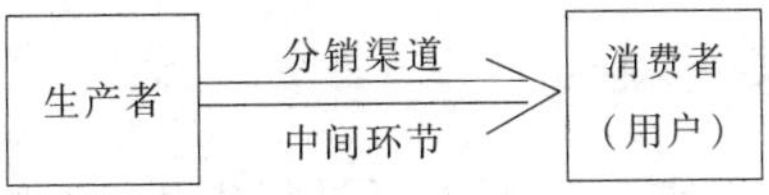

图 6－1　分销渠道示意图

（二）分销渠道的功能

1. 联结产销

分销渠道一头连着生产者，一头连着消费者，它就像一座桥梁，把生产者和消费者联结在一起，使产品供应和消费之间在时间、地点和所有权等方面的矛盾得以有效解决。

2. 沟通信息，反馈信息

信息沟通是产品从生产者向消费者转移的重要条件。为了保证商品的适销对路和有效流动，分销渠道必然时刻努力搜集、传播和反馈各类信息，了解现实和潜在的产品销售情况，市场供求的变化，顾客、竞争者及其他市场要素的动态信息等。

3. 促进销售

分销渠道中的中间商以转移商品为基本业务，因此，在经营过程中，其会努力地将有关企业产品的信息通过各种促销方式传播给目标消费者和用户，以刺激需求，扩大商品销售量。

4. 风险负担

分销渠道成员在商品流转过程中，由于大量集散商品，要承担商品供求变化、自然灾害、价格下跌等风险。

5. 实体分配

产品在实现空间转移时，渠道成员负责货物的运输、仓储及信息处理等具体活动，从而使商品高效、适时地到达消费者的手中。

6. 协商谈判

渠道成员在实现产品所有权转移的过程中，要就产品的价格、付款方式、促销费用、订货和交货条件等问题进行协商谈判，才能保证顺利成交。

分销渠道除了上述主要功能外，还具有减少交易次数，降低流通费用，集中、平衡和扩散商品，分级分等，提供服务，资金通融等作用。因此，企业在市场营销中，必须科学地选择和培育分销渠道，合理设置中间环节，充分发挥分销渠道的作用，实现货畅其流。

【互动问题】在家电零售渠道日益碎片化，消费者购物碎片化以及消费者需求日益多元化的今天，无论是在线上还是线下的购物场景无处不在，包括家电在内的品牌企业都不能再维持传统单一的分销渠道思维，需要有布局新零售全渠道的观念。请你从营销伦理和职业道德角度说说为什么。

二、分销渠道的模式

在现实经济生活中，产品从生产领域进入消费领域有多种多样的途径，而且不同行业、不同产品的分销渠道往往不同。按消费品和工业品来划分，有如下一些基本的分销渠道模式：

（一）消费品的分销渠道模式

消费品由于其消费者的分散性，一般要经过零售环节。消费品的分销渠道模式归纳起来有五种，如图6-2所示。在销售渠道中，每一个拥有产品所有权或帮助转移所有权的中间商称为渠道中的一级。

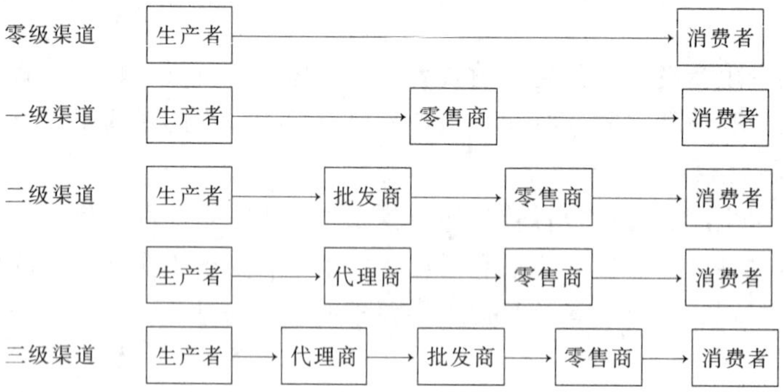

图6-2　消费品的分销渠道示意图

（二）工业品的分销渠道模式

工业品的使用者主要是产业用户，它们每次交易量大，而且产业用品一般价值高、体积大。所以，工业品分销渠道的基本要求是环节尽量少，渠道尽量短，一般不经过零售环节。其主要分销渠道模式如图6-3所示。

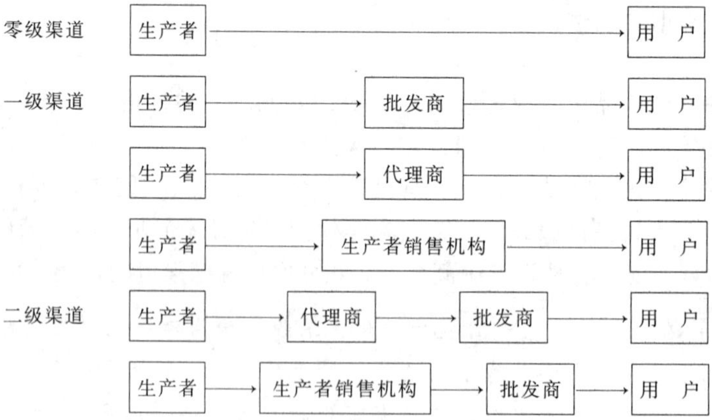

图6-3　工业品的分销渠道示意图

从图6-2、图6-3中可以看出，分销渠道的模式有：

1. 零级渠道

零级渠道是由生产者直接将产品销售给消费者或用户的一种渠道模式，如上门推销、邮寄销售、网上直销和生产者自设商店销售等。

2. 一级渠道

一级渠道只包括一种类型的中间商，即只经过一个中间环节。在消费品市场通常是零售商，在产业市场则可能是代理商或批发商。

3. 二级渠道

二级渠道包括两种类型的中间商，经过两个中间环节。在消费品市场通常是批发商和零售商，在生产资料市场则可能是代理商与批发商。

4. 三级渠道

三级渠道是经过三个中间环节。在消费品市场，一般是在批发商和零售商之间加入中转商，解决大量批发与零星销售之间的矛盾，或是生产者通过代理商将产品卖给批发商和零售商。

当然，还有层次环节更多的渠道模式，但不多见。因为环节越多，越难以管理，并将导致流通费用和产品售价过高、信息传递不灵等不良后果。

三、分销渠道的特点

通过以上对分销渠道的分析，可以看出分销渠道具有以下特点：

第一，分销渠道是产品从生产者到消费者或用户的一个完整的流通过程。每一条渠道的起点都是生产者，终点都是消费者或用户。

第二，分销渠道由直接卷入商品流通过程的各种类型的中间商所组成，即渠道的积极参与者，就是各种类型的中间商。它们主要是批发商、零售商、代理商等，这些中间商被称为“渠道成员”。

小思考：运输公司、仓储公司是不是渠道成员？

第三，在产品从生产者流向消费者或用户的整个过程中，产品所有权至少要转移一次。有的分销渠道需发生多次所有权的转移才能最终离开流通领域到达消费者或用户的手中。

第四，在分销渠道中，除发生商品所有权转移的“商流”外，还隐含着其他使生产者与消费者相联结的运动流，如“物流”“信息流”“货币流”“促销流”等，如图 6－4所示。这五大流程相辅相成，但在时间与空间上并不完全一致。

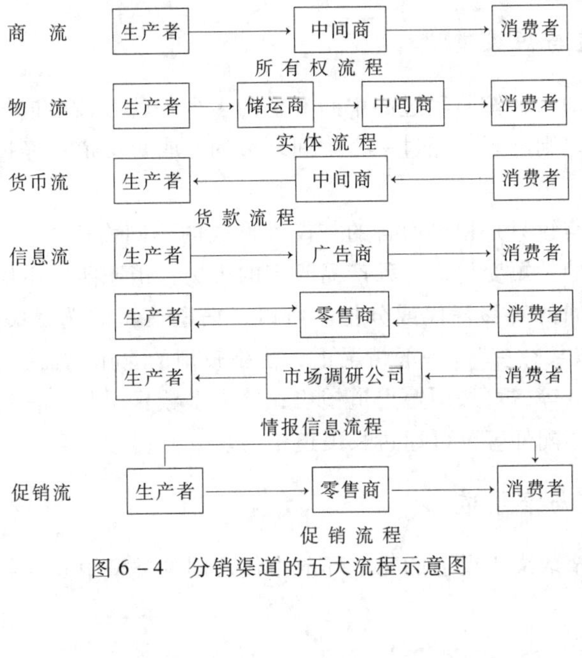

图 6－4　分销渠道的五大流程示意图

因此，渠道的分销效率不仅取决于渠道成员本身的努力，而且取决于相关的支持系统的运作效率，如运输、仓储部门、金融、保险机构、广告、调研、咨询公司等。

四、分销渠道的基本类型

分销渠道可按不同的依据划分为若干类型。按是否使用中间商，可以分为直接渠道与间接渠道；按中间环节的多少，可以分为长渠道与短渠道；按各环节使用同种类型中间商数目的多少，可以分为宽渠道与窄渠道。

（一）直接渠道与间接渠道

1. 直接渠道

生产者将产品直接销售给消费者或用户，不经过中间环节，属直接渠道，如渠道模式中的零级渠道。

直接渠道是工业品分销的主要类型，绝大多数机器设备、原材料和零件、部件都是采用直接销售的形式。在消费品市场上，也有不少商品采用了直接渠道，例如，雅芳公司的推销代表基本上是通过上门推销的方式销售化妆品，饮食店、糕点店大多也采用直接销售方式销售自己的产品。

直接渠道可以减少损耗，降低费用，缩短时间，加速流通，了解市场，提供服务，控制价格，但它会分散生产者的精力，增加资金投入，承担全部的市场风险，产品的销售范围和数量也会受到限制。

2. 间接渠道

在生产者与消费者或用户之间有中间机构加入，商品销售要经过一个或多个中间环节，属于间接渠道，包括一级渠道、二级渠道、三级渠道等。

目前市场上绝大多数的商品都是通过间接渠道销售给最终的消费者或用户的。中间商的介入，将起到调节产销矛盾、提高分销效率的作用。

（二）长渠道与短渠道

如果有中间商加入，按照经过的中间环节的多少，就有长渠道与短渠道之分。环节越多，渠道越长；反之则越短。经过一个中间环节的，叫短渠道；经过两个或两个以上中间环节的，叫长渠道。

分销渠道的长与短只是相对而言的，仅为形式的不同而已，并不决定它们孰优孰劣。因为随着分销渠道的长短变化，一种产品既定的市场营销职能并不增加或减少，而只是意味着在中间机构之间的转移替代或分担。所以，渠道长短的选择关键是要适合商品的特点，权衡利弊，“取长补短”。一般情况下，价格较高的家用电器、个人电脑、名牌服装、汽车和其他贵重商品等，可采用短渠道销售；绝大多数日用品、食品饮料、普通服装、小型家用电器、标准零配件等，可通过长渠道销售。

（三）宽渠道与窄渠道

分销渠道的宽窄取决于渠道的每个环节中使用同种类型中间商数目的多少。如果生产者利用许多批发商和零售商来分销产品，这种渠道就是宽渠道；反之，如果只通过很少的专业批发商推销其产品，甚至在某一地区只授权给一家中间商总经销，这种渠道就较窄或很窄。确定中间商数目时，有三种可供选择的战略。

1. 广泛分销

广泛分销也称密集分销或普遍分销，是指生产者利用尽可能多的中间商销售自己的产品，使广大消费者都能及时、方便地买到所需产品。这种分销战略有利于市场渗透和扩大销售，比较适合消费品中的便利品（饮料、牙膏、洗衣粉、报纸、电话卡等）和工业品中的一般原材料、小五金、小工具等及不宜长期存放的商品（鲜花、水果、肉制品、鲜奶等）。

2. 选择分销

选择分销是指生产者在一定的市场区域内选择一些愿意合作且条件较好的中间商来销售自己的产品，借以提高产品形象，加强推销力度，增加商品购买率。这种策略适用于所有产品，但相对来说，对于消费品中的选购品（服装、鞋帽、家电等）和工业品中的零配件更合适。由于选择分销通过的中间商数目比广泛分销少，因此，生产者与中间商之间的联系配合比较密切。生产者可以给中间商更多的支持赞助，中间商可以举办一些比较热烈、有吸引力的店堂促销活动，如 POP 广告、有奖销售、信用消费和销售服务等活动。

3. 独家分销

独家分销是指生产者在一定的地区内只选择一家中间商销售自己的产品，独家买卖。通常经双方协商签订独家经营合同，规定在该地区内中间商不得再经营竞争者的产品，生产者也不得再向其他中间商供货。这种策略主要适用于特异产品（专利技术、专门用户、品牌优势等），如钢琴、轿车、钻石饰品，相当多的产业用品如钢材、化工原料、建材、机器设备等的销售采用的就是独家分销策略。采用这种策略有利于生产者控制市场和价格，激发中间商经营的积极性，提高企业形象，但也存在一定的风险，如果中间商选择不当，会给企业在这一地区的销售活动带来很大的损失。

小思考： 分销渠道的环节越多，越难控制，是否意味着分销渠道越短越好？

实例

“黑米片”分销制胜

广东泰林食品有限公司是一家生产“黑米片”即冲即饮营养品的企业，产品销往全国市场。“黑米片”投入期，由于担心产品在零售市场覆盖率低，为提高分销效率，采用了双重的销售体系：泰林公司在通过各地批发商销售的同时，还利用当地有实力的大零售商场进行双渠道批发。泰林公司的市场份额有较大幅度的提高。

经过一段时间的发展，这种模式出现了问题。泰林公司突然发现市场销量开始急剧下降，经分析知道，产品在市场有了一定知名度，市场批零价格透明度增加后，这种双渠道销售体系的致命弱点也暴露出来。例如，兼营零售业务的批发商在获得了批零差价后同其他不设批发的零售商直接竞争，打乱了保证零售商利益的零售利润，影响零售商推销“黑米片”的积极性，批发环节也因争夺客户而降价促销，利润下滑，导致中间商们推销热情减弱。

泰林公司鉴于双渠道的弊端，经研究及时改变分销战略，将全国划成几大区域，企业投资建立直销办事处。首先废除过去的双渠道销售网，在删减部分流通环节的基础上，制定了一套“区域关系佣金代理”销售模式。一大批资金实力不雄厚、但代理条件相对较好的各地代理商纷纷主动上门寻求合作。以泰林公司区域办事处为中心的佣金代理商们被企业定为纯粹的销售代理，他们以赚取佣金收入为主，不承担大量经销买卖风险，他们在泰林公司划定的区域办事处进货。在分销中，若代理的某笔生意金额超过代理商的资金能力时，他们会积极介绍客户直接向厂家办事处进货，只要是在其负责区域内或在其介绍下在办事处成交的订单，全部享受合同约定的佣金。

泰林公司的新分销战略很快取得成效，主要体现在：对各地代理商约束力加强；产品市场价格更为统一；产品市场价格更低，竞争力加强。

同时，新的佣金代理制，也因为对代理商资金实力要求低、代理商经营风险小，企业将大批有网络优势和经营热情的代理商纳入直销队伍，分销机会大增。“黑米片”的全国销量很快改降为升，市场占有率和覆盖面较双重销售体系高峰时增加近一倍。

——选自江禾的文章，载《销售与市场》。

案例分析

不同档次的酒，不同的分销渠道

某白酒企业生产中高档酒，共有3个档次，100元左右、200元左右和500元左右。产品在刚开始进入市场时，只做酒店，渠道单一，白酒销售很不理想。后来经过调研分析企业决策层形成共识——仅仅一个渠道对于一个品牌的成长是远远不够的。单渠道只是发展过程中的一个阶段，任何一个品牌想要在区域市场站稳脚跟都必须是多渠道铺货。虽然说中高档白酒的主要销售渠道是酒店，但是批发渠道还是具有一定的生命力和价值的。另外，终端卖场的作用日益突出。该企业根据市场情况采取了先进入餐饮渠道，在获得消费者认可之后，再进入商场、超市渠道，然后进入批零渠道。经过2年的渠道调整与维护，销售红火起来。

问题：

（1）“分销渠道层次越多，越难控制”是否标志着分销渠道层次越少越好？

（2）哪些产品适合直接渠道，哪些产品适合间接渠道？你对该白酒企业的分销渠道策略有何评价？

讨论分析：

个人：每位同学根据案例内容和问题，在固定的学习本上记下自己的看法。

小组：请同学们每4人分为一个小组，进行小组讨论，推选1人为组长，1人负责记录。每个同学依次发表自己的看法，经组员讨论，最后形成小组意见，准备在班级交流。

全班：每组选一位代表在班级发言，陈述本组观点。

教师：简要记录各组陈述要点，最后做点评。

善恶研判

背景资料：

在营销渠道策略中规定，中间商只能销售非竞争性企业产品，中间商出于自身利益的考虑会经营畅销产品；有的企业违背中间商货到付款给生产商和反馈库存需求的规定，拖延或延付货款；有的企业从非法渠道进货损害了生产商、批发商和消费者的利益。

问题：

本背景资料中存在哪些营销伦理和职业道德问题？

讨论分析：

个人：结合已经学习的内容和收集的资料，试对上述背景资料中的问题做出你的营销伦理和职业道德研判，并说明你做出营销伦理和职业道德研判所依据的行业道德和伦理规范。

小组：同学们每4人分为一个小组进行讨论，1人记录，形成小组意见，准备在班级交流。

全班：各小组推选一位代表陈述本小组观点。

教师：记录各小组陈述要点，进行点评。

参考答案

营销实训

产品分销渠道调查

1. 背景资料

选择两件你购买过的或最喜欢的商品，到经销店调查了解，产品从生产地到销售地点，中间的分销渠道涉及了哪些环节？

2. 实训目标

素质目标：通过参与产品分销渠道调查营销实训活动，培养同学们自我探究和自主学习的素养。

能力目标：通过参与产品分销渠道调查营销实训活动，培养同学们自主搜集信息和分析问题、解决问题的能力。

知识目标：通过参与产品分销渠道调查营销实训活动，让同学们熟悉分销渠道及功能、分销渠道模式、分享渠道的基本类型等内容。

3. 实训步骤

(1) 每个同学单独完成该实训任务。

(2) 根据自己选定的两件商品（不同大类），走访经销商，向他们了解该产品从生产地到销售地点经过了哪些环节，经过了哪些分销步骤，详细记录商品每一次位移的空间变化，借助了什么运输工具，增加了什么费用，价格发生了什么变化。

(3) 将调查收集的资料分商品，按分销环节和步骤的先后顺序进行详细说明和分析，可与同学交流，修改完善，形成分销渠道实训报告。

(4) 每个小组选一位同学在班级交流，最后老师做总结。

4. 成果评价（见表6-1）

表6-1 产品分销渠道调查实训评价表

项目（分值）	标准	小组评分	教师评分	实际得分
素质培养（30）	对调查任务理解正确；深入企业调查；对产品分销渠道调查实训有兴趣和热情；按要求进行调研；讨论中发言踊跃（每个方面6分）			
能力提升（25）	调查总结内容完整；对产品分销渠道调查报告陈述流畅；陈述过程注意形象、礼节；调查中搜集到了有价值的信息；报告内容上传到手机（每个方面5分）			
知识应用（45）	调查报告有时间、地点（5分）；商家、产品（12分）；调查报告渠道环节说明（20分）；附调查资料等符合要求（8分）			
总成绩（Σ100）				
教师评语	签名： 年 月 日			
学生意见	签名： 年 月 日			

任务2 掌握企业分销渠道策略

学习目标

素质目标：通过本任务必备知识的学习、案例分析、善恶研判和营销训练，培养同学们在渠道管理和调整的过程中践行管理规范和营销职业道德的意识。

能力目标：通过本任务的案例分析和营销训练，培养同学们根据实际情况会分析影响营销渠道功能发挥的因素，提出对营销渠道管理的一些合理化建议的专业能力。

知识目标：通过本任务必备知识的学习，能正确描述分销渠道的选择、分销渠道管理和分销渠道的调整、分销渠道中的中间商等陈述性知识。

任务驱动

思考：小杨是刚毕业的计算机专业的学生，在自己的家乡创办了一家经营电脑的商店，经营三种国产品牌电脑。开始他一直从省城代理商那里组织货源，现在他思谋着与厂家联系直接进货，以减少中间环节，降低费用，这样做可行吗？谈谈你的看法。

提示：从目前市场情况看，不同的电脑生产厂家营销渠道各有不同，有设代理商的，有直接面对零售商的。小杨的商店经营三种品牌电脑，要从厂家直接进货，厂家可能会有一些基本要求，即改为某一品牌专营店，这样有利于与生产企业建立互信关系，也有利于自己的发展。

必备知识

在对分销渠道有了基本的认识和了解之后，就要对如何选择分销渠道、如何管理分销渠道和评价分销渠道成员、如何调整分销渠道等内容进行学习。

一、分销渠道的选择

分销渠道选择的适当与否，对商品能否迅速地进入市场，实现其价值和使用价值，有着重要的影响。这就必须分析影响分销渠道选择的因素。概括起来，影响分销渠道选择的因素主要有四个。

（一）产品因素

1. 产品的单价

单价较高的产品可以采用较短渠道或直接渠道销售，而单价较低的产品则应采用较长、较宽的渠道销售。

2. 产品的体积和重量

对体大量重的产品，可采用较短渠道，避免环节过多增加装卸搬运次数，如机床设备、大型变电设施、起重机等。绝大多数体小量轻的产品可采用较长渠道，广泛分销，扩大市场面。

3. 产品的自然属性

对于一些保质期短、易腐烂变质的产品、易碎产品等，必须采用较短渠道，保证产品能够尽快地到达消费者手中；反之，则可选择长渠道。

4. 产品的技术性和服务要求

对于技术复杂、售后服务要求高的产品，应选择短且窄的渠道，也可由企业直接销售，如专用汽车、精密仪器等。对于那些通用性强、服务要求低、标准化产品的销售，则可采用长而宽的渠道。

5. 产品的时尚性和季节性

式样变化快、流行性强、季节性明显的产品，宜采用短而宽的渠道；款式不易变化的产品，渠道可长些。

6. 产品的生命周期阶段

投入期的新产品，销售难度大，中间商经销的积极性不高，可采用较短、较窄的销售渠道，有些情况下只能由厂家直销；进入成长期和成熟期的产品，则可采用长且宽的渠道。

（二）市场因素

1. 目标市场范围的大小

市场范围大，潜在的购买者多，可采用长而宽的渠道；反之，市场范围小，潜在购买者少，可由生产者直接供应用户。

2. 顾客的集中程度

如果市场上消费者和用户比较集中，可采用直接渠道、短渠道；消费者和用户分布广阔，宜选择长渠道、宽渠道。

3. 顾客的购买习惯

对顾客购买次数频繁、但每次购买数量少的产品，应使用长且宽的渠道；对不常购买、数量大、服务多的产品，可采用短渠道、窄渠道。另外，针对年轻人、高收入阶层愿意到名店购买名牌产品的习惯，尤其像名牌服装、名牌家电，可采用设立专卖店或由名店销售的方式，销售渠道呈现短且窄的特征。对消费者购买时不太在意品牌、讲求购买方便的产品，可以利用较多的中间商，即采用长且宽的渠道。

4. 竞争者所使用的销售渠道类型

通常情况下，企业应与同类竞争的产品采用相同或相似的渠道。但如果竞争者已经控制了某些销售渠道时，企业就要另辟销售渠道，避免与其正面争夺市场。

（三）企业自身因素

1. 企业的规模和实力

如果企业规模大，资本实力雄厚，信誉良好，控制渠道的能力就较强，可以自由地选择分销渠道，既可直接销售或选择较短的渠道，也可选择固定中间商经销其产品；而那些规模小、资金有限、缺乏实力的企业，只能依赖中间商扩大销售。

2. 企业的管理能力和经验

企业具有较强的营销能力和经验，可以自己直接销售产品，因而渠道可短些，否则只有选择较长的渠道。

3. 企业控制渠道的愿望

有些企业为了有效地控制渠道，宁愿花费较大的直销费用，承担全部的市场风险，建立短而窄的渠道；也有一些企业可能并不希望控制渠道，则可采用长而宽的渠道。

4. 企业的产品组合情况

如果企业的产品组合比较深、比较宽，可以选择较短的渠道，直接向零售商销售；反之，则要选择较长的渠道。

（四）外界环境因素

1. 经济形势

在经济繁荣时，市场需求旺盛，企业可以选择最合适的渠道来进行销售；而当经济衰退时，市场需求下降，通货紧缩，这时企业应尽量减少不必要的流通环节，采用较短的渠道，以控制最终产品的价格。

2. 国家的有关法规

在市场经济中商品的销售渠道完全由企业决定；而对极少数关系国计民生的重要商品的销售，需要根据有关政策法规的规定选用相应的销售渠道。

【互动问题】 在新零售时代，以人为本，人可以是顾客，也可以是销售主体，人基于线上和线下的销售主体可以多样化，分销渠道可以由合作商、加盟商、导购、用户等组成。基于用户为中心，以社交电商为基础拓宽分销渠道，完成全渠道多触点布局，实现企业渠道和用户利益的多方共赢。请从营销伦理和职业道德角度说说你的理解。

二、分销渠道的管理策略

（一）选择渠道成员

渠道成员是指参与商品流通的各类中间商，选择渠道成员也即选择中间商。选用哪些中间商来构建产品的分销渠道是极其重要的。因为这些中间商的销售能力直接关系到渠道的分销功能，中间商的选择也是对风险的选择。如果选择那些缺乏销售能力和推销不够积极的中间商，分销效率就很低；如果选择的中间商不讲信誉，货款可能就难以收回。所以，企业应当制定一定的标准，并按此标准来评价和选择中间商。

1. 中间商的地理位置

中间商的地理位置应当是最接近目标市场，顾客方便光顾的地方。

2. 中间商的信誉

信誉是企业的无价之宝。目前市场中出现的令人头疼的“三角债”问题，其中许多就是购买者或代理商不讲信誉，截留货款投入不合理用途，造成资金流失，以致无力偿还货款所造成的。所以，在选择中间商时，应对其资信状况、知名度进行认真审查，警惕不法分子的诈骗行为。

3. 中间商的资本实力

资本实力强的中间商通常能够及时地返还货款，加速企业的资金流动。同时，中间商的资本实力也是其经营实力的标志之一，他们通常能采用先进的商业技术和销售方式，市场营销能力和管理能力也会较强。

4. 中间商的经营能力

中间商的经营能力指中间商的市场覆盖面，业务人员的素质，目前经营景气程度，未来的销售增长潜力，提供服务的能力以及储存、运输等设备条件。

5. 合作的意愿

选择中间商，应该选择具有强烈的合作愿望和动机，愿意推销企业产品的中间商。如果没有合作的意愿和诚意，勉为其难，有可能要付出昂贵的激励成本，或者分销渠道不尽如人意。

6. 与公众、政府以及顾客的关系

中间商不仅要和生产者打交道，而且要获得公众、政府的支持和包容，获得顾客的欢迎。因此，良好的公众关系、政府关系、顾客关系是一个中间商生存和发展的重要条件，也是选择中间商的一个重要条件。

实例

“富迪”成功进入成都市场的奥妙

10月，投产仅3个月的上海“富迪”果汁饮料从东海之滨悄然降临成都。在众多同行因季节转换而从市场撤退，商家纷纷撤下饮料改换保健品之时，“富迪”趁机大举进入成都市场。

早在3月，他们就派出多名营销骨干，借参加“春季糖酒交易会”之机，对成都进行了一次深入调查研究。他们经过分析发现：有一条完全可以取得稳固销量，且不受季节影响，又能对品牌号召力、产品形象有着重大影响的销售渠道，却没有任何品牌的果汁饮料在精耕细作。9月底，他们再度降临成都，对最初构想的渠道促销方案进行最后论证。10月5日，第一辆贴有“富迪”品牌大型海报、引人注目的广告车，开出了“富迪”经营部……10月24日，在新落成的意大利比萨饼快餐厅，“富迪”和成都某商场联合举行了一场别具特色的新闻发布会。十几家省市新闻单位人士和近百家餐饮、娱乐业的老总们，在品尝了“富迪”饮料后不禁惊呼：成都饮料市场的真正挑战者终于来了！11月底，没做一次广告就在成都掀起一股热潮的“富迪”饮料，终于在成都电视台的“黄金海岸”频道露面。至此，“富迪”成都市场登陆计划完全实现。

（二）激励渠道成员

选择中间商以后，生产者要不断地给予激励，以促使他们提高经营水平，扩大产品的销售。

生产者与中间商是相互依存、相互合作的关系，但同时又具有各自独立的经济利益。中间商首先是顾客的采购代理，然后才是生产者的销售代理，只有顾客愿意购买的商品，中间商才有兴趣经营，而且多数中间商对其经营的产品组合具有较强的灵活性，不愿死心塌地地依附于生产企业，除非给予特殊的刺激。因此，生产者应根据中间商的这些特点，采取必要的措施，以激励中间商出色地完成任务。这些激励措施包括：

1. 向中间商提供适销对路的产品

生产者根据市场需求不断开发新产品，提高产品适销率，从根本上为中间商创造良好的销售基础。

2. 开展各种促销活动

企业应协助中间商开展各种促销活动，如广告宣传、邮寄宣传品、布置店堂、派人协助开展各种营业推广活动等。由于这些活动能够引起消费者的购买欲望，市场前景乐观，也会引起中间商参与分销的欲望和兴趣。

3. 扶持中间商

扶持中间商主要包括三个方面：一是向中间商提供必要的资金支持或使用优惠的付款方式；二是向中间商提供信息情报及有关服务；三是协助中间商开展经营活动，如帮助中间商培训维修人员、策划商品陈列等。

4. 与中间商结成长期的伙伴关系

生产者要注意与中间商之间的长期配合，考虑彼此的基本需要及利益，建立互助的合作关系。在长期的合作中，互惠互利，利益均沾，共谋发展。

实例

互惠互利

某企业不直接付给经销商25%的销售佣金，而是按下列标准支付：如果保持适当的存货，则付5%；如能达到销售配额，则再付5%；如能有效地为顾客服务，则再付5%；如能及时报告最终顾客的购买水平，则再付5%；如能对应收账款进行适当管理，则再付5%。

（三）评估渠道成员

生产者应定期对渠道成员的工作绩效进行评估。评估的主要内容有销售指标完成情况、平均存货水平、向顾客交货的速度、对损坏和遗失商品的处理、促销方面的合作、货款回收情况、为顾客提供的服务等。

评价的目的在于掌握销售动态，及时发现问题。一方面，对绩效好的中间商给予一定的奖励，必要时可淘汰一部分中间商；另一方面，可对企业现有的分销渠道进行必要的调整，使之更趋合理。

三、分销渠道的调整策略

随着消费者或用户购买方式的变化、市场的扩大、产品进入生命周期的新阶段、新的竞争者的出现等，生产者应对分销渠道进行必要的调整，以适应市场的需要。生产者对分销渠道的调整分为三种方式。

（一）增减某些渠道成员

当某个中间商经营不善且影响到整个分销渠道时，生产者应考虑中止与该中间商的协作关系，并在适当的时候，增加能力较强的中间商。

（二）增减某些分销渠道

当某些市场部分的营销环境、市场需求或顾客的购买能力都发生了很大变化时，生产者原有的分销渠道不能有效地将产品送达目标顾客或只依靠原有的分销渠道不能满足目标顾客的需求时，生产者应考虑增加或减少某些分销渠道。

（三）变更整个分销渠道

企业对以前所选择的分销渠道作较大规模的改进，甚至完全废弃原有的分销渠道，重新组建新的分销系统。

小思考：某化妆品公司发现其经销商只注意成人市场而忽视儿童市场，引起儿童护肤产品销路不畅。为了促进儿童护肤品市场的开发，该公司应如何对渠道进行调整？

实例

谁与你搭档

某企业第二季度的回款统计表令李主管懊悔不已。

A市场回款550万元，比上个季度增长6%；B市场回款120万元，比上个季度减少2%。按照李主管的估计，B市场应该比A市场好，因为无论是从人口数量、密度、经济生活水平，还是从投入的广告促销费用及同类产品竞争状况，B市场都比A市场有绝对优势，可实际上，A市场回款总额比B市场高出几倍。

看看A市场和B市场业务员的工作报告，问题出在什么地方：

A市场的经销商是一个刚刚成立一年的专职营销公司，几个年轻合伙人原来从事广告行销工作，资金上比较紧，目前仓库、办公营业场地都是租赁的，但几个人实干性特别强，代理两个知名品牌的化妆品，业绩不断上升。

B市场的经销商是当地最大的百货公司，由百货公司几位经理承包经营，目前经销、代理十来个知名品牌化妆品和食品，年销售额近1亿元。公司有专业的仓储、店面、运输车辆，财务全部电脑化管理。在当地提起该公司，几乎无人不知。

A市场铺货覆盖率达95%以上，送货及时，节假日不休息，经销商经常协同厂家业务人员一起到现场促销，扩大销售，他们把厂家产品的销售视为一次机遇，作为提升公司知名度和增加利润的机会，业务运转几乎和厂家融为一体。

B市场的铺货覆盖率不到50%。经销商认为产品价高市场不大，不能铺得太多，铺多了收款困难，风险大。业务员与他们交涉，他们不是要求厂家多投广告，就是说价高，而且经常介绍亲戚、熟人来做厂家的业务员、促销员，稍有不满就有情绪。由于经销、代理的产品多，经常顾不上运货。针对上述问题，厂家与经销商协商过多次，一直没有进展。

看来，要对B市场的经销商做一次手术——重新换一个经销商，但市场不等人，代价无法估量。

——选自培之、骆卫华的文章，载《销售与市场》。

四、分销渠道中的中间商

前面我们多次提到中间商，而且产品的分销渠道就是由不同类型的中间商构成的，因此，对中间商的认识和了解是十分必要的。

（一）中间商的概念

中间商是指介于生产者与消费者之间，参与商品的流通业务，促进交易行为发生和实现的组织或个人。它一头连着生产，一头连着消费，承担商品流通的主要职能。

（二）中间商的种类

中间商按其是否拥有商品的所有权，可分为经销商和代理商；按其在流通过程中所起的作用，可分为批发商与零售商，这也是中间商的主要类型，如图 6－5 所示。

- 中间商
  - 零售商（经销商）
  - 批发商
    - 商人批发商（经销商）
    - 代理批发商

图 6－5 中间商类型示意图

1. 经销商

经销商是指从事商品的销售业务，并且拥有商品所有权的中间商。零售商、批发商都属于经销商。

2. 代理商

代理商是指接受生产者的委托，从事商品的流通业务，但不拥有商品所有权的中间商。

实例

生意人中的吴老板

吴老板，40 多岁。几年来，他靠给厂家做代理，拖欠厂家货款，像吹气球一样发达了起来。厂家来催款，找人找不到，打手机关机，万一碰到了，来要钱的反而不对了：“咋了？谁说不给你钱了，排队！”问排到啥时候，他说：“你问我我问谁去？等着吧。”好了，等吧，一个月、两个月、一年、两年……直到厂家倒闭。打官司，打吧，他奉陪，并决战到底：他欠你 10 万元，厂家付出两个 10 万元终于把这官司打赢了，没想到法院强制执行时，他一把鼻涕一把泪，“没钱，真没钱啊！要房产？你去要吧，那是我老婆的——离婚了；要车？有两台，已经抵债了，抵给我老爸了！要货？行，你去仓库搬吧，不过你那冰箱、洗衣机、电饭锅都没了！”最后他按两倍的进价退给厂家一堆过了期的方便面，变质了的饮料……

3. 批发商

批发是指将商品出售给除最终消费者以外的购买者的销售活动。主要从事批发业务，为最终消费者以外的购买者服务的商业机构和个人称为批发商。

4. 零售商

零售是指将商品出售给最终消费者，以满足其生活消费需要的销售活动。主要从事零售业务、为最终消费者服务的商业机构和个人称为零售商。它处于商品流通的最终环节，是渠道的“出口”，商品经过零售环节，退出流通领域，进入消费领域。

小思考：自动售货这种零售形式，适合我国国情吗？为什么？

案例分析

社区O2O渠道：家电渠道新革命

从百货到连锁，从连锁到专卖店，再从专卖店到电商，家电零售渠道经历了数次大的变革。O2O模式兴起被视为新的渠道革命。

创维、三星、志高等企业通过大篷车开进社区、开设社区店、建智能体验馆等方式将家电渠道社区化，社区家电O2O渠道开始兴起。

先是制造企业自建O2O渠道。创维把大篷车开进城市社区。很多城市跳广场舞的地方成为创维大篷车的新据点。在大篷车上，消费者可以体验购买创维品牌各类家电，包括净水机、厨房家电等。值得注意的是，创维大篷车不仅售卖自有品牌产品，还成为华帝、倍轻松等其他品牌的产品的售卖渠道。

空调企业志高也对这一模式表现出极大认可，志高此前已经在北京等一线城市开出名为“乐淘”家电网的社区店。消费者可以通过家中或社区店中的网络登录“乐淘家电网”，也可以到社区门店进行体验。

后是制造企业采用与大型电商企业竞合的方式，线上线下渠道融合加速。有说法称，O2O模式的逐步兴起，电商渠道将沦为比价系统，顾客将被社区店或者大篷车分流。大型电商渠道恐将“为他人作嫁衣裳”。“电商和专卖店渠道之间的关系不应只是竞争，完全可以是竞合关系。”实际上，电商渠道也希望在O2O社区店扩张浪潮中分一杯羹。

数据显示，北上广深等一线城市的家电销售市场增速已经明显放缓，然而三四线城市以及农村市场的家电销售潜力正在被挖掘。京东提出渠道下沉计划，“京东帮服务店”就是渠道下沉计划的主要载体。“这个策略就是要把物流和安装售后等服务通过与制造企业专卖店合作的方式直接复制到农村，我们是以县为单位，一个县一个京东帮服务店。”

未来，一二线城市和农村市场的家电社区O2O店面“出处不同”。城市市场的O2O店面通过创维推出的大篷车或者三星的体验店模式实现。对于三四线城市和农村市场，各大企业的专卖店将扮演重要角色。

问题：

通过本实例的学习，对你有哪些启发？请你运用学习的知识进行分析。

讨论分析：

个人：每位同学根据案例资料和问题，在固定的学习本上记下自己的分析结果。

小组：每小组6位同学，1人为组长，1人记录，小组成员都要陈述自己的观点，讨论后形成小组意见，准备在班级交流。

全班：各组派一位代表陈述本组观点。

教师：记录各组陈述要点，最后做点评。

善恶研判

背景资料：

伊利和蒙牛作为中国两大乳业巨头，他们之间的竞争异常激烈，不管是产品，还是市场份额。伊利在2012年推出“QQ星营养果汁酸奶饮品”，包括香蕉和草莓口味，采用迪士尼卡通形象3D立体包装，并通过在《爸爸去哪儿》中进行广告冠名，获得了很高的知名度。然而，蒙牛在2015年推出了一款名为“未来星营养果汁酸奶饮品”的产品，口味也包括香蕉、草莓两种，同样以卡通形象为蓝本，进行3D立体包装。伊利认为，蒙牛的行为构成了不正当竞争，要求其停止使用涉案产品的装潢、产品名称等不正当竞争行为并赔偿经济损失300万元，还要刊登声明，消除影响。

一审法院判蒙牛“未来星”侵权成立，立即停止销售涉案侵权产品，并赔偿伊利公司215万元。蒙牛不服，提出上诉。最终，北京知识产权法院对蒙牛“未来星”与伊利“QQ星”不正当竞争案做出二审判决，驳回蒙牛上诉，维持原判。

问题：

本实例中存在哪些营销伦理和职业道德问题？

讨论分析：

个人：结合已经学习的内容和收集的资料，试对本实例中的问题做出你的营销伦理和职业道德研判，并说明你做出营销伦理和职业道德研判所依据的行业道德和伦理规范。

小组：同学们每4人分为一个小组进行讨论，1人记录，形成小组意见，准备在班级交流。

全班：各小组推选一位代表陈述本小组观点。

教师：记录各小组陈述要点，进行点评。

参考答案

营销实训

体验零售商经营

1. 背景资料

(1) 列出你最近常光顾的2家零售商店，每个零售商店销售何种产品？是什么因素使你决定购买该店的产品？

(2) 到互联网上浏览一下，选择2家网店，看看都卖什么商品？与附近的实体店比较，你喜欢网上购物还是去实体店购买，为什么？

2. 实训目标

素质目标：通过参与体验零售商经营营销实训活动，培养同学们自我探究和自主学习的素养。

能力目标：通过参与体验零售商经营营销实训活动，培养同学们独立搜集信息和分析问题、解决问题的能力。

知识目标：通过参与体验零售商经营营销实训活动，让同学们熟悉分销渠道的选择、分销渠道的管理策略、分销渠道当中的中间商等内容。

3. 实训步骤

(1) 学生4人分为一组，2人调查2家实体店，2人调查2家网店。

(2) 从图书馆和网络收集有关零售业的相关资料，为实地调查做好准备。

(3) 汇总调查情况，经小组讨论分析后把结果填入表6-2中。

表6－2　　零售企业调研信息汇总表

企业名称		经营商品大类	主要的营销措施	吸引你购买原因分析
实体店	1.			
	2.			
网店	1.			
	2.			

（4）每个小组选一位同学在班级交流，本组其他同学可补充，最后老师做点评。

4. 成果评价（见表6－3）

表6－3　　体验零售商经营实训评价表

项　目（分值）	标　准	小组评分	教师评分	实际得分
素质培养（30）	小组成员认真分析任务；企业调研有序；对于体验零售商经营实训有兴趣和热情；汇报过程注意形象、礼节；小组讨论中发言踊跃（每个方面6分）			
能力提升（25）	体验总结内容完整；对体验零售商经营陈述表达流畅；体验按规范要求进行；调研中搜集到了有价值的信息；体验总结上传到手机（每个方面5分）			
知识应用（45）	体验总结有商家、商品（5分）；经营商品大类（5分）；主要的营销措施（20分）；吸引你购买的原因分析（10分）；体验总结按相关要求说明（5分）			
总成绩（Σ100）				
教师评语	签名：　年　月　日			
学生意见	签名：　年　月　日			

任务3　了解产品实体分销

学习目标

素质目标：通过本任务必备知识的学习、案例分析、善恶研判和营销训练，培养同学们在企业商品储存和运输过程中践行法律法规和营销伦理与营销道德的意识。

能力目标：通过本任务的案例分析和营销训练，培养同学们根据企业商品特点和储运情况，提出合理运输和储存的意见和建议的专业能力。

知识目标：通过本任务必备知识的学习，能正确描述产品实体分销、产品实体分销要素、运输决策、仓库决策等陈述性知识。

任务驱动

思考：实地考察当地一家大型连锁超市的物流配送流程，试分析其优点与不足。

提示：从物流仓库选址、运输工具、装卸工具、储存条件商品养护水平、物流管理现代化水平、库存控制、物流成本服务质量等方面进行分析。

必备知识

企业无论使用哪种类型的营销渠道，都必须向中间商或最终消费者提供产品，即完成产品的实体分配。通过产品的实体分配，企业为顾客提供了时间和空间效用，产品实体分配的有效性对于消费者满意度和企业的成本都有很大的影响。本任务的学习有助于我们了解市场营销中产品实体分配的相关知识。

一、产品实体分销的含义

产品实体分销也称实体流通或物流，是指为了符合顾客需求，将原材料、半成品、成品及生产地到销售地的物资、服务、信息从发生地向消费地流动的过程以及为使保管能有效、低成本地进行而从事的计划实施和控制行为。

合理安排产品的实体分销，能加速商品流通，节约流通费用，降低产品成本，这既保证了社会效益，又提高了企业的经济效益。

实体分销的合理目标应是通过有效的选择，适当兼顾最佳顾客服务与最低成本。一是要把各项实体分销费用作为整体，在不断对消费者进行服务中，力求降低总费用水平；二是要把全部市场营销活动作为整体，在各项营销活动中，都必须考虑实体分销的目标，避免因孤立地处理某一具体营销业务，导致分销费用不适当地增加；三是要善于权衡各项分销费用及其效果，为维持或提高服务水平，允许某些项目的费用有所增加，而对不能使消费者受益的费用必须坚决压缩。

【互动问题】许多制造商在过去都依靠实体分销商来分销产品。实体分销商在各自的地域经商，通常在某一地域只有一个或少数几家分销商相互竞争，分销商的利益往往比较稳固。但互联网出现后，许多制造商想摆脱传统分销渠道的种种束缚，希望通过直接销售的模式来开辟新的分销渠道，以节约分销成本、加快市场响应。但由于制造商的直销网能够覆盖全国甚至全世界，以致传统分销商的客户部分流失，他们转为直接向制造商购买，这往往会导致传统分销商的不满。在许多制造商还是主要依靠传统分销渠道来进行分销的时候，这时制造商会面临传统分销商的责难。请你从营销伦理和职业道德角度分析制造商为什么会面临传统分销商的责难。

二、产品实体分销的要素

产品实体分销的要素由六个方面组成，即包装、装卸搬运、运输、储存保管、库存控制和订单处理。

（一）包装

包装具有保护商品，便于储存运输的基本功能。包装存在于商品实体分销的各个环节，包括产品的出厂包装，生产过程中的在制品、半成品的换装，物流过程中的包装分装和再包装等。

（二）装卸搬运

装卸搬运是指在一定区域内以改变产品存放状态和位置为主要内容的活动。它是伴随着运输和保管产生的物流活动。其基本内容包括商品的装上卸下、移动、分类、堆码等。在商品的实体运动中装卸质量的好坏，对于实体分销成本有很大影响。所以，装卸搬运的合理高效是实体分销系统合理高效的一个重要方面。

（三）运输

运输是借助于各种运力，实现商品空间位置上的移动。运输本身解决产品在生产地点和需要地点之间的空间差异，创造产品的空间效用，实现产品的使用价值。运输要根据商品的具体要求选择适宜的运输方式，根据运输批量、送货的时间选择行走的路线等，努力实现运输的合理、迅速、准确、廉价的目的。

（四）储存保管

储存保管是指利用一定的仓库设施和设备收储、保管商品的活动。通过储存与保管对商品进行养护和管理，保证商品的使用价值和价值不至于发生损害。

（五）库存控制

库存控制包括决定产品的存放地点、产品的储存结构和合理储存量、顾客需要的发货期和发货批量等。其中最关键的是决定库存量的大小。因此，企业应充分考虑对顾客的服务水平并兼顾其他经济因素，研究制定出适当的库存量和库存量的补充的管理办法。

（六）订单处理

订单处理包括接受、记录整理、汇集订单和准备发运商品等工作。企业收到订单后，首先应检查订单是否正确，然后按订货单要求的商品品种、数量、式样、规格、型号，把商品发运给用户。订单处理的每一道程序所用的时间及工作质量，直接影响着产品实体分销的效率和企业服务水平。目前随着计算机和信息通信技术的发展，很多企业已实现了订货、在库管理、出库、备货等业务的一体化。

三、运输决策

（一）运输方式及其特点

1. 铁路运输

铁路运输是最重要的货物运输方式之一。铁路可以用整车装运大宗散装产品，如长途运煤、矿产品和农林产品等。铁路运输收费标准比较复杂，一般来说，整车运输收费标准低，而零担运输收费较高。

2. 水路运输

水路运输包括轮船运输及沿海驳船和内陆水路驳船运输。水运适合于运输体积大、价值低、不易腐烂的产品，如煤、沙、金属矿物等。水运成本较低，但运输速度慢，也容易受气候条件影响。

3. 公路运输

公路运输的主要优点是灵活、迅速，实现门到门运输，所以很多制造商的大部分产品采用公路运输方式，一般短途运输、城市内的运输更灵活、更经济、更安全。

4. 管道运输

管道运输是一种专门由生产地向市场输送石油、天然气、煤和化工产品的运输方式。目前大部分管道都是由其所有者用来运输自有产品的。

5. 航空运输

空运占的比重较低，但其重要性越来越明显。虽然空运费用比铁路或公路运输高得多，但是当要求迅速交货，或者要将产品运送到遥远的市场时，空运仍是理想的运输方式。经常空运的产品有鲜花、鲜鱼、科技仪器、珠宝等。

（二）运输方式和运输路线的选择

企业在给仓库、经销商和顾客发货时，要在上述五种运输方式中进行选择。发货人员在为某种产品选择运输方式时，主要考虑速度、可靠性、运载能力、可用性和成本等因素。如果发货人要求快速、经济运输，空运是其主要选择对象；如果目的是要谋求低成本，那么水运和管道运输是其主要考虑对象；如果发货人越来越多地使用两种或多种运输方式，借助于集装箱实现联运，效果更好。

在选定运输方式后，发货人还应决定运输路线，选择运输路线的标准是：所选定的运输路线应保证把货物运输给客户的时间最短，这样可以做到准时交货，缩短订货周期，减少库存短缺情况的发生，达到较高的服务质量；所选定的运输路线应能减少总的运输里程，从而减少运输费用。同时，所选定的运输路线应保证大的用户得到较好的服务。

实例

某市一公司选择了 8 条线路进行试验，平均运距 123 公里。公路运费每吨高于铁路 84.5%，即 10.14 元，但公路运输每吨可节省市内搬运费 8.19 元，节省包装加固费 3.78 元。该市铁路待运期平均 25 天，公路 5 天，按日用百货每吨价值 4000 元、日利息 0.4‰计算，可节省利息 32 元，公路运输每吨可减少运输损失 3.6 元。综合计算，应选择何种运输工具，汽车还是火车？

四、仓库决策

（一）仓库与直运比较

企业将大批商品以整车方式运到销地的仓库，再从那里根据每一个订单运送给顾客的方式，要比直接从生产地运送给顾客所花的费用少。而且，企业可以及时地向顾客提供供货服务，提高顾客的惠顾率。一般来说，在销地增加储存节约的运输费用与所能增加的顾客惠顾利益如果大于建立仓储所增加的成本，则在销地应新增仓储。

（二）租赁仓库与自建仓库

企业面临的另一个决策问题是仓库应租赁还是自建，租赁的弹性较大，风险较小，因此在多数情况下比较有利。只有在市场规模很大而且市场需求稳定时，自建仓储才有意义。在目前市场需求具有较大波动的情况下，既自建部分仓库又租赁部分仓库是较好的选择。

（三）完善仓库系统

一个企业目标市场范围广，还必须考虑在各地区建立最佳数目仓储点问题、仓储点最佳地理位置问题。总之，建立完善仓库系统时，既要考虑运输费用又要考虑仓库租赁费和仓储设施投资，两者费用最低，储存费用才能最低。

五、库存控制

对于企业来说，存货水平的高低影响存货费用与为顾客的服务水平。因此，企业必须了解存货水平与满足顾客、销售额和利润水平之间的关系，求出利润最高的存货水平。

（一）进货时间决策

进货时间决策，其目的是确定适宜的进货时间，从而既能保证销售需要，又不会因存货过多而增加不必要的开支。“订货点法”是进货时间决策的常用方法。该方法的原理是：两次进货期间商品储存量会因销售而减少，为保证商品供应，当商品储存量下降到一定数量时，就需要再进货，否则就会脱销。这一水平的存货量就称为订货点。订货点取决于订货到交货时间间隔的长短、商品销售速度等因素。若面临的不稳定因素较多，还应确定一个安全存货量，以备不测。

订货点计算公式为：

订货点 = 日均销售（出库）量 × 备运天数 + 安全存货量

产品备运天数为提出订货到货物入库的间隔天数。

（二）进货数量决策

进货数量决策即经济订购批量的确定，要求既保证企业经营活动正常进行，又要使总库存费用最小。经济订购批量的计算公式为：

$$EOQ = \sqrt{\frac{2PA}{C}}$$

式中：EOQ 为经济订购批量；P 为每次进货费用；A 为产品年需求量；C 为单位商品年存货成本。

最佳订货量可以通过上述公式计算得到，也可以通过观察以往不同订货量水平发生的订单处理成本和保管费用之和的情况来确定。

实例

合理的订货量

一个商店的经理面对着一份有关商品储存的报告（有关资料如表 6-4 所示），他应订购哪些商品？订购多少？

准备每一次订货费用 5 元；

仓储费每 100 元商品每月 2 元。

经理要为每一个项目做一个订货计划，要保证：

(1) 最低限度地脱货危险；

(2) 最大限度地为企业节省开支。

试计算分析：

(1) 几种商品的最低储存量是多少？

(2) 每次订货多少？

(3) 订货时机如何掌握？

表 6-4

指标 \ 品名	洗衣机	电视机	电冰箱
库存量	20 台	30 台	25 台
月销售量	15 台	20 台	20 台
最低限度订购量	20 台	30 台	30 台
消费量变化可能性	小	大	大
订货到收货所需时间	一个月	一个月	两个月
供应商的可靠性	差	良好	良好
价格	650 元/台	2000 元/台	1700 元/台
大批量订货折扣	50 台以上每台 50 元	100 台以上每台 50 元	30 台以上每台 1650 元

案例分析

国美线上与线下双渠道融合布新局

3 月 5 日，国美宣布将在本月 9 日启动第四届国美“黑色星期五”，国美将牵手酒类、家电类、美妆类等千余家品牌商让利消费者，并借助多渠道拉动消费。

据了解，国美与品牌商的互动将不仅局限于线下的价格战，还会注重提升消费者的体验感。消费者在购买冰箱等电器后，国美将提供远程安装、安装支架、高空作业等十余项售后服务。国美零售总裁王俊洲称，在实体商业中，售后服务市场需要具备强交互的能力，促进产品与消费者之间的互动，这也促使企业需要搭建信息化平台。

在新零售的不断驱动之下，实体店面的价值正逐渐回归。互联网是门店改造和升级的技术，实体门店也可以互联网化，线上与线下是消费者产生消费行为时的渠道选择，而实际上双渠道已经下沉到门店，互联网技术在不断升级和驱动。为打通双渠道，国美的实体门店已经实现运营一体化，线上与线下的采购能力也在逐渐实现一体化。

问题：

通过本案例的学习，你有哪些启发？请从零售渠道变化角度谈谈你的看法。

讨论分析：

个人：每位同学根据案例资料和问题，在固定的学习本上记下自己的思考。

小组：每小组6位同学，1人为组长，1人记录，小组成员都要陈述自己的观点，讨论后形成小组意见，准备在班级交流。

全班：各组派一位代表陈述本组观点。

教师：记录各组陈述要点，最后做点评。

善恶研判

背景资料：

山东青州是春季白菜的产地之一。在青州市东夏镇大袁庄村，春白菜被当作重要经济作物。村民尹某今年种了2亩多春白菜，能收3万多斤。

春夏之交，青州当地气温升至近30℃，给蔬菜长途运输带来困难。一些菜农告诉记者，单棵白菜通风顺畅时放10天没问题，但堆到一起容易发热，腐烂速度也更快，两三天就会烂掉。为保鲜，近年来一些商贩开始给大白菜喷甲醛溶液。记者采访时，当地派出所正好查到黑龙江商贩赵某使用甲醛溶液喷洒大白菜。

“为什么要给白菜喷甲醛溶液？”记者问。

“我这车菜运到廊坊要10个小时。如果不喷，白菜就会红根。运过去之后，卖菜还要时间。当天卖不掉的话，第二天就会烂很多，损耗就大了。”赵明利说。廊坊那边的菜贩子也要求用甲醛保鲜，“喷过甲醛的白菜根部白净，菜贩喜欢收。”

问题：

本背景资料中存在哪些营销伦理和职业道德问题？

讨论分析：

个人：结合已经学习的内容和收集的资料，试对上述背景资料中的问题做出你的营销伦理和职业道德研判，并说明你做出营销伦理和职业道德研判所依据的行业道德和伦理规范。

小组：同学们每4人分为一个小组进行讨论，1人记录，形成小组意见，准备在班级交流。

全班：各小组推选一位代表陈述本小组观点。

教师：记录各小组陈述要点，进行点评。

参考答案

营销实训

体验零售商物流

1. 背景资料

到你经常光顾的 2 家零售商店，了解他们所经营产品的物流情况。

2. 实训目标

素质目标：通过参与体验零售商物流营销实训活动，培养同学们自我探究、小组合作和自主学习的素养。

能力目标：通过参与体验零售商物流营销实训活动，培养同学们搜集信息和分析问题、解决问题的能力。

知识目标：通过参与体验零售商物流营销实训活动，让同学们熟悉产品实体分销、实体分销的要素、运输决策、仓库决策、库存控制等内容。

3. 实训步骤

(1) 学生 4 人分为一组，2 人一组分头调查。

(2) 从图书馆和网络收集有关零售业物流的相关资料，为实地调查做好准备。

(3) 汇总调查情况，小组讨论分析后把结果填入表 6－5 中。

(4) 每个小组选一位代表在班级交流，其他同学可提意见和建议，最后老师做点评。

表 6－5

企业名称		
商品大类		
有无专业仓库		
有无专职库管人员		
有无仓库管理明细账		
库存商品如何控制		
营业现场商品每天如何盘点		
出现差错怎么处理		

4. 成果评价（见表 6－6）

表 6－6　　体验零售商物流实训评价表

项　目（分值）	标　准	小组评分	教师评分	实际得分
素质培养（30）	小组成员认真分析任务；企业调研有序；对于体验零售商物流实训有兴趣和热情；汇报过程注意形象、礼节；讨论中发言踊跃（每个方面 6 分）			
能力提升（25）	体验总结内容完整；陈述表达流畅；体验零售商物流汇报过程按要求进行；调研中搜集到了有价值的信息；体验总结上传到手机（每个方面 5 分）			

续表

项　目（分值）	标　准	小组评分	教师评分	实际得分
知识应用（45）	调研总结有商家、商品大类（每个方面1分）；体验总结其他项目（每个方面3分）；附调查资料等符合要求（5分）			
总成绩（∑100）				
教师评语	签名：　年　月　日			
学生意见	签名：　年　月　日			

练习与实训

一、基本概念

分销渠道　中间商　批发商　零售商　代理商　直接渠道　广泛分销　产品实体分销

二、填空题

1. 分销渠道具有______、______、______、______、______、______六种功能。

2. 分销渠道按各环节使用同种类型中间商数目的多少可以分为______、______两种。

3. 影响分销渠道选择的因素主要有______、______、______、______四个方面。

4. 产品实体分销主要包括______、______、______、______、______、______六个要素。

5. 中间商按其是否拥有商品的所有权，可分为______和______。

三、选择题

1. 当消费者从（　　）购买商品或服务时，是通过直接渠道。

A. 杂货店　　B. 连锁店　　C. 电影院

2. （　　）采用广泛分销策略是合适的。

A. 莲花牌味精　　B. 雅戈尔牌衬衣

C. 可口可乐　　D. 精工牌手表

3. 如果某公司建立一级销售渠道属于宽渠道，一定是因为（　　）。

A. 存在多个生产厂家　　B. 存在多个批发商

C. 存在多个零售商　　　　　　　　D. 存在多个消费者

4. 按照流通环节或层次多少，分销渠道可分为（　　）。

A. 直接渠道和间接渠道　　　　　　B. 长渠道和短渠道

C. 宽渠道和窄渠道

5. 中间商包括（　　）。

A. 批发商　　　　　　　　　　　　B. 企业代理商

C. 经纪商　　　　　　　　　　　　D. 采购商

6. 连锁经营的品种选择首要的是经营（　　）。

A. 贵重的品种　　　　　　　　　　B. 大众化品种

C. 实用的品种　　　　　　　　　　D. 便宜的品种

四、判断题

1. 中间商的出现是商品经济发展的必然产物。（　　）

2. 运输与储存是产品实体分销的主要内容。（　　）

3. 产品实体分销是现代企业“第三利润源泉”。（　　）

4. 随着科学技术的发展，几乎所有商品都可采用直接渠道销售。（　　）

5. 渠道太长，经过中间环节太多，流通中费用增加，企业产品就缺乏竞争力。（　　）

五、简答题

1. 选择渠道成员应考虑哪些因素？

2. 选择中间商应考虑哪些条件？

3. 选择运输路线和运输方式的基本要求是什么？

4. 下列商品各应采取什么分销渠道？为什么？

A. 洗衣粉　　　　B. 电视机　　　　C. 实木家具

5. 陈先生代理一款著名电器产品，试问陈先生应该使用选择性分销，还是广泛性分销？

6. 某超市每年销售肥皂12000箱，已知每次进货费用20元，储存费用每箱年平均0.48元，求该企业肥皂的经济进货批量？

7. 表6－7是某公司所需采购物品及年度使用量，请计算并回答问题。

表6－7

物品	物品每年使用数量（件）	单位成本（元）	年度使用金额（元）
F－11	40000	0.07	
F－20	195000	0.11	
F－31	4000	0.10	
L－45	100000	0.05	
L－51	2000	0.14	
L－16	240000	0.07	
L－17	16000	0.08	
N－8	80000	0.06	
N－91	10000	0.07	
N－100	5000	0.09	

问题：（1）排序并计算年使用金额的累计百分表（用表格计算）。

（2）根据ABC库存管理法把分析归类结果填入表6－8。

表6－8

大类	物品	物品的百分数（%）	每组的年使用金额（元）	金额的百分数（%）
A		20		
B		30		
C		50		
总计		100		

（3）说明ABC库存管理法对库存控制的基本内容，填入表6－9。

表6－9

控制内容	具体内容		
控制程度	A类：	B类：	C类：
采购记录	A类：	B类：	C类：
库存量确定	A类：	B类：	C类：

8. 李先生原来是一家有名的服装厂的设计师，因为与老板意见不合而离职。李先生认为自己有很强的新潮服装的设计能力，因为过去他设计的多套新款服装销路都不错，便决定自己做老板，拿出多年积蓄开设一家服装厂，并打算在销售渠道方面大胆创新，推出服装邮购销售方式。但如何来组织商品销售，他还是一个外行。他的构思的可行性如何，他心中无底。为此，他来征询你的意见。

请问：李先生的服装厂是否适合采用邮购销售方式？如果可以，李先生应当抓好哪些环节来保障商品销售顺畅？

9. 某饮料公司开发出一种美容保健型新饮料产品后，力图通过众多的中小商店销售给普通消费者。由于该产品价格相对较高，比普通保健饮料价格高出50%，所以销售量一直没有达到预期水平。为了促进销售，该公司要求经销商大做广告宣传，并以此作为保持渠道成员资格的条件。但是，此举遇到了中小商店的抵制。许多中小商店宁可不再经销该公司的产品，也不愿意在该商品上投资做广告。你认为产生这种状况可能的原因是什么？如果你是该公司的市场营销经理，你将会采取什么策略来扭转当前的局面？

六、案例分析

“国力”分销渠道的选择

1995年，杭州的饮料市场竞争异常激烈。杭州国力饮料厂开发研制了草莓胡萝卜汁和菠萝汁，新产品刚上市时，他们迫切想得到一些经销商的支持和帮助，但不少经销商提出了较高的要求；与此同时，“国力”饮料想打入杭州个别较有名望的大商场也存在不同程度的困难。

杭州国力饮料厂厂长决定在分销上走一条与众不同的经销新路子。厂长发现“国力”饮料的特点是由于使用无菌塑料包装，定价较低，特别适合大众消费，何不在杭州近3000家零售小店中打开销路？从4月份开始，“国力”饮料的所有营销人员开始每天走街串巷，仅一个月时间就建立了覆盖2000余家小店的经销网络。虽然是小店零星卖，但销售出乎“国力”的意料，头一个月的销量就达10000余箱。不久，“国力”已与这2000多家小商店建立了每月定时定人联系制度。

“国力”饮料直接进入小商店，减少了中间环节，使小店的赢利也比从经销商进货来得高。

——选自陈水芳：《现代市场营销学》，浙江大学出版社。

分析：

(1) 该厂采用的是何种分销渠道策略？

(2) 企业为什么要采用这种分销渠道策略？

七、综合实训

实训任务　渠道策略实训

1. 背景与情境

当你们学习了分销渠道策略相关内容以后，已经知道了产品要经过许多环节和通道才能到消费者手中，不同的产品销售渠道都相同吗？都经过同样的环节吗？企业经营者是怎样选择营销渠道的？带着这些问题你们很想深入企业了解一下实际情况。

2. 实训目标

(1) 素质目标：会运用营销渠道的专业知识与企业营销人员进行交流，并能按商务礼仪与相关营销人员进行交流。

(2) 能力目标：通过调研，结合不同产品特性和市场供求关系能分析判断该产品应采用什么渠道营销，能准确说出判断的相关依据。

(3) 知识目标：通过企业流通渠道调研，结合企业营销实际，能理解营销渠道，长期道、短渠道，宽渠道、窄渠道等相关陈述性知识。

3. 实训步骤

(1) 每组4人，其中1人为组长，由组长组织成员讨论成员分工，明确调研思路，按分工各负其责，相互配合，积极完成实训任务。

(2) 根据本组所选企业经营商品类别，选择2种商品，一种是适合长渠道营销的产品，另一种是适合短渠道营销的产品，详细了解2种产品营销渠道的内容。

(3) 实际调查前可通过网络和图书馆搜集渠道策略相关资料。

4. 实训成果及要求

(1) 每组成员撰写一份调研报告，报告要说明调查了什么企业，什么产品，每个产品的特性，供求情况，营销渠道内容和营销渠道选择的理由。

(2) 报告呈现的形式各组自定，报告不少于1000字。

5. 实训时间 (2课时)

在学生学习本项目内容开始时，即可让学生分组，布置本实训任务，利用课余时间去企业进行调研，并积极撰写调研报告。在本项目学习完后，用2个课时让各小组介绍展示本组报告，其他组同学可发表个人意见，最后由老师点评。经过展示点评，各组认真修改完善实训报告，并把修改后的报告在班级微信平台展示交流。

6. 实训评价（见表6－10）

表6－10　　渠道策略设实训评价表

项　　目	评价标准	分　值	小组个人自评（30%）	小组成员互评（30%）	教师评价（40%）	小　　计
素养培养（Σ30）	参与实训的态度端正，积极性高，小组合作意识强，小组讨论积极踊跃	10				
	养成细致、严谨的工作作风，能主动提出关于渠道策略的相关问题	10				
	能够结合实训认识渠道策略在企业营销中的意义	10				
能力提升（Σ20）	能将所学的渠道策略知识运用到实训任务中，学以致用	10				
	熟悉依据产品选择营销渠道的方法	10				
知识应用（Σ20）	了解企业渠道策略、长渠道、短渠道、宽渠道、窄渠道等知识	10				
	掌握企业渠道策略管理的相关知识	10				
项目成果展示（Σ30）	能够独立完成实训，完成任务及时、主动，并能提出问题、解决问题	10				
	渠道策略实训报告结构完整，无错别字，观点正确	10				
	渠道策略实训报告演讲汇报形式新颖，语速恰当，语言流畅，有感染力	10				
合计		100				

参考答案　　　项目六 PPT

项目七
促销策略

导读案例

雀巢公司的市场营销组合

雀巢公司对中国内地和中国香港市场进行了全面的市场调查，聘请对中国非常了解的专业人士共同研究，制定了以下市场营销组合策略：

（1）产品策略。通过调查发现，影响人们购买咖啡的主要原因是口味。国际上咖啡的口味主要分为以苦味为主的英国口味、苦和酸涩并重的美国口味以及讲究淡味的日本口味。经过研究，雀巢认为中国内地的消费潮流受中国香港领导，于是将口味定位为英国口味。

（2）价格策略。在美国市场上，雀巢是名牌，而其在中国内地的竞争对手麦氏咖啡则属于杂牌，价格相差近30%，是否保持这种价格差？公司决定保持这种价格差，同时以相应的促销策略作配合。

（3）渠道策略。为显示产品档次，一般只供应给中档以上的商店，不在小店销售。

（4）促销策略。主要有以下几种：①广告方面，以京、津、沪三大城市为突破口，在三个城市地方台和中央电视台同时播出广告，密集发送，传播"味道好极了"的良好品牌形象；②利用公共关系促销，在三个城市多次举办名流品尝会，并为人民大会堂和一些重要会议免费提供产品，形成名流只喝雀巢的时尚；③营业推广方面，采用中国大陆消费者较为欢迎的买一赠一，买咖啡赠咖啡伴侣、杯子等形式。

通过以上市场营销组合策略的运用，雀巢迅速进入中国内地市场，取得成功。

提示：市场营销组合是指企业综合地运用产品、价格、渠道、促销等各种营销手段来实现企业市场营销战略总目标。它是从整体上满足消费需求，追求整体营销效果，它要求企业用最适合的产品、以最适宜的价格、通过最畅通的渠道、采用最相宜的促销手段，最好地满足目标市场的需求，以取得最佳的经济效益。任何企业要想在市场竞争中立于不败之地，就必须牢固地树立市场营销战略观念，要学会和善于运用不同的市场营销组合手段，才能占据优势地位，立于不败之地。

任务 1　认知促销组合

学习目标

素质目标：通过本任务必备知识的学习、案例分析、善恶研判和营销训练，培养同学们在促销活动过程中践行促销营销道德和营销伦理的意识。

能力目标：通过本任务的案例分析和营销训练，提升同学们依据企业经营实际和促销要素提出制定基本促销组合意见和建议的专业能力。

知识目标：通过本任务必备知识的学习，能正确描述促销、促销组合及影响因素、促销预算的确定等陈述性知识。

任务驱动

思考：某超市拟于“十一”黄金周搞促销活动，请结合你所在地一家超市的实际情况，运用所学的知识，为该超市撰写促销活动策划书。

提示：可参照相关资料，结合对超市的情况了解，围绕活动背景、活动主题及思路、活动地点、活动组织、活动内容及安排宣传计划、费用预算、效果评估等方面撰写《超市促销活动策划书》。

必备知识

现代市场营销所要求的开发优质的产品，制定合理的价格，建立高效率的分销网络系统，这三项活动还不能给企业带来足够的销售收入和利润，因为可能还有许多潜在的消费者和用户由于信息不通极少进行购买。为了进行卓有成效的市场营销活动，企业还必须制定行之有效的促销策略。

一、促销的含义

促销是促进销售的简称。它是指营销人员将有关企业产品的信息通过各种方式传递给目标顾客，以促进其了解、信赖该产品，并达到刺激需求、促进购买、扩大销售目的的一系列活动。

促销的实质是企业与购买者之间的信息沟通，促销的目的是促成和推动销售量的扩大。促销是一种辅助手段，其本身并不能取代销售的功能。

促销的方式包括人员推销和非人员促销两种，非人员促销又包括营业推广、公共关系等具体形式。两种促销方式各有特点：非人员促销传播面广，速度快，但它属于信息的单向沟通，意见不能直接反馈；人员推销传播面窄，费用大，但它属于信息的双向传播，意见可以直接反馈，有利于买卖双方直接交流。

二、促销组合

（一）促销组合的概念

促销组合是指企业在某一特定时期，根据促销目标的要求，采用几种促销方法来与个人、群体和机构沟通，这些结合在一起共同促进某一产品销售的方法，就构成了该项产品的促销组合。

人员推销、广告、公共关系和营业推广是一个企业促销组合的四大要素，如图7－1所示。

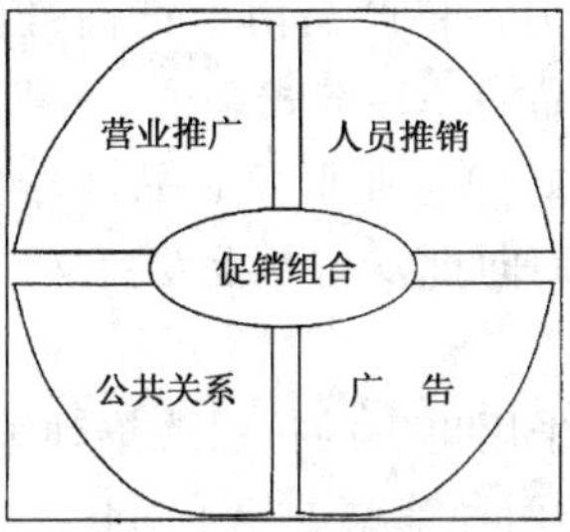

图7－1　企业促销组合因素

1. 人员推销

人员推销是一种旨在通知和说服消费者购买企业产品的人员沟通，着眼于信息的双向沟通和面对面的情感交流，这是信息单向沟通所不能取代的。因此，它在促销组合中处于主力地位。

2. 广告

广告是一种通过大众媒体与有选择的受众进行信息交流，是付费的、非人员的信息单向沟通。它着眼于信息的大面积、快速传播，是促销组合中用来传播产品信息、树立企业形象、激发消费需求的重要工具。

3. 公共关系

公共关系是企业运用传播与沟通手段，使自己与公众相互理解、相互适应，为促进企业目标的实现而进行的一种有组织的管理活动。它着眼于树立形象、沟通关系，是公共宣传的有效工具。由于它既为营销目标服务，又为企业整体目标服务，所以在促销组合中一般处于辅助地位。

4. 营业推广

营业推广又叫销售促进，是指为刺激顾客需求，鼓励购买行为而采取的各种促销形式。它着眼于刺激需求、增加购买，是短期促销的有效工具。

【互动问题】 收入可以以其他形式出现，其中最令人愉快的是顾客脸上出现满意的微笑，这比什么都值得，因为这意味着他的再次光顾，甚至可能带个朋友来。请你从营销伦理和职业道德角度说说为什么。

（二）影响促销组合决策的因素

1. 产品种类、市场类型

消费品和工业品各有其特点，必须采用不同的促销组合。消费品宜以广告为主，辅之以营业推广、人员推销和公共关系；工业品宜以人员推销为主，辅之以营业推广、广告和公共关系。

从市场类型分析，小规模的本地市场应以人员推销为主；大规模的市场则宜以广告为主。市场相对集中的，可采用人员推销；反之，宜选择广告、营业推广等。

2. 促销的总策略："推动"策略、"拉引"策略

推动策略是企业通过促销努力，将产品由生产商推销给批发商，批发商转而向零售商，零售商转而向消费者推销产品的一种链式系统。

拉引策略是企业通过树立良好的企业形象、品牌形象与产品形象，使消费者产生需求，并向零售商购买，零售商转而向批发商，批发商又转而向生产商订货的这样一种链式系统。

对于任何一个企业，都不会采用单一的拉引或推动策略，而是两种策略并用，但要根据具体情况突出重点。图7－2对两种策略进行了对比。

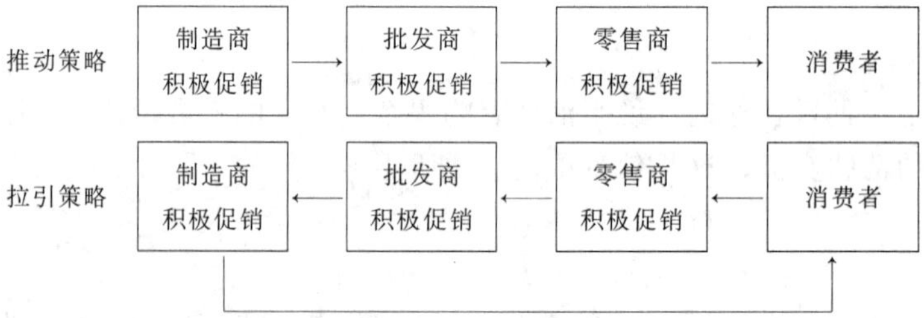

图7－2　推动拉引策略对比

小思考：食品、家用电器、机器设备等商品，宜采用何种促销策略？

3. 促销目标

促销目标是以长远占领市场为主，还是以短期快速获取现金为主；是以生产者市场为主，还是以消费者市场为主等，这些都会影响促销策略的选择。

4. 产品市场生命周期的阶段

产品市场生命周期的不同阶段，促销目标不同，促销组合也不同。产品生命周期与促销目标、促销组合的关系如表7－1所示。

表7－1　产品市场生命周期与促销目标、促销组合的关系

产品市场生命周期	促销目标	主要促销方式
投入期	认识了解产品	广告、适当的人员推销
成长期	增进兴趣与偏好	广告、公共关系
成熟期	创造和保持竞争优势	广告、公共关系、营业推广
衰退期	促成信任、提醒购买	营业推广为主，辅以广告等

5. 顾客待购过程阶段

顾客待购过程可分为认识、了解、兴趣和准备购买四个阶段。在不同的待购阶段，各种促销手段效果是不同的。在认识阶段，企业主要是让顾客知道某种产品的存在，因此，广告和公共关系是最主要的促销手段。在了解阶段，顾客需要知道更多的产品信息，因此，企业除了运用广告外，还可以运用人员推销。在兴趣阶段，人员推销的影响力最大，其次是广告。在准备购买阶段，人员推销仍是最主要的促销手段。

6. 竞争状况

竞争的强弱也影响到促销组合。在市场竞争激烈时，企业需要投入较多的促销预算，并且要根据竞争对手所采取的促销组合策略调整或改变自己的促销组合。

三、促销预算的确定

（一）量入为出法

量入为出法即估量本企业的能力后安排促销预算。一般根据财务部门当年能够为销售部门提供多少经费确定年度促销预算的总额。

（二）销售百分比法

销售百分比法即企业根据一个特定的销售量、销售价格的百分比来安排其促销费用。该销售量或销售价格可以是已经达到的或现行的，也可以是预测的。例如，某流通企业以当年销售额的1%作为下年的营业推广费用。

（三）竞争对等法

竞争对等法是指按竞争对手的大致费用来决定自己的促销预算。其根据：一是竞争者的费用开支代表了这一行业的集体智慧；二是维持竞争对等有助于阻止促销战。

（四）目标和任务法

目标和任务法要求营销人员明确自己的特定目标，并确定达到这一目标所必须完成的任务。在此基础上，估算完成这些任务所需要的费用，费用的总和就构成了促销预算总费用。

相关链接

YL小家电促销活动方案大纲

第一，促销背景

第二，促销目的

第三，促销时间

××年××月××日—××年××月××日。

第四，促销主题

（一）促销主题

（二）宣传口号

第五，促销对象与范围

（一）促销对象

（二）范围

第六，促销方式

（一）促销机型

（二）赠品形式

（三）现场演示

1. 演示机型
2. 演示地点
3. 演示要求
4. 演示人员要求
5. 演示台要求
6. 现场演示布置要求

第七，促销配合

（一）产品

业务经理/区域经理提前督促经销商提货（特别是促销机型要备足库存）、网点提货。

（二）促销物料准备

市场部提前发放演示台、展架、赠品给经销商；经销商也要提前准备促销信息的黑白单页和促销主题、宣传口号的横幅及小赠品等物料。

（三）人员分工与责任

活动总指挥：××。

活动负责人：××。

方案的撰写、下发、检核：市场部。

物料发放：客服部。

（四）导购培训

各经销商导购管理人员、业务经理/区域经理要对促销活动的内容、终端演示技能等做活动前的培训。

（五）活动执行人

经销商市场负责人、经销商导购管理人、业务经理/区域经理等。

第八，促销目标

促销目标，如表7－2所示。

表7－2　　促销目标

型号	单个卖场销量	地点	合计
AAA	××	××	××
BBB	××	××	××
CCC	××	××	××
DDD	××	××	××

第九，促销费用

促销费用，如表 7－3 所示。

表 7－3　　促销费用

类型	数量	成本价	合计	备注
A	××	××	××	××
B	××	××	××	××
C	××	××	××	××
D	××	××	××	××
E	××	××	××	××
F	××	××	××	××
其他	××	××	××	××
合计	××	××	××	××

第十，活动要求

（一）严格按“促销活动指引”的要求执行

（二）本次促销活动如有任何疑问请致电市场部

第十一，促销点评

（一）促销时间

（二）促销机型

（三）宣传口号

——选自马福存：《市场营销部规范管理实用手册》，中国纺织出版社 2009 年版。

案例分析

房地产公司的促销

某城市××房地产公司在销售其新建的普通居民住宅时采用如下促销组合：召开新闻发布会，宣布赠送某著名影星住房一套，并聘其在销售现场进行现场推销工作，现场的销售广告为“与著名影星做邻居”。但促销活动并没有引起很大反响，结果以失败告终。

问题：

这个促销组合失败的原因在哪里？

讨论分析：

个人：每位同学根据案例内容，在固定的学习本上写下自己对该房地产公司促销失败原因的看法。

小组：请同学们每 4 人分为一个小组，针对案例中的问题进行讨论，每个同学依次发表个人看法，形成小组意见，准备在班级交流。

全班：每组选一位代表在班级发言，陈述本组观点。

教师：记录各小组陈述要点，最后做点评。

善恶研判

背景资料：

目前，市场上存在一种不良现象，即商家的“过度营销”。“过度营销”主要表现为在企业的经营活动过程中过分强调概念、手段和技巧，而忽视企业的产品开发、质量提高以及企业战略策略，过分依赖广告等促销手段而忽视脚踏实地的经营，过分专注企业自身的眼前利益而忽视消费者的感受和价值，忽视整个社会的伦理道德和法律规范，忽视整个社会的长远利益。

在促销策略中，有的企业滥用标志；有的企业销售人员通过操作或强迫手段向顾客推销伪劣滞销产品；有的企业制作夸大产品功能、效应的广告。

问题：

本背景资料中存在哪些营销伦理和职业道德问题？

讨论分析：

个人：结合已经学习的内容和收集的资料，试对上述背景资料中的问题做出你的营销伦理和职业道德研判，并说明你做出营销伦理和职业道德研判所依据的行业道德和伦理规范。

小组：同学们每4人分为一个小组进行讨论，1人记录，形成小组意见，准备在班级交流。

全班：各小组推选一位代表陈述本小组观点。

教师：记录各小组陈述要点，进行点评。

参考答案

营销实训

“感受促销”

1. 背景资料

根据表7-4列出的三类商品：服装、鞋子、洗涤用品，结合你个人的购买体验完成表中要求的内容。

表7-4　　个人购买产品信息汇总表

商　品	选择什么牌子	为什么会选择这个牌子的，这是你熟悉的牌子吗	是在搞促销活动吗	你是怎么了解这个品牌的	你平时购买商品主要从什么渠道获得信息	你平时购买商品最相信什么样的促销手段传递的信息
服装						
鞋子						
洗涤用品						

2. 实训目标

素质目标：通过参与感受促销营销实训活动，培养同学们自我探究、小组合作和自我总结的素养。

能力目标：通过参与感受促销营销实训活动，培养同学们搜集信息和分析问题、解决问题的能力。

知识目标：通过参与感受促销营销实训活动，让同学们熟悉促销、促销组合等内容。

3. 实训步骤

（1）每个同学单独完成任务，也可向你所熟悉的朋友亲戚了解相关内容，并将他们的体验如实记录。

（2）整理好基本内容后，征求周围同学意见，修改完善。

（3）学生4人分为一组，每组推荐1名同学在班级交流，其他同学可提建议，老师最后做点评。

4. 成果评价（见表7－5）

表7－5　感受促销实训评价表

项　目（分值）	标　准	小组评分	教师评分	实际得分
素质培养（30）	自主学习分析任务；能积极主动进行调研；对于感受促销实训有兴趣和热情；汇报过程注意形象、礼节；讨论中发言踊跃（每个方面6分）			
能力提升（25）	执行调研要求和规范；调研总结内容完整；对感受促销总结陈述表达流畅；调研中搜集到了有价值的信息；总结分析上传到手机（每个方面5分）			
知识应用（45）	信息汇总表第一栏每项内容（2分）；第三栏每项内容（1分）；其余栏每项内容符合要求（3分）			
总成绩（∑100）				
教师评语	签名：　　年　月　日			
学生意见	签名：　　年　月　日			

任务2　熟悉人员推销策略

学习目标

素质目标：通过本任务必备知识的学习、案例分析、善恶研判和营销训练，培养同学们在商品推销过程中践行营销职业道德和营销伦理、诚信推销的意识。

能力目标：通过本任务的案例分析和营销训练，培养同学们熟练掌握人员推销的基本方法，提升同学们的商品推销能力。

知识目标：通过本任务必备知识的学习，能正确描述人员推销及特点、人员推销的工作步骤及推销技巧、人员推销的方法等陈述性知识。

任务驱动

思考：小张是市场营销专业的一名在校生，每当到商场看到一些推销人员的推销技巧就自叹不如，暗下决心，一定要提高自己的推销能力，但他不知从何做起，请你给他提一些建议。

提示：人员推销是通过自己的声音、形象、动作或拥有的样品宣传图片来给顾客展示、操作、说明，进行直接交流，从而达成交易的一种促销方式。人员推销既需要知识，又需要技巧，还要在实践中不断历练，才能提高自己的推销能力。对初学者来说，一是要掌握市场营销知识、顾客心理、相关商品知识以及人员推销方面的知识；二是经常到大的市场与推销人员接触，学习观察他们的推销经验和推销技巧；三是利用节假日进行实践，这样才可能不断提高自己的实践能力。

必备知识

人员推销是人与人之间直接接触进行推销的营销传播，销售人员与顾客互动，以期望销售产品，创造独特的顾客价值，并与顾客建立长期关系。本任务主要学习人员推销的相关理论和技能，强化对人员推销过程的认识和推销技巧的训练，培养学生的推销能力。

一、人员推销的含义及其特点

（一）人员推销的含义

人员推销是指企业委派自己的销售人员直接向用户销售某种产品和提供某种服务的一种直接销售方法。

（二）人员推销的特点

同非人员促销相比，人员推销的最大特点是直接性。无论是采取面对面地与顾客交谈的形式，还是采取通过电话访问顾客的形式，推销人员都在通过自己的声音、形象、动作或拥有的样品、宣传图片来向顾客展示、操作、说明，进行直接交流。具体地讲，人员推销具有以下特点：

1. 灵活机动，适应性强

推销人员本身就是信息传递的媒介。他可以根据不同用户的具体情况，采取不同的推销方式，能及时调整推销策略，可以在顾客方便的时间、地点，以顾客最能接受的方式向顾客传递产品信息、推销产品。

2. 区别对待，针对性强

人员推销在作业之前往往要事先对顾客进行调查研究，选择潜在顾客，直接针对潜在顾客进行促销活动，针对性强，成效也比较显著。

3. 双向沟通，反馈性好

人员推销属于信息的双向沟通，意见可以迅速地在双方之间交换。一方面，可使推销人员对顾客的意见进行解释和说服；另一方面，也可以及时地将意见反映给有关部门，使其作适当的产品调整。

4. 及时促成购买，缩短购买时间

在人员推销中，传递信息与达成销售是融为一体的。推销人员在传递信息的同时，根据顾客的情况适时地提出销售建议，从而达成交易。

5. 搜集信息，兼做服务

推销人员在推销产品时还可以进行市场调研、搜集市场信息，同时还可以兼做一些商业性业务和售后服务工作，如签约、收钱、送货、安装和维修等。

6. 推销费用较大，对人员素质要求较高

由于人员推销是以推销人员作为传递信息的载体，因此，单位信息的传播成本大；同时要求推销人员有较高的素质，才能胜任推销工作。

小思考：人员促销与直销、传销的区别是什么？

二、人员推销的步骤和技巧

（一）人员推销的步骤

在不同的推销情境中，大多数推销人员是按照图 7－3 所示的六步推销法去完成推销任务的。

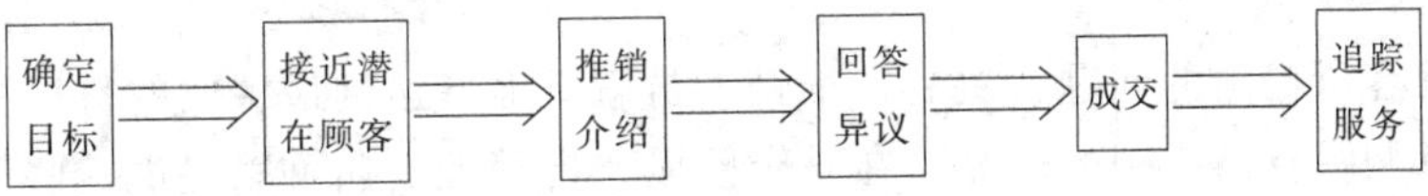

图 7－3　人员推销程序示意图

1. 确定目标

人员推销首先要找出潜在的顾客。潜在顾客一般必须具备五个条件：有需要；有购买力；有购买决策权；有接近的可能性；有使用能力。确定潜在顾客的方法很多，可以通过推销人员个人观察、访问、查阅资料等方法直接寻找；也可以通过广告开拓，或利用朋友介绍，或通过社会团体与推销人员间的协作等方法间接寻找。

2. 接近潜在顾客

推销人员在目标确定之后，要认真准备有关产品知识、顾客知识和竞争者的知识，同时还要选择最佳的接近方式和访问时间，迅速接近顾客。接近顾客必须要考虑以下三点：一是要给对方一个好印象，推销员要注重礼仪，既要不卑不亢，又不诋毁竞争对手；二是验证在预备阶段所得的全部情况；三是为后面的谈话做好准备。

实例

成功地接近

一位中年妇女领着自己的女儿来到百货商店的旅游精品柜台。她们边走边看，柜台营业员看见后，微笑着主动打招呼："您的女儿真高，上高中了吧？"中年妇女笑着说："刚毕业，这不，才考上大学，带她来买双鞋。""您的女儿可真不错，多给您争气啊！将来一定大有出息，您就等着享福吧！您看您的女儿又高又苗条，这种款式的旅游鞋一定适合她。""真的？让我看看。"

3. 推销介绍

推销介绍是推销过程的中心，是推销人员运用各种方法说服顾客购买的过程。推销说服的策略一般有两种。

（1）提示说服。通过直接或间接、积极或消极的提示，将顾客的购买欲望与产品特性联系起来，由此促使顾客作出购买决策。

（2）演示说服。通过产品、文字、图片、音响、影视、证明等样品或资料去劝导顾客购买产品。一般重点指出产品的特点和利益以及它们如何优于竞争者的产品，有时甚至也可指出本产品的某些不足或可能发现的问题以及该如何减免或防范。

【互动问题】 在市场上常常可以看到这样一种情况：叫喊得最凶和发誓发得最厉害的人，正是希望把最坏的货物推销出去的人。请你从营销伦理和职业道德角度分析，现实中是这样吗？

4. 回答异议

潜在顾客在任何时候都可能提出异议或问题，这就给推销人员提供了一个机会去消除那些可能影响销售的反对意见，并进一步指出产品的其他特点，或提示企业可提供的特别服务。潜在顾客所提的问题可分为两类：第一类，所提异议必须在成交前加以解决；第二类，需要进一步沟通。

5. 成交

一旦对顾客所提出的问题解决后，推销人员就要准备达到最主要的目标——成交，就要使顾客同意购买自己推销的产品。在这个阶段，推销人员还可以提供一些优惠条件，促成交易。

6. 追踪服务

追踪服务是推销人员为已购产品的顾客提供各种售后服务。追踪服务是人员推销的最后环节，也是推销工作的始点。追踪服务能加深顾客对企业和产品的信赖，促使重复购买。同时，通过追踪服务可获得各种反馈信息，为企业决策提供依据，也为推销人员积累了经验，从而为开展新的推销提供广泛而有效的途径。

实例

善听与善辩

乔伊·吉拉德是美国首屈一指的汽车推销员，他曾在一年内推销出 1425 辆汽车。然而，这么一位出色的推销员，却有一次难忘的失败教训。

一次，一位顾客来找乔伊商谈购车事宜。乔伊向他推荐一种新型车，一切进展顺利，眼看就要成交，但对方突然决定不买了。

夜已深，乔伊辗转反侧，百思不得其解，这位顾客明明很中意这款新车，为何又突然变卦了呢？他忍不住给对方拨通了电话——

"您好！今天我向您推销那辆新车，眼看您就要签字了，为什么突然走了呢？"

"喂，你知道现在几点钟了？"

"真抱歉，我知道是晚上 11 点钟了，但我检讨了一整天，实在想不出自己到底错在哪里，因此冒昧地打个电话来请教您。”

“真的?”

“肺腑之言。”

“很好！你现在用心听我说话了吗?”

“非常用心。”

“可是，今天下午你并没有用心听我说话。就在签字之前，我提到我的儿子即将进入密西根大学就读，我还跟你说到他的运动成绩和将来的抱负，我以他为荣，可你根本没有听我说这些话!”

听得出，对方似乎余怒未消。但乔伊对这件事毫无印象，因为当时他确实没有注意听。话筒继续响着：“你宁愿听另一名推销员说笑话，根本不在乎我说什么，我不愿意从一个不尊重我的人手里买东西!”

从这件事，乔伊得到两条教训：第一，倾听顾客的话实在太重要了。因为自己没注意听对方的话，没有对那位顾客有一位值得骄傲的儿子表示高兴的感情，显得对顾客不尊重，所以触怒了顾客，失去了一笔生意。第二，推销商品之前，要把自己推销出去。顾客虽然喜欢你的商品，但是他如果不喜欢你，他也很可能不买你的商品。

——选自黄文的文章，载《市场报》。

(二) 人员推销的技巧

1. 探测性推销

对于初次接触的顾客，根据“刺激—反应”的模式，推销人员按照自己的计划，与顾客进行渗透性交谈，以观察顾客的反应。然后逐步根据顾客的反应来调整谈话的内容，将顾客的兴趣转移到产品上来，促成购买行为。

2. 创造性推销

直接将产品的某些特性有效地对顾客进行宣传，使其产生兴趣，诱发顾客的潜在需求，达到促使顾客购买行为的发生。

3. 针对性推销

对于已掌握的部分现实和潜在的顾客，根据产品特性进行有目的地推销，用充分的数据和事实宣传引起顾客的重视，促成交易的实现。

4. 教育式推销

对新产品和初次接触企业产品的顾客，用培训教育、示范操作等方法向顾客传授产品知识，可以打消顾客疑虑，作出购买选择。

实例

(1) 一位推销员来到顾客家中推销一种新型电扇。

推销员：请问要买电扇吗？我带来了一种新型电风扇。

顾客：电扇？我不买。

推销员：买一台吧。

顾客：不买，对不起，我要休息了，再见。

推销员只好告辞。

（2）另一位推销员也来到这位顾客家中，同样推销这种电风扇。

推销员：我知道您很需要一台电风扇，这种新型电扇您一定能喜欢。

顾客：你怎么知道我需要电风扇？

推销员：您看，天这么热，有30多度吧？

顾客：热点怕什么？这么多年都这么过的。

推销员：有了这台电风扇，感觉可不一样了。请问电源插座在哪里？啊，在这，来，让我为您打开试试……好，现在打开了，感觉怎么样，风太大了？没关系，旋这个开关，现在怎么样？挺好？……是的，它可以调节出各种强度的风量。这么多年了，也应该享享福了。

顾客：得不少钱吧？

推销员：这是价格表，如果您喜欢的话，可以按批发价，比零售价便宜40多元呢。

顾客：那也要310元呢。

推销员：您可以算算，这台风扇，至少可以使用10年，一年至少用3个月，每天才三四角钱，还不足一根冰棍的价钱。

顾客：质量可靠吗？

推销员：您看，这是质量免检证书，这是获奖证书。

顾客：坏了怎么办？

推销员：请您保存好这张卡片，拿着它，可以到我们设在本市的任何一个维修点免费维修……您看放在哪好？放在这里怎么样？

顾客：就放这吧。（成交）

实例

某推销员向一家商品包装企业的厂长推销新型打包机，他的目标是让这个企业全换上这种机器，下面是他与厂长的对话：

推销员：王厂长，您好，我带来了一种新型打包机，您一定会感兴趣的。

厂长：我们不缺打包机。

推销员：王厂长，我知道您在打包机方面是个行家。是这样的，这种机器刚刚研制出来时间不长，性能相当好，可用户往往不愿用，我来是想请您帮着分析一下看问题出在哪里，占用不了您几分钟时间，您看，这是样品。

厂长：哦，样子倒挺新的。

推销员：用法也很简单，咱们可以试一试（接通电源，演示操作）。

厂长：这机器还真不错。

推销员：您真有眼力，不愧是行家。您看，它确实很好。这样，我把这台给您留下，您先试用一下，明天我来听您的意见。

厂长：好吧。

推销员：您这么大的厂子，留一台太少了，要一个车间试一台，效果就更明显了。您看，我一共带来五台样机，先都留到这吧。如果您用了不满意，明天我一块来取。

厂长：全留下？也行。

推销员：让我们算一下，一台新机器800多元，比旧机器可以提高工效30%，每台一天能多创利20多元，40天就可收回成本，如果您要得多，价格还可以便宜一些。

厂长：便宜多少？

推销员：如果把旧机器全部换掉，大概至少要300台吧？

厂长：310台。

推销员：那可以按最优价，每台便宜30元，310台差不多就是1万元了。这有协议书，您看一下。

厂长：好，让我们详细商量一下。

至此，买卖已一步步逼近成交。

——选自杜明汉：《商贸实务训练》，中国商业出版社。

三、人员推销的方法

（一）按推销人员与顾客见面方式划分

1. 一对一推销法

一对一推销法即一个推销人员对一个顾客展开推销工作，这是最基本的推销方式。

2. 多对一推销法

多对一推销法即一组推销人员对一个顾客或用户展开推销工作，主要用在对成组设备的推销或新产品的试销阶段。由于成组设备或新产品牵涉面广，往往需要各个技术部门的人员参加，以便及时解决顾客或用户的疑难问题。

3. 一对多推销法

一对多推销法即一个推销人员面对许多顾客，在零售展销及订货会的场合较多见。

4. 多对多推销法

多对多推销法即几个推销人员面对许多顾客，常见于大型订货会。

（二）按推销人员的派出方式划分

1. 按产品派出

一个或一组推销人员负责一类产品的推销工作，适用于产品种类较多、产品之间技术差异较大、市场区域不太大的情况。

2. 按地区派出

一般适用于产品单一、市场较大的企业。将市场分成几个区域，一个或一组推销人员负责一个区域。

3. 按顾客派出

根据消费者群之间的差异，由一个或一组推销人员向某一类消费者或顾客推销，适用于产品技术相近、顾客之间差异较大的情况。如电子计算机的技术性能相近，但用户则有商业、金融、民航、交通、科研、教育等部门，各类用户差异较大，就可按此种方式派出。

4. 综合型派出

综合型派出即将上述几种方式组合起来的派出方式，适合于集团化、多角化经营、市场区域大的企业。

（三）按推销活动方式划分

1. 定点定时推销法

定点定时推销法即将在推销区域内的推销对象根据其进货和销售情况分别编号，按照其需要补货的时间分别上门，适时进行推销。

2. 流动巡回推销法

流动巡回推销法即将负责的推销区域画成图，设计合理的巡回路线，进行流动巡回推销。该方法适合于购买量小、进货额低、需要保鲜的商品，如鲜牛奶、面包等。

3. 集中时间推销法

集中时间推销法即在一定时间内集中力量推销。该方法适用于新产品初上市、产品销售下降的时期或该种产品的销售旺季。

4. 节假日推销法

节假日推销法即利用节日、假日进行推销。该方法比较适合于礼品、个人用品或有特别意义的商品，如节日卡、玩具等。

相关链接

有效推销过程如图7－4所示。

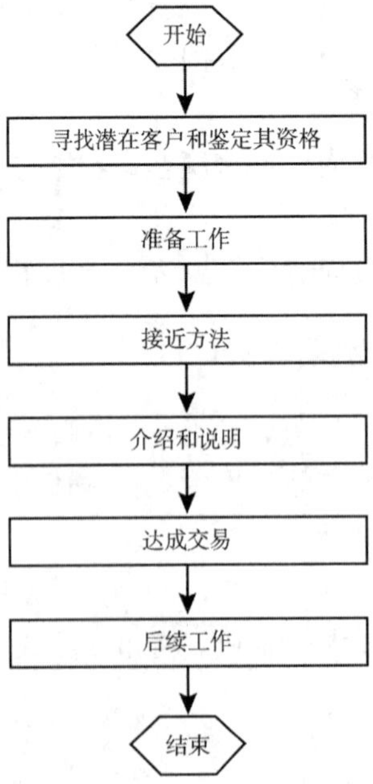

图7－4　有效推销过程

案例分析

花钱需要借口

花钱需要借口，你买件商品的真实原因是什么？也许你自己并不知道。有一次我去剪头发，理发师跟我说，他们现在有一项按摩的服务，劝我办一张按摩卡。我比较喜欢按摩，所以还蛮心动的，可是一听价格就犹豫了。这个理发师非常善解人意，他看出我的犹豫，就赶紧说，你们做老师的容易腰肌劳损，办张卡也是为了更好的工作呀。我一听就爽快地买单了。同样是花钱，一种目的是享受，一种目的是防止腰肌劳损，在哪种情况下你更愿意买单？当然是第二种。我们为了满足享受的欲望而花钱，通常都会伴随一种负罪感，但是为了某种功能花钱就不一样。比如，奢侈手表在广告中强调它的精准性，名贵钢笔突出它的实用性，宝马汽车用“终极驾驶机器”来强调它的安全性和高性能。这样用心地宣传功能，其实主要是为了给消费者提供一个花钱的借口。

这样看来，享乐型产品要想成功销售出去并不容易，不仅要保证产品物有所值，还要让消费者心里舒服踏实。所以，用点小技巧在说明书和广告中给消费者传达实用的信号，帮助消费者找到一个借口，更有利于产品销售。

问题：

通过本案例的学习，你有哪些启发？请从人员促销的角度谈谈你的看法。

讨论分析：

个人：每位同学根据案例资料和问题，在固定的学习本上记下自己的思考。

小组：每小组6位同学，1人为组长，1人记录，小组成员都要陈述自己的观点，讨论后形成小组意见，准备在班级交流。

全班：各组派一位代表陈述本组观点。

教师：记录各组陈述要点，最后做点评。

善恶研判

背景资料：

导致销售人员销售失败的七个雷区：①营销人员缺乏职业观念；②营销人员缺少伦理道德观念；③营销人员销售个性上的缺点；④营销人员身心态度方面的缺陷；⑤营销人员缺乏必要的推销知识；⑥营销人员的推销技术较差；⑦营销人员糟糕的人际关系。

问题：

本背景资料中存在哪些营销伦理和职业道德问题？

讨论分析：

个人：结合已经学习的内容和收集的资料，试对上述背景资料中的问题做出你的营销伦理和职业道德研判，并说明你做出营销伦理和职业道德研判所依据的行业道德和伦理规范。

小组：同学们每4人分为一个小组进行讨论，1人记录，形成小组意见，准备在班级交流。

全班：各小组推选一位代表陈述本小组观点。

参考答案

教师：记录各小组陈述要点，进行点评。

营销实训

营业现场人员推销方式体验

1. 背景资料

通过走访企业，调查了解营业现场推销人员的促销方式，详细记录有关现场推销人员促销内容，按要求完成表7-6相关内容的填写。

表7-6　现场人员促销调查表

产　品	商场名称	促销时间	商品品名	促销方式及过程	对你的启发和你的建议
日常生活用品					
大件用品					

2. 实训目标

素质目标：通过参与营业现场人员推销方式体验营销实训活动，培养同学们自我探究、与人合作和自主学习的素养。

能力目标：通过参与营业现场人员推销方式体验营销实训活动，培养同学们有效地鉴别和使用信息分析问题、解决问题的能力。

知识目标：通过参与营业现场人员推销方式体验营销实训活动，让同学们熟悉人员推销的特点、人员推销的方法和技巧等内容。

3. 实训步骤

（1）学生2人分为一组，完成实训任务。

（2）事先收集推销相关知识与实例，拟订调研思路。

（3）现场调研，为便于整理分析资料可录像或录音。

（4）依据收集的调研资料，填写调查表中的相关内容。

（5）每个小组推荐一位同学在班级交流，其他同学可点评，老师最后做总结。

4. 成果评价（见表7-7）

表7-7　营业现场人员推销方式体验实训评价表

项　目（分值）	标　准	小组评分	教师评分	实际得分
素质培养（30）	自主学习分析任务；能积极主动进行调研；对于营业现场人员推销方式体验实训有兴趣和热情；汇报过程注意形象、礼节；讨论中发言踊跃（每个方面6分）			
能力提升（25）	执行调研要求和规范；调研总结内容完整；对营业现场人员推销方式体验总结陈述表达流畅；调研中搜集到了有价值的信息；总结分析上传到手机（每个方面5分）			
知识应用（45）	调查表第一至第三栏每项内容（2.5分）；第四、第五栏每项内容（7.5分）；每栏内容符合要求即可得分			

续表

总成绩 （∑100）	
教师评语	签名：　　年　月　日
学生意见	签名：　　年　月　日

任务3　了解广告策略

学习目标

素质目标：通过本任务必备知识的学习、案例分析、善恶研判和营销训练，培养同学们在广告宣传中践行营销职业道德的意识，严格遵守广告方面法律法规的素养。

能力目标：通过本任务的案例分析和营销训练，培养同学们对选用广告媒体并提高广告促销的效果等方面提出意见和建议的专业能力。

知识目标：通过本任务必备知识的学习，能正确描述广告的含义和特点、广告决策等陈述性知识。

任务驱动

思考：“十一”黄金周前，你到一家超市去联系利用黄金周锻炼实践的事宜。商场经理听说你是在校学生，又是学市场营销专业的，正好他们商场想在黄金周期间在当地晚报上做广告，请你撰写广告文案。

提示：要撰写一份广告文案，必须了解为什么做广告、给什么产品做广告、主要的广告受众是谁、多长时间、广告预计达到什么效果、预算费用等内容。根据上述内容选定广告标题，结合广告文字拿出最关键、最具说服力的证据和事实形成广告文案，努力说明产品优点，诱导消费者购买。

必备知识

企业营销人员为了让消费者尽快地了解和记住自己的产品或服务，都要通过一定的媒体直接或间接地向目标市场的顾客传递产品或服务的信息，这就要开展广告宣传活动。

一、广告的含义和特点

（一）广告的含义

广告是指企业或个人以付费的形式，通过一定的媒体，公开传播企业及其产品的各类信息，以达到促进销售、增加盈利目的的一种自我宣传方式。广告是促销组合的主体。

广告可以按不同的标志进行分类。按广告的目的不同，可分为告知性广告、说服性广告、提醒性广告；按广告主体不同，可分为生产商广告、中间商广告、服务商广告；按广告对象不同，可分为消费者广告、用户广告、商业机构广告和媒介性广告；按广告的性质不同，可分为销售广告、观念广告、公关广告、求购广告等。

（二）广告的特点

1. 公开表达性

广告是一种高度大众化的信息传递方式，涉及面广，宣传声势大。这一特点表明，它比较适合大众的标准化产品的宣传推广。

2. 非人员性

广告不像人员推销那样具有与顾客面对面交谈的特征，它只能借助一定的媒体来发布信息，刺激需求。

3. 方式灵活性

广告是一种很富表现力的信息传递方式。它可以通过声音、形象、色彩、音乐等表现手法，将企业信息传递出去，具有一定的艺术感染力。

4. 信息传递的单向性

广告是单向的信息传播，有时不一定引起消费者的注意。

【互动问题】 真正的广告不在于制作一则广告，而在于让媒体讨论你的品牌而达成广告。请从营销伦理和职业道德角度谈谈你的看法。

二、广告决策

广告决策主要包括确定广告目标、确定广告预算、设计广告信息、选择广告媒体和评估广告效果五个方面的内容。

（一）确定广告目标

所谓广告目标，是指企业广告活动在一定时期内所要完成的特定传播任务。企业的广告目标主要有以下几类：

1. 告知信息

告知信息，就是通过广告活动向目标市场提供产品的有关信息，使受众知晓该信息。它主要用于为新产品打开销路或者开辟产品的新市场，其目的在于激发初级需求。

2. 诱导购买

诱导购买，就是通过广告活动突出宣传本企业产品的特色和优点，以说服目标顾客购买本企业的产品。它主要用于产品的成长期，其目的在于刺激选择性需求，促使目标顾客形成对本企业的品牌偏好。

3. 提醒使用

提醒使用，就是通过广告活动不断提醒消费者想起某产品。它主要用于产品的成熟期，其目的在于保持现有顾客对该产品的记忆，或者使他们确信自己所作的购买选择是正确的。

（二）确定广告预算

确定广告预算可参考前述的制定促销预算的几种基本方法，同时，确定广告预算还要考虑以下几种因素的影响：

1. 产品市场生命周期阶段

在产品市场生命周期的不同阶段，所需的广告费用不同。一般来说，投入期需要较多的广告费用，以提高消费者对产品的认知程度；成长期的广告活动频率可以降低，广告费用支出渐次递减而有所侧重，以维持公众对产品的印象；成熟期则需投入大量广告费用，大力进行广告促销，以增加产品的竞争力，维持企业的市场地位；衰退期则应缩减广告费用。

2. 市场份额

一般而言，市场份额大的产品，广告投入应多；市场份额小的产品，广告投入可少一些。但是，如果希望提高品牌竞争力，扩大品牌的市场份额，则要比维持市场份额投入较多的广告预算。

3. 竞争情况

竞争越激烈，越需要大量的广告投入；反之，如果市场上的同类竞争产品较少，广告投入则可以相对少一些。

（三）设计广告信息

广告信息的设计需要创造性和艺术性，这是广告取得成功的重要保证。信息设计主要包括确定信息内容、设计表达结构、设计表达形式和选择信息发送者。

1. 确定信息内容

在广告活动中，企业必须知道，为了使广告受众产生预期的认识、情感和行为反应，应该对他们说些什么，也就是广告应该向受众传达什么样的信息内容。一般来说，信息内容有理性诉求、情感诉求和道德诉求三种。

2. 设计表达结构

信息表达结构设计需解决结论形式、论证方式和表达次序三个问题。

（1）结论形式。它是指广告是向受众提供一个明确的结论，还是让受众自己得出结论。提出明确结论适用于较为复杂的或专用的产品，如“金利来，男人的世界”。

（2）论证方式。它是指广告是一味地赞誉某一产品还是在赞誉的同时指出它的某些不足。前者称为单向论证，后者称为双向论证。当受众对产品已经先有偏好时，单向论证能取得较好的效果。双向论证则对受教育程度较高或接受过反宣传的受众更为有效。

（3）表达次序。它是指广告是先提出最强有力的论点，还是将其留待最后提出。在作单向论证时，首先提出最强有力的论点有助于立即引起受众的注意和兴趣，这对以报刊为媒体的广告尤为重要。在作双向论证时，还有一个先提出正面论点还是反面论点的问题。如果广告受众对产品已经先有否定倾向，则从反面论点开始论证是明智之举，这样有助于先有否定倾向的受众解除疑虑，进而接受正面论点。

3. 设计表达形式

设计信息的表达形式，就是选择最有效的信息符号来表达信息内容和信息结构。广告信息的表达形式往往受到媒体特性的制约。首先，不同媒体所能传播的信息符号有所不同；其次，广告媒体制约着信息表达的时间与空间。因此，在设计信息的表达形式时，必须采用与媒体相适应的信息符号，选择与一定时间和空间条件相适应的信息表达形式。同时，要注意表达形式的个性化和艺术化，增强广告的特色和审美价值，从而增强广告信息的吸引力和传播效果。

4. 选择信息发送者

广告的说服力还受信息发送者的影响。广告受众对信息发送者越信任，广告的说服力就越强。信息发送者的可信性主要来源于专业知识、可靠性和性格魅力三个方面。

实例

是送福利还是挖陷阱？当心那些“能赚钱的App”

在玩游戏、刷微博、看短视频时，不少用户都曾看到过植入的赚钱类App广告。这些广告的宣传语无不强调，只要利用零散时间在赚钱类App上进行简单操作，就可以获取相当丰厚的收益。低投入高回报的诱惑，吸引不少用户点击广告链接下载软件。同时，网上随处可见的“赚钱经验帖”，也为赚钱类App带来不少流量。“给大家介绍一个通过阅读赚钱的App”“真的可以赚钱的App”“我是怎么用某App赚钱的”，这些遍布于网络平台的“经验帖”，看似是一篇篇个人的经历记录，而实际大多是在打着分享经验的幌子，为App做推广。

除去铺天盖地的植入广告和“软”推广，人与人之间的实际关系网也成为赚钱类App借助传播的工具。在社交软件上，不少手机用户都收到过好友发来的推广链接，如点击链接下载一些软件。不少App在吸引用户点击下载后，又会以诸如“成功推荐亲朋好友得奖励”之类的诱惑，吸引用户向身边亲友介绍“拉新”，加速了此类App的“跨圈”传播。

在赚钱类App上获得收益，真的毫不费力吗？一次偶然的机会，家住北京的张女士经同事介绍，下载了一款号称“刷刷新闻就能赚钱”的资讯App。但她在使用后发现，要想真正在这款App上赚到钱，“那是比登天还难”。

张女士告诉记者，在该App中阅读新闻、分享资讯、推荐好友注册、每日签到等都可以获得金币，金币可以换取为奖励金并提现。这个赚钱模式看似十分合理，可实际上却有着层层“套路”。首先，按照规则，要想赚取1元的奖励金，用户需要在App中浏览500分钟左右的信息。“花大量时间耗在App上赚这1块钱，很不值。”其次，想赚到了钱就马上提现也不可能。App 规定，用户累计攒够 30 元奖励金，才能选择提现。而在累积奖励金的过程中，“赚钱”的门槛会越来越高，任务难度和体量会成倍增长。面对着越来越繁琐的任务，张女士最终选择“卸载了之”。

更让人气愤的是，忙活半天没把钱提出来，还可能把自己的个人信息给“卖”了。大学生小萱曾经是一款游戏类赚钱 App 的用户，后因任务的不合理没两天就选择了放弃。但在下载 App 之后一两个月，小萱开始频繁接到骚扰电话，内容大多与网贷或“刷单”相关。回忆起最近的经历，赚钱类 App 成了最后锁定的问题来源。“在注册用户时，我填了真实姓名、手机号、身份证号和个人地址来通过实名认证，明显是这个 App 泄露了我的个人信息。”

（四）选择广告媒体

1. 广告媒体的特点

广告媒体是企业向目标顾客传递信息的载体，是广告宣传所使用的物质手段。广告媒体的种类很多，主要包括报纸、杂志、广播、电视、直接邮寄、户外广告等。可以说，在现代社会中，只要是能对人的观感产生影响的物体都可能成为广告媒体。在平时，人们使用最频繁的媒体有：

（1）报纸。报纸是一种与社会具有广泛联系的大众传播工具。选用报纸做广告的优点是读者广泛，信息传递迅速，便于说明，制作灵活和费用适中等。企业必须根据不同报纸的效果和财力进行选择。

（2）杂志。杂志的优点是权威性较高，能加强广告的说服力；专门化程度高，能提高广告的针对性；印刷精良，能增加广告色彩；可读性强，重复宣传效果好。缺点是缺乏灵活性，周期长，发行量有限和读者面窄。

（3）广播。广播是一种通过听觉产生效果的广告媒体，其优点是迅速及时，传播范围广，安排灵活，制作简单，费用低廉；缺点是时间固定，表现手段单调。

（4）电视。电视是一种具有视、听、读综合效果的广告媒体。其长处是具有强烈的感官刺激，接近现实生活，能产生高度吸引力，传播范围广，老少皆宜，表现手法多样，形式丰富多彩。电视广告的主要缺点是选择性小，广告时间短，易受其他节目干扰，费用高。

（5）网络。随着互联网的发展，网络广告越来越得到广泛的运用。网络广告的主要优点是速度快，制作成本低，跨越时间、空间限制，动态及时，反馈的可测性高，与消费者的互动性强。

小思考：儿童用品应选择哪一种媒体效果最好？为什么？

2. 选择广告媒体应考虑的因素

企业在选择广告媒体时，除了要考虑各种媒体的特点以外，还应考虑以下几个基本因素：

（1）企业对广告信息传播的范围、频率和效果的要求；

（2）目标受众接触传播媒体的习惯；

（3）广告产品的特点；

（4）广告信息内容的特点；
（5）媒体的成本和企业支付能力。

（五）评估广告效果

评估广告效果的目的在于了解消费者对广告理解和接受的程度以及广告对产品推销所起的作用。因此，评估广告效果主要包括沟通效果评估和销售效果评估两个方面内容。

案例分析

广告人选择新媒体

随着电视费用急剧增加和观众减少，许多广告人正在寻找沟通消费者的新途径。最近你无论走到哪里、无论你做什么都能碰到某种新式的广告。贴在购物车上的小广告、购物袋的广告、甚至超级市场地板和楼梯上的广告、停车场上空悬挂的各种广告牌、交通十字路口电子屏幕上播放的广告、火车站里的广告、机场行李传递带上的广告，录像带的盒子上、停车券上、门票上、球场的记分牌上、送货的卡车上、自动取款机上、出租车的后座、电梯里、市政的垃圾箱上都可以有广告。广告真是无处不在，无时不有，无孔不入。

问题：

谈谈你对这些新媒体广告的看法。请你选择1—2种案例中未提到的新媒体广告，与大家分享。

讨论分析：

个人：请每位同学在固定的学习本上列出自己受到启发的要点，并列出感受较深的内容。

小组：请同学们每4人分为一个小组，每人都发表自己的观点，然后小组共同讨论，形成小组意见，准备在班级交流。

全班：每组选一位代表在班级交流，陈述本组观点（前面小组已陈述过的观点，后面小组可不陈述）。

老师：老师在黑板上把各小组陈述的观点进行记录。小组陈述完毕后，老师结合小组陈述的内容进行补充，并对案例分析情况进行总结评价。

善恶研判

背景资料：

联合利华10年来首次推出去屑洗发水品牌——清扬。在该品牌的广告片中，小S一脸傲慢的神情说道："如果有人一次又一次对你撒谎，你要做的就是立刻甩了他。"随即甩开一个白色瓶子的洗发水。小S颇具挑战性的话语和甩开的白色瓶子，让人不难猜测这是联合利华对竞争对手宝洁同类产品海飞丝的宣战。随后，海飞丝立即请来梁朝伟担任代言人："信任不是说出来的，是时间和事实的积累。""值得信任的，当然海飞丝！"的广告语也算正式应战。

问题：

本背景资料中存在哪些营销伦理和职业道德问题？

讨论分析：

个人：结合已经学习的内容和收集的资料，试对上述背景资料中的问题做出你的营销伦理和职业道德研判，并说明你做出营销伦理和职业道德研判所依据的行业道德和伦理规范。

小组：同学们每4人分为一个小组进行讨论，1人记录，形成小组意见，准备在班级交流。

全班：各小组推选一位代表陈述本小组观点。

教师：记录各小组陈述要点，进行点评。

参考答案

营销实训

调查新媒体广告

1. 背景资料

深入商场、公园、宾馆、车站、码头、影院等公众活动场所，也可通过广告公司，了解新媒体广告的应用情况。

2. 训练目标

素质目标：通过参与调查新媒体广告营销实训活动，培养同学们自我探究、与人合作和自主学习的素养。

能力目标：通过参与调查新媒体广告营销实训活动，培养同学们有效地鉴别和使用信息分析问题、解决问题的能力。

知识目标：通过参与调查新媒体广告营销实训活动，让同学们熟悉广告含义及特点、广告决策等内容。

3. 实训步骤

(1) 学生2人分为一组，到一些公众活动场所或广告公司，了解新媒体广告的应用情况。

(2) 通过图书馆或网络收集有关广告方面的相关知识和两个以上成功的广告实例。

(3) 结合调查收集的信息和掌握的广告知识，填写表7-8要求的内容。

表7-8　新媒体广告调查表

名　称	调研时间	广告地点	广告的商品名称	广告宣传的方式描述	广告宣传效果及分析
广告A					
广告B					

(4) 每个小组选一位同学在班级交流，最后老师做总结点评。

4. 成果评价（见表7-9）

表7-9 新媒体广告调查实训评分表

项目（分值）	标准	小组评分	教师评分	实际得分
素质培养（30）	自主分析任务；能积极主动进行调研；对于新媒体广告调查实训有兴趣和热情；汇报过程注意形象、礼节；讨论中发言踊跃（每个方面6分）			
能力提升（25）	执行调研要求和规范；调研总结内容完整；对新媒体广告调查总结陈述表达流畅；调研中搜集到了有价值的信息；总结分析上传到手机（每个方面5分）			
知识应用（45）	调查表第一至第三栏每项内容（2.5分）；第四、第五栏每项内容（7.5分）；每项内容符合要求即可得分			
总成绩（∑100）				
教师评语	签名：　　年　月　日			
学生意见	签名：　　年　月　日			

任务4　掌握营业推广策略

学习目标

素质目标：通过本任务必备知识的学习、案例分析、善恶研判和营销训练，培养同学们在面对消费者和推销人员的营业推广策划中践行营销职业道德和遵守法律规范的意识。

能力目标：通过本任务的案例分析和营销训练，培养同学们参与营业推广活动策划的专业能力。

知识目标：通过本任务必备知识的学习，能正确描述营业推广的含义和特点、营业推广的方式及推广技巧、营业推广的策划等陈述性知识。

任务驱动

思考：你在一家超市实习，一天超市经理要你把目前本地市场上已经采用的营业推广方式都收集整理一下。经理准备结合自己商场促销商品的特点，选用最有效的营业推广模式。

提示：一般可根据营业推广方式内容、主要促销的商品、什么季节、多长时间、估计效果、费用情况等内容，列表说明，并作简要分析，以供经理分析选用。

必备知识

营业推广在整个促销组合中占有很重要的地位。营业推广的形式很多，各有自己的特点和适用情况，企业要结合推广对象、目标市场类型、市场竞争状况等因素，在整合营销传播的框架下和其他促销手段协调使用。通过本任务的学习，了解营业推广的方式方法，提高学生的促销能力。

一、营业推广的含义及其特点

（一）营业推广的含义

营业推广是指为刺激顾客需求、鼓励购买行为而采取的各种促销形式，包括送赠品、奖券、竞赛、附带廉价品等。

（二）营业推广的特点

与人员推销、广告及公共关系相比，其有以下几个显著特点：

第一，针对性强，促销效果明显。营业推广是一种以激励消费者购买和经销商经营的积极性为主要目标的辅助性、短暂性的促销措施。营业推广的对象直接针对顾客、经销商或推销人员。营业推广一般都是通过提供某些优惠条件调动有关人员的积极性，刺激和引诱顾客购买。因而营业推广见效快，对一些消费者具有较强的吸引力。

第二，非规则性和非经常性。人员推销和广告都是连续的、常规的促销形式，而营业推广是一种非人员的促销形式。大多数营业推广方式是非规则和非经常性的，它只是辅助或协调人员推销和广告宣传的补充性措施。

第三，短期效果。营业推广往往是企业为了推销积压产品或尽快地批量推销产品，以获得短期经济效益而采用的措施。但这种促销方式的效果往往也是短期的，如果运用不当，容易使顾客产生逆反心理或使顾客对产品产生怀疑。这种做法有时会降低产品的身份和地位，从而有损产品或企业的形象。因此，选择营业推广形式时应慎重。

第四，形式多样，应用普及。

【互动问题】今天，一方面，网络营销伦理把公平正义、诚实守信等作为评价网络营销者的营销行为准则和营销行为规范；另一方面，在虚拟的网络空间，人的社会角色和所要承担的道德责任都与在现实空间中有很大不同，人们可以毫无顾忌地在网上交流和真实地表达自己的想法，并且认为不需要对自己的行为和言语承担责任，网上行为的道德性突破了传统道德规范的约束。请从营销伦理和职业道德角度说说你的看法。

二、营业推广的方式

（一）对消费者的营业推广方式

其是生产商以最终消费者为对象而施行的营业推广方式，经常使用在新产品开拓市场时或现有产品需要掀起销售高潮时。其常用的方式有：

（1）赠送样品。免费让消费者试用产品，通过亲身试用，使消费者体验到产品的好处和实际利益，从而迅速接受新产品，成为新产品的购买者。

（2）购买奖酬。购买一定数量商品即可获得奖金和奖品。

（3）组合销售。将新产品与原有产品配套出售或将有连带关系的产品包装在一起出售，但价格略低于单件分别出售的价格。

（4）试用品尝。现场请消费者试饮饮料、品尝食品等。

（5）折价优待。由广告或商品包装发送的折价优待券，凭券到指定商店购买该商品，即可获得一定的价格优惠。

（6）以旧换新。将以前购买的同品牌的老产品或别的品牌的同类产品折价，再加上一定数量的现金即可换购该品牌的新产品。

（7）廉价包装。包装注明统一折价率，购买时按折价率付款；或包装上注明该包装是加大容量的包装，或购买时另赠送小容量包装的商品。

（8）抽奖。购买一定数量商品即可获得奖励券，凭奖励券数目的多少可换领不同价值的商品。

此外，还有现场展销、购物赠品、分期付款、特价优惠等。随着市场经济的不断发展，国际上通行的一些营业推广方式也逐渐被推广应用。

实例

免费摸奖促销惹麻烦

某商场推出一则促销广告："自即日起，在商场内举办摸球有奖销售活动，凡每天购买100元商品者可免费摸奖一次，多买多摸，当场兑现。"一位顾客得知这个宣传后，便专程到商场买了一台价格2400元的空调，当晚到商场参加摸奖。商场促销广告规定：顾客如果摸到三个印有数字"9"的乒乓球，就可获得头等奖5000元。然而当这位顾客拿着乒乓球来兑奖时，商场门市部的负责人却以"6"和"9"形体相反为由，拒不承认。

后来，该顾客去消费者协会投诉，商场最后还是给了这位顾客奖金5000元，但由此企业形象受到了很大影响，这位顾客从此再也不去该商场购物了。此事同时一传十、十传百……

（二）对中间商的营业推广方式

（1）免费提供陈列样品。经销商在向顾客推销商品时，需要有样品在柜台或橱窗陈列。如果生产商不予免费提供，则经销商就会减少甚至不陈列样品，这样就会减少许多成交机会。由生产商提供陈列样品，经销商就会免除样品被用或废旧引起损失的担心。

（2）推广资助。由于经销商经营的产品往往是许多企业的众多商品，因而要其专为某一企业的商品做广告或其他推广工作会被认为是不值得的。所以，要刺激其推广的积极性，就必须在推广方面给予一定的资助。一般推广资助采取的方式有：按订货量或销售额的多少发放推广津贴，专门供其进行推广所用；与经销商联合推广，如联合做广告或联合展销等，费用双方按比例分摊或全都由生产商承担；为经销商提供推广指导，如提供广告样板、专橱（专柜），设计资料，提供推广所用的材料、展品等。

（3）销售竞赛。由生产商在许多经销本企业产品的经销商中发起销售本企业产品的竞赛，对优胜者给予奖金或奖励。

（4）协助经营。由生产商对经销本企业产品的经销商以提供人员培训、派员指导、举办经营研讨会、提供经营手册、发放经营简报等形式，帮助和促进经销商经营效率的提高。

（5）发放刊物和邮寄宣传品。由生产商定期出版并向经销商免费发放有关企业生产情况及产品经营销售情况的刊物，供其了解情况，学习经营经验，提高经营效率。同时，经常向经销商邮寄广告宣传品、产品目录、样品手册等也是较多采用的方式。

（三）对推销人员的营业推广方式

（1）推销竞赛。在推销人员中举行推销竞赛活动，对优胜者给予奖励、奖金或授予某种荣誉称号，以激发士气和提高积极性。

（2）推销津贴。对推销人员按完成推销量的多少发放数量不等的津贴或奖金，以激励推销人员的工作热情。

小思考： 营业推广在市场促销活动中适宜经常使用吗？

实例

促销方式五花八门　连卖带送最受喜欢

据 IMI 市场信息研究所对北京、上海、广州地区的调查，在食品、日用品、化妆品三类商品中，三市消费者最喜欢的促销方式也不尽相同。

在列举出的 10 种促销方式中，无论哪类消费品，如“买几包多送几包”“送不同种类的礼品”“降价或打折”“容量加大但价格不变”等机会多、直接能获得好处的促销方式更为消费者所接受。而有奖销售一类获奖率低、参与程度复杂（集商标或包装寄回等）的促销方式，受消费者喜爱的程度要低很多。

若分地区来看，上海、广州消费者喜爱的促销方式比较接近。但无论从哪个方面看，“买几包多送几包”都是三市消费者最喜爱的促销方式，如表 7－10 所示。

表 7－10　消费者最喜欢的促销方式　单位：百分比

促销方式	商品种类								
	食品			日用品			化妆品		
	京	沪	穗	京	沪	穗	京	沪	穗
买几包多送几包	25.7	33.0	30.6	24.2	29.8	22.7	19.5	24.1	15.9
送折价券	5.5	10.1	8.7	10.6	12.4	14.4	10.4	13.0	14.8
打开包装有奖	15.4	12.9	6.4	12.2	8.7	4.4	12.8	9.9	6.7
奖额高但中奖率低	3.6	4.3	3.1	3.1	5.5	4.0	3.7	6.0	2.6

续表

促销方式	商品种类								
	食品			日用品			化妆品		
	京	沪	穗	京	沪	穗	京	沪	穗
送不同种类的礼品	9.4	7.9	6.7	11.0	7.7	7.5	12.3	1.1	8.9
降价或打折	11.0	12.1	12.1	17.2	21.7	17.8	11.2	16.6	14.4
容量增加但价格不变	12.3	13.0	11.4	6.0	8.0	7.5	6.7	10.0	7.9
寄回参加抽奖	1.2	2.5	0.9	1.2	1.6	0.6	1.4	2.6	1.1
集商标或包装换奖品	2.0	1.8	1.1	1.6	1.9	0.7	1.8	1.7	0.8
凭号码领奖	2.4	1.4	1.2	1.2	1.7	1.7	2.5	2.9	1.4

——选自方文：《促销方式五花八门　连卖带送最受欢迎》，载《中国消费者报》。

三、营业推广的策划

开展营业推广活动，必须进行精心策划，具体包括以下内容：

（一）确定推广目标

企业应当根据目标市场的特点和总体营销策略来确定推广目标。首先，要确定以谁为推广对象，是消费者、中间商，还是推销人员；其次，要确定期望通过营业推广促使推广对象做何反应；最后，根据推广目标确定采用何种营业推广方式。

（二）确定诱因大小

在营业推广活动中，要想获得一定的促销效果，必须提供一定的诱因（刺激物）来刺激顾客需求。但当诱因增大到一定程度以后，其刺激效率将会递减。由于诱因大小是与推广费用成正比的，因此，必须研究推广费用与销售反应之间的关系，以获得最佳的推广效率为原则，来确定合理的诱因水平。

（三）确定推广途径

确定推广途径就是确定通过什么样的具体途径来传递营业推广信息或分发刺激物。例如，实行折价优惠就可以通过在产品包装内分发优惠券，或者邮寄优惠券，或者通过广告传递折价优惠的信息等多种途径来实现。不同的途径，其推广效果、推广范围和推广成本也不一样。例如，包装只能吸引接触过产品的顾客，邮寄可以向特定的顾客推广，广告有利于大范围快速传递。

（四）确定推广时间

一是要选择推广时机。营业推广时机选择得好，能起到事半功倍的效果。例如，对于节假日需求量大的商品，应选择节假日即将到来的适当时机进行推广活动。

二是要确立推广的持续时间。持续时间过短，会使一部分潜在顾客来不及购买；持续时间过长，会给消费者造成变相降价的印象，其吸引力会逐步递减，失去刺激消费者立即购买的作用。

总之，应当利用最佳的市场机会，有恰当的持续时间，既要有欲购从速的吸引力，又要避免草率从事。

（五）确定推广预算

营业推广的预算可以用三种方式来制定：第一，参照上期费用来决定当期预算。这种方法简便易行，但必须估计到各种情况的变化。第二，比例法。即根据占总促销费用的比例来确定营业推广的费用，再将预算分配到每个推广项目。在实行中，各项目所占的比例必须根据情况灵活决定。第三，总和法。这种方法和比例法相反，先确定营业推广项目的费用，再相加得到总预算，其中各推广项目的费用包括优惠成本（如样本成本）和实施成本（如邮寄费）两个部分。

案例分析

屡屡碰壁的促销活动

一家饲料公司原来效益很好，也没有做过促销，直至其他企业后来居上，这家企业才慌了，于是召开销售人员会议。销售人员没有不抱怨的，人家企业做得多好，农民买十包饲料可以得到一件文化衫，经销商做大了组织去国外旅游。这家企业经理心想，这不是很难，我们也做得到。

江南每年6月至8月是农忙时节，农户都忙着双抢，养殖业是淡季。这位经理想，淡季一定要刺激农民，诱导农民购买。于是，该企业制作了很漂亮的文化衫。7月底，销售人员又向经理抱怨：怎么这么晚才给市场发放促销品，别的企业早就做了。原来，竞争企业在5月底就将文化衫全部发放到位，农民在双抢时根本没有时间去购买饲料。第二年该企业很早就准备好了促销品，是质量很好的香皂，因为农忙时农民每天都要洗澡，香皂是他们的必需品。但结果和预料大相径庭，经销商拒绝大量进货。销售人员从市场前线发回报告，说经销商已大量购进了竞争厂家的货品，原因是该厂开展了一个活动，承诺在市场淡季完成旺季85%销售额的经销商，可以参加企业的出国考察团，竞争厂家已经抢占了经销商的仓库和资金。

问题：

为什么该企业促销活动屡屡碰壁？

讨论分析：

个人：每位同学根据案例内容和问题，在固定的学习本上写下对本案例的看法。

小组：请同学们每4人分为一个小组，推选1人为组长，1人负责记录，通过小组讨论形成小组意见，准备在班级交流。

全班：每组选一位代表在班级发言，陈述本组观点。

教师：记录各小组陈述要点，最后做点评。

善恶研判

背景资料：

提起海尔，多数人的固有印象还停留在民族家电企业或者裤衩两兄弟的动画时代，但是如今已经33岁的海尔在国内最大微博平台上成为“新晋网红”。

这其实还要从一个网友在微博上发文称想要购买一台豆浆机说起。没想到的是，正是这条毫无炒作痕迹的普通微博，却引来了200多个官微在评论区的一片混战，该微博的转发量很快就超过12万，评论超过9万！

企业官微作为企业产品和理念的传声筒的刻板印象早已深入人心，微博里不外乎广告和抽奖，但此次联合的互动，却让众多网友惊叹：没想到你们是这样的企业号！此次互动不但让众多企业的曝光度大大提升，广告硬植入的不适感也完全消失不见，可以说这是一次典型互联网思维方式的成功网络营销案例。

当这次微博的热门事件过去之后，有人认为，企业在微博红利期高峰已过，99%的企业账号们都开始降低更新频次，削减运营团队之时，海尔却反其道而为之，不断更新微博，在各大微博红人区抢热门评论，抢回复，与网友互动，看起来和普通吃瓜群众一样，在众多网友感叹的同时也再次在微博上形成了一股热潮：没想到你是这样的海尔！

海尔的成功在于打破传统，在微博上的去官方化，致力于趣味化、年轻化，在顺应了时代的潮流、更接地气的同时，也实现了人们对于企业新的观感和美誉度。

问题：

本背景资料中存在哪些营销伦理和职业道德问题？

讨论分析：

个人：结合已经学习的内容和收集的资料，试对上述背景资料中的问题做出你的营销伦理和职业道德研判，并说明你做出营销伦理和职业道德研判所依据的行业道德和伦理规范。

小组：同学们每4人分为一个小组进行讨论，1人记录，形成小组意见，准备在班级交流。

全班：各小组推选一位代表陈述本小组观点。

教师：记录各小组陈述要点，进行点评。

参考答案

营销实训

收集营业推广实例

1. 背景资料

目前营业推广活动被很多大中型商场经常采用，请你走访附近的商场、超市，详细了解一种营业推广方式。要求记录活动名称、活动时间、针对的商品、营业推广的方式、具体操作方法、收到的效果以及获得的经验和教训。

2. 实训目标

素质目标：通过参与收集营业推广实例营销实训活动，培养同学们自我探究、小组合作和自主学习的素养。

能力目标：通过参与收集营业推广实例营销实训活动，培养同学们鉴别信息和利用信息分析问题、解决问题的能力。

知识目标：通过参与收集营业推广实例营销实训活动，让同学们熟悉营业推广、营业推广方式等内容。

3. 实训步骤

（1）学生4人分为一组，深入商场、超市，对你们感兴趣的营业推广方式进行调查了解（可以是针对批发商、零售商、营销人员，也可以是针对消费者的）。

（2）通过图书馆和网络等途径，收集营业推广的相关知识及针对不同环节的营销推广案例，为深入企业调研准备相关知识。

（3）实地收集商场、超市营业推广实例（营业推广活动的名称、时间、针对的商品或项目、营业推广的目标、营业推广活动方式及具体内容、预期收到的效果、应总结的经验和教训等资料）。

（4）每组选一位同学在班级交流，最后老师做总结点评。

4. 成果评价（见表7－11）

表7－11　收集营业推广实例实训评价表

项目（分值）	标准	小组评分	教师评分	实际得分
素质培养（30）	小组成员学习分析任务；企业调研有序；对于收集营业推广实例实训有兴趣和热情；汇报过程注意形象、礼节；讨论中发言踊跃（每个方面6分）			
能力提升（25）	营业推广实例收集按规范完成；调研总结内容完整；对收集营业推广实例总结陈述流畅；调研表格设计规范；总结分析上传到手机（每个方面5分）			
知识应用（45）	营业推广实例有时间、地点、商家、产品（每项3分）；说明营业推广的方式（15分）；总结营业推广的效果（18分）			
总成绩（∑100）				
教师评语	签名：　　年　月　日			
学生意见	签名：　　年　月　日			

任务 5　掌握公共关系促销策略

学习目标

素养目标：通过本任务必备知识的学习、案例分析、善恶研判和营销训练，培养同学们在公关促销活动中践行营销职业道德和相关法律法规的意识。

能力目标：通过本任务的案例分析和营销训练，提高同学们根据小微企业的经营活动特点，策划日常公共关系活动的专业能力。

知识目标：通过本任务必备知识的学习，能正确描述公共关系的含义、公关促销的特点和公关促销促销活动方式等陈述性知识。

任务驱动

思考：有人认为大多数小微企业面向社区或当地顾客，不需要搞好公共关系。你同意这种看法吗？为什么？

提示：任何企业都要面对顾客，也必然与顾客交流沟通，与顾客构建良好的关系。公共关系就是通过产品、服务、事件等活动进行良好的沟通交流，搞好企业与公众的关系，从而促进销售。

必备知识

公共关系是另一个主要的大众传播工具，即通过获得有利的公众传播而与企业的不同客户建立良好的关系，树立良好的“企业形象”。公共关系促销可以远远低于广告的代价而对公众心理产生较强的影响。它带来的可信度要比广告高得多。很多企业员工都有很强的公共关系意识，良好的公共关系为企业打造品牌效应做出了贡献。

一、公共关系及其特点

公共关系是指社会组织运用沟通手段使自己与公众相互了解和相互适应，以争取公众的理解、支持和协作的一系列管理活动。公共关系活动有利于树立企业的良好形象，沟通与协调企业内部以及企业与社会公众的各种联系，有利于创造良好的市场营销环境。

公共关系作为促销组合的一个重要组成部分，与其他方式相比，具有以下特点：

第一，从公共关系目标考查，公共关系注重长期效应。公共关系要达到的目标是树立企业良好的社会形象，创造良好的社会关系环境。实现这一目标，需要企业长期不懈的努力。企业通过各种公共关系策略的运用，能树立良好的产品形象和企业形象，从而能长时间地促进销售，稳固地占领市场。

第二，从公共关系对象看，公共关系注重双向沟通。公共关系的工作对象是各种社会关系，包括企业内部和外部两大方面，企业不是孤立的经济组织，而是相互联系的“社会大家庭”中的一分子，每时每刻都与其相关的社会公众发生着频繁广泛的经济联系和社会联系。所谓企业公共关系，就是指要与这些社会公众建立良好的关系，既要了解公众，又要让公众认识企业，愿意购买企业的产品和接受企业提供的服务。

第三，从公共关系手段看，它注重间接促销。公共关系的手段是有效的信息传播，而这种信息传播并不是直接介绍和推销商品，而是通过积极参与各种社会活动，宣传企业营销宗旨，联络感情，扩大知名度，从而加深社会各界对企业的了解和信任，达到促进销售的目的。

【互动问题】 今天工作不努力，明天努力找工作；没有不好的客人，只有不好的服务；微笑是最美的语言，文明是我们的信念。请从营销伦理和职业道德角度分析，你同意以上说法吗？为什么？

二、公共关系的主要内容

对于企业而言，公共关系的主要外部公众由顾客、供应商、竞争者、新闻媒介、金融机构、政府等组成。

（一）与顾客的关系

在市场经济条件下，企业生存和发展的关键在于其产品能否卖出去。要想把产品卖出去，必须有顾客，在企业和顾客之间存在着共同利益，顾客购买企业的产品，自身的需要得到满足；企业把产品卖出去，收回资金并获得利润，双方的愿望得以实现。由此可见，企业和顾客之间存在着一种合作和依赖的关系。企业为顾客提供了满意的产品和服务，从而使顾客对产品，进而对企业产生信赖感，成为企业的忠诚顾客。顾客对企业的忠诚是企业的无形资产。顾客的忠诚感可以使其成为企业的忠诚顾客，使企业有一个相对稳定的顾客群。研究表明，寻找新顾客的成本要比维持现有的顾客成本高 5 倍多。顾客的忠诚使其产生重复购买行为，这会在自身的群体中产生传播效应。

因此，企业必须要尊重顾客的态度，认真听取顾客的意见，了解顾客的需要，明确顾客的期望，从而极大限度地满足顾客的消费需要。

此外，也要加强对顾客的教育和引导，及时地让顾客了解组织的产品和服务，扩大组织与产品的知名度，让顾客买到自己所喜爱的商品，并能正确有效地使用。

（二）与供应商、分销商的关系

对于大多数企业来说，它不可能也没有必要独立完成从原材料的生产到产品的销售这一全过程，较为普遍的模式是从供应商到企业，再到分销商，直至最终顾客的传统模式。因此，一般认为，供应商和分销商会使企业的收益降低，企业与供应商、分销商之间存在着竞争，但是实际上，企业与供应商、中间商、分销商之间也有共同的利益。在信息社会里，竞争不仅仅是公司之间的竞争，而且是网络之间的竞争。借助于先进的信息系统，供应链中所有的参与者都运用最新的现货销售信息，就是说，供应链中所有的参与者成为信息伙伴，他们实现了信息共享和利益分享，形成了从供应商到企业、再到分销商之间的关系，不仅有竞争，更重要的是有合作，这种合作使各方之间获益最大。

（三）与竞争者的关系

中国有句俗语叫“同行是冤家”。同行之间竞争，通常把商场比作战场。事实上，竞争者之间可以建立起双赢的关系，而不一定都是竞争关系。竞争者合作，可以使合作各方获得更多的利益。其合作形式，可以是在某一特定营销活动内容上的水平合作，如两个或几个企业联合开发某一新产品；也可以是在不同营销活动内容上分别承担某一营销活动，最终均赢的垂直合作。竞争者之间的合作还可以通过签订协议实行特许经营，也可以通过组织企业集团来实现。

（四）与新闻媒介的关系

在现代信息社会，媒介公众有着巨大的影响力。组织建立与媒介公众的良好的关系，对促进企业销售工作有重要作用，能为企业营销工作创造良好的舆论氛围。一般来说，公众舆论的形成取决于组织、公众和媒介之间的相互关系以及他们对社会规范的意识。公众是舆论的主体，是舆论的制造者，他们通过媒介来形成对组织有利或不利的舆论。媒介公众长期从事信息传播工作，颇受广大公众信任，成为公众的代言人，是引导和影响民意及造成社会舆论的主要力量。媒介对组织和公众的态度都直接关系到公众舆论的形成，在公众与组织之间的矛盾和纠葛面前，相对地容易倾向公众一边。如果组织与媒介公众的关系较好，那么可能就不会形成不利于组织的舆论了。因此，建立良好的媒介关系，有利于实现与社会公众的有效沟通。

实例

小米文化

小米的使命：始终坚持做“感动人心、价格厚道”的好产品，让全球每个人都能享受科技带来的美好生活。8年前，小米公司成立时就有一个宏大的理想：改变商业世界中普遍低下的运作效率。小米有勇气、有决心、有毅力推动一场深刻的商业效率革命，把每一分精力都专心投入做好产品，让用户付出的每一分钱都足有所值。在众多领域小米都以一流的品质、紧贴成本的定价彻底改变了行业面貌，大大加速了产品普及。

小米的愿景：和用户交朋友，做用户心中最酷的公司。优秀的公司赚的是利润，卓越的公司赢的是人心。小米是一家少见的拥有“粉丝文化”的高科技公司。对于小米而言，用户非上帝，用户应是朋友。为感谢米粉的一路相伴，小米将4月6日这一天定为“米粉节”，每年4月初都会举办盛大活动与米粉狂欢。同时自2015年起，每年年底小米都会举办小米家宴，邀请米粉回家吃“团圆饭”。同时，小米员工还会自发地为米粉手写10万张明信片，这是小米不一样的地方，是小米人发自内心、一笔一画亲手表达的情感，这是对愿景的最好诠释，这是和米粉交朋友的实际行动。

小米的核心价值观：真诚、热爱。真诚就是不欺人也不自欺；热爱就是全心投入并享受其中。2010年，小米创始人共饮一碗小米粥，开启了小米加步枪干革命的故事。2018年的员工5周年活动上，雷军说道：“老员工是小米最宝贵的财富，没有老兵，没有传承。没有新军，没有未来。”感谢有一帮志同道合的小伙伴，一起哭，一起笑，一起战斗！岁月数载，初心不变，始终真诚，永远热爱。

三、公共关系活动形式

（一）发现和创造新闻

企业要积极主动地、经常地与新闻界保持联系，了解新闻报道的重点及新闻动向，并经常、及时地向新闻界提供具有新闻价值的本企业信息。同时，公关人员要善于发现和创造对组织及其产品有利的新闻，以吸引新闻界和公众的注意，增加新闻报道的频率，从而扩大企业及其产品的影响和知名度。

（二）介绍情况、回答问题和发表演讲

企业营销人员要利用各种场合、各种机会，灵活地运用公共关系与语言艺术，及时地介绍企业及其产品情况，回答公众关心的问题，或者在有关业务会议上发表演讲。这也是提高企业及其产品知名度的一种有效形式。

（三）参与社会活动

企业积极参与社会活动和支持公益事业，如赞助文化、体育活动，捐资助学，扶贫，救灾等，能够树立企业关心社会公益事业、承担一定的社会责任和社会义务的良好形象，有利于提高企业广告宣传的影响面和影响力，有利于建立与其他社会组织的友谊和感情，有利于赢得公众的好感和信任。

（四）策划专门性公关活动

企业根据营销活动的需要，可以安排一些特殊的事件来吸引公众对自己和自己产品的注意。例如，可以通过召开新闻发布会、研讨会或展览会，举行某种庆典活动等。这是企业与其他组织和社会公众沟通信息、交流感情的好机会，是企业信息迅速、广泛传播的有效途径。

实例

公关促销

大连某著名化妆品公司在推出新产品之际，为了建立长久的企业品牌形象，提高企业声誉，激发潜在消费，采取了向该市女民警赠送该品牌最新系列美容护肤品的促销手段。企业开展赠送活动后，名声大振，当地众多美容院开始经营该企业的新产品。

（五）导入 CIS

所谓 CIS，是企业形象识别系统（Corporate Identity System）的简称。导入 CIS，就是综合运用现代设计和企业管理的理论和方法，将企业的经营理念、行为方式及其个性特征等信息加以系统化、规范化和视觉化，以塑造具体的可感受的企业形象。企业可以通过一

定的媒体来传播这种视觉化的形象，例如，将代表其形象的视觉符号（色彩、字体、图案、符号等）印制在企业的建筑物、车辆、制服、业务名片、办公用品、产品包装、文件、招牌等上面。通过导入CIS，可以更具体、详细、直观地表达组织形象，它的传播也比较容易被公众所接受，也使公众对组织形成一个比较完整、系统的印象，有利于扩大组织知名度，形成良好的组织形象，从而促使社会公众认同企业形象，接受企业的产品。

（六）散发宣传材料

企业可以制作各种宣传资料广为散发和传播，向公众传递有关企业及产品的信息。宣传资料可以是印刷资料，如企业宣传册、年度报告、企业刊物等；也可以是音像资料，如幻灯片、录音带、录像带、光盘等。

小思考：以企业或产品名称命名的体育比赛、文艺比赛，属于哪种公共关系活动形式？

案例分析

顾客争吵时肯德基怎么办？

一家肯德基餐厅落户南昌，开张数周，非常火爆，不想一位占座女顾客被殴打，而向报社投诉肯德基，造成一场不小的风波。事件经过大致如下：一位女顾客用所携带物品占座位后，去排队购买套餐时，座位被一位男顾客坐住而发生争执，先是两位顾客争执，尽管已引起其他顾客的注意，但都没太在意，此次餐厅的员工也没有及时平息两人的争端。接着两人争吵上升到大声争吵，周围所有顾客都开始关注事态，邻座的顾客就停止用餐，离座回避。带小孩的家长则担心事态危险和小孩受到粗话影响，开始领着小孩离店。最后两人争吵上升到斗殴，男顾客大打出手，打伤女顾客离店，别的顾客也纷纷离座外逃或远远地看热闹。女顾客非常气愤，当即要求餐厅对此事负责并加以赔偿，到此时其影响力还局限于人际范围，如果餐厅经理能满足顾客的要求。女顾客就不至于去报社投诉，但餐厅经理表示这是顾客之间的事情，客户应该自己负责，拒绝了女顾客的要求。女顾客马上打电话向《南昌晚报》和《江西都市报》两报投诉，两报立即派出记者到场了解事件的经过，女顾客陈述了自己的看法，并坚持自己的要求。虽然，餐厅经理在接受采访时对女顾客被殴表示同情和遗憾，但是认为餐厅没有责任，不能做出道歉和赔偿。两报很快对此事做了报道，引起众多市民的议论和有关法律专家的关注。事后根据《消费者权益保护法》，肯德基被认为对此事负有部分责任，向女顾客公开道歉并赔偿了部分医药费，两报对此也都做了后续报道。

问题：

通过本案的例学习，你有哪些启发？请从企业公共关系的角度谈谈你的看法。

讨论分析：

个人：每位同学根据案例资料和问题，在固定的学习本上记下自己的思考。

小组：每小组6位同学，1人为组长，1人记录，小组成员都要陈述自己的观点，讨论后形成小组意见，准备在班级交流。

全班：各组派一位代表陈述本组观点。

教师：记录各组陈述要点，最后做点评。

善恶研判

背景资料：

对企业内部员工，由于企业过分追求经济效益，不遵守国家的《劳动法》，不经员工同意，随意延长工作时间，加大工作量或提高劳动强度；而对员工多付出的劳动，不支付任何报酬；员工的工作环境普遍较差，甚至工作条件达不到最低安全卫生标准；企业对员工的劳动保护意识淡薄，缺乏必要的劳动保护措施，导致事故发生率相对较高。

问题：

本背景资料中存在哪些营销伦理和职业道德问题？

讨论分析：

个人：结合已经学习的内容和收集的资料，试对上述背景资料中的问题做出你的营销伦理和职业道德研判，并说明你做出营销伦理和职业道德研判所依据的行业道德和伦理规范。

小组：同学们每 4 人分为一个小组进行讨论，1 人记录，形成小组意见，准备在班级交流。

全班：各小组一位代表陈述本小组观点。

教师：记录各小组陈述要点，进行点评。

参考答案

营销实训

收集公共关系促销实例

1. 背景资料

公共关系促销在商业活动中随时都能用到，它对树立企业的良好形象，沟通与协调企业内部以及企业与社会公众的各种关系，创造良好的市场营销环境有重要的作用。请同学们走访附近的商场、超市，收集企业在公共关系方面成功或失败的实例，作为互相学习的资料在班级交流展示。

2. 实训目标

素质目标：通过参与收集公共关系促销实例营销实训活动，培养同学们自我探究、小组合作和自我管理的素养。

能力目标：通过参与收集公共关系促销实例营销实训活动，培养同学们鉴别信息、搜集信息和解决问题的能力。

知识目标：通过参与收集公共关系促销实例营销实训活动，让同学们熟悉公共关系、公共关系内容、公共关系方式等内容。

3. 实训步骤

(1) 学生 2 人分为一组，深入商场、超市收集有关公共关系促销的实例，也可从图书馆和网络上收集有关公共关系促销的相关知识和典型案例。

（2）收集总结的公共关系促销实例，必须说明商场、时间、事件、公共关系促销活动方式，公共关系促销目标和实际收到的效果，给企业营销工作的启示等内容，形成一个完整的公共关系促销案例。

（3）每个小组选一位同学在班级交流，最后老师做总结。

4. 成果评价（见表7-12）

表7-12　收集公共关系促销实例实训评价表

项　目（分值）	标　准	小组评分	教师评分	实际得分
素质培养（30）	小组成员学习分析任务；企业调研有序；对于收集公共关系促销实例实训有兴趣和热情；汇报过程注意形象、礼节；讨论中发言踊跃（每个方面6分）			
能力提升（25）	实例收集过程符合规范和要求；调研总结内容完整；对收集公共关系促销实例陈述流畅；调研表格设计规范；总结分析上传到手机（每个方面5分）			
知识应用（45）	实例收集有时间、商场、事件（每个方面5分）；公共关系促销活动方式（7分）；公共关系促销目标（7分）；实际收到的效果（8分）；给企业营销工作的启示（8分）；每项内容符合要求即可给分			
总成绩（Σ100）				
教师评语	签名：　　年　月　日			
学生意见	签名：　　年　月　日			

练习与实训

一、基本概念

促销　　促销组合　　人员推销　　商业广告　　营业推广　　公共关系

二、填空题

1. 人员推销的程序包括________、________、________、________、________、________六个步骤。

2. 企业使用最频繁的四大媒体是________、________、________、________。

3. 对推销人员的营业推广方式包括__________、__________两种。

4. 企业公共关系活动包括__________、__________、__________、__________、__________、__________六种形式。

5. 确立广告预算的方法有__________、__________、__________等。

三、选择题

1. 旨在鼓励购买的各种短期激励手段称为（ ）。

A. 广告 B. 人员推销 C. 销售促进 D. 营业推广

2. 儿童产品促销选择（ ）媒体效果最好。

A. 报纸 B. 电视 C. 广播 D. 杂志

3. 一家公司推销大型的机器设备，可选择（ ）促销手段，效果最佳。

A. 上门推销 B. 路牌广告 C. 公共关系 D. 营业推广

4. 现代营销认为，促销形式包括（ ）。

A. 人员促销 B. 广告宣传 C. 营业推广 D. 非人员促销

5. 企业公共关系的对象是（ ）。

A. 社会组织 B. 公众 C. 中间商

6. 下列四种促销手段中，（ ）是介绍新产品最有效也是最昂贵的方法。

A. 免费样品 B. 优惠券 C. 现金折扣 D. 竞赛

7. 赞助残疾儿童福利院等，这是赞助活动中的（ ）方式。

A. 赞助教育事业 B. 赞助宣传用品的制作

C. 赞助其他活动 D. 赞助社会慈善和福利事业

四、判断题

1. 促销的实质是一种沟通活动。（ ）

2. 人员推销是一种“拉式”促销策略。（ ）

3. 公共关系的目标是塑造企业形象。（ ）

4. 营业推广是一种以激励消费者购买和经销商经营的积极性为主要目标的辅助性、短暂性的促销措施。（ ）

5. 广告是现代企业宣传推广产品的主要形式。（ ）

五、简答题

1. 影响促销组合的因素有哪些？

2. 人员推销的特点是什么？

3. 针对消费者的营业推广方式有哪些？

4. 企业进行广告宣传时选择广告媒体应考虑哪些因素？

5. 企业如何通过公共关系促销？

6. 某销售人员上年的销售额是1620万元，在其所在的大区里占到了18%的销售份额。其所在的区域对整个大区销售潜力的12%负责。如果销售人员的雇主要求整个大区下年达到10000万元的销售目标（相当于比上年增加了1000万元），那么该销售人员的个人销售目标可以根据对历史销售记录和销售潜力的权重比例来进行计算，下面是四种计算方式：

（1）基于上年的销售额设定的销售目标：

$18\% \times 10000 = 1800$（万元）

（2）基于销售潜力设定的销售目标：

$12\% \times 10000 = 1200$（万元）

（3）基于上年销售份额设定的销售目标 + 销售潜力 × 增长：

$1620 + 12\% \times 1000 = 1740$（万元）

（4）销售分配的加权份额，比如上年的销售额和销售潜力各被赋予50%的权重 $= 18\% \times 50\% + 12\% \times 50\% = 15\%$。则基于销售分配的加权份额设定的销售目标：

$15\% \times 10000 = 1500$（万元）

请问：上述哪一种办法对于设定该销售人员的销售目标比较好？为什么？说出你的理由。

7. 五一国际劳动节即将来临，各大商场都在策划节日促销活动。现有某电器原价1000元，下面是三家家电卖场展示的POP促销提示：

（1）××商品9折出售；

（2）××商品折扣10%；

（3）××商品直降100元。

请分析上述三家家电卖场的POP广告，你赞同哪一家卖场的POP促销提示？说明你的理由。

8. 李强的服装店雇用了3个销售代表，每年的销售额为100万元，平均贡献毛利为30%，租金是5万元，每个销售代表的工资和津贴等为5万元。如果再雇用一个销售代表，李强需要增加多少销售额才能达到盈亏平衡？

9. 在A城市中，某三星级酒店已初具规模。其他酒店并不专供上等酒，而它则是唯一一家。在这座城市，即使拥有相当数量受过良好教育、收入中等的居民，酒店也不能像大城市那样保证一批常客。该酒店所处的位置很理想——在商业区，并靠近许多宾馆、酒店，装修舒适，目前已营业了6个月。该酒店的午餐生意兴隆，希望扩大晚餐的营业规模，但酒店老板付不起昂贵的广告费，只能拿出1万元。请同学们结合本地的实际情况，了解两家类似酒店的营销状况，为该酒店策划一个营销方案来扩大新业务。（800—1000字）

10. 晋粤贸易有限公司成立5周年之际，想在当地报纸上做广告以示庆贺。请参阅有关类似资料，为该企业撰写一份公关广告文案。

六、案例分析

1. 为纪念“肯德基”进入上海10周年，上海“肯德基”特别制作了一套“肯德基”10周年纪念套卡、明信片，每套30元，共计6款。凭每套明信片上的剪角可在肯德基餐厅消费价值30元的食品，该明信片可以“让你写下美好的心愿，传递衷心的祝福”，集齐一套6张，拼成一幅肯德基10周年欢乐图，置入镜框收藏，更别有情趣。

分析：

（1）“肯德基”的促销属于促销中的哪种方式？

（2）“肯德基”促销的定位是什么？

（3）“肯德基”为什么选择花花绿绿的明信片作为促销工具？这与它的定位有联系吗？此促销方案有什么可改进的地方？

2. 百事食品公司在近一个月的时间内，每个周末举办“赏心乐事”，一刮即中抽奖活动。消费者只要携带收集的6个55克装或12个25克装“乐事”薯片包装袋，到指定地点换取刮刮卡一张，当场刮开即可获奖。其中含40份一等奖，价值2000元的双人双飞厦门；200份二等奖，价值700元的“飞利浦”小家电；三等奖，价值12元的“乐事”水杯。每人每次限刮10张刮刮卡。

分析：

（1）“百事”的促销属于促销中的哪一种方式？

（2）“百事”的促销与同类促销相比，有何特点？

（3）“百事”为何不考虑将刮刮卡直接放在产品包装袋中？这样做有何好处？

七、综合实训

实训任务　促销策略实训

1. 背景与情境

你已经学完了促销策略的内容，知道什么是促销，也明白了人员促销、广告促销、营业推广、公共关系促销等促销方式的具体内容，你们也到过许多商场，见过许多促销活动，但这些活动具体怎样实施的？为什么这样实施？你还不太清楚，你想深入了解一下企业促销活动是怎样组织实施的和为什么这样做。

2. 实训目标

（1）素质目标：会用促销策略中相关术语与企业营销人员进行沟通，具有营销伦理道德和信息安全意识。

（2）能力目标：通过调研，熟悉企业促销时机把握、促销方法应用的相关规范要求，并能结合企业经营特点、产品特性等提出选择运用促销策略建议。

（3）知识目标：通过调研，结合企业实际，深入理解人员促销、营业推广、广告促销、公共关系促销等陈述性知识。

3. 实训步骤

（1）每组4人，其中1人为组长，由组长组织成员讨论成员分工，明确调研思路，按分工各负其责，相互配合，积极完成任务。

（2）根据本组所选企业经营商品类别，选择日常经营和重大节日两种情景进行促销调研。

（3）实际调查前可通过网络和图书馆搜集促销策略相关资料。

4. 实训成果及要求

（1）每组撰写一份促销调研报告，报告要说明调查了什么企业日常产品的经营，什么重大节日，日常经营是如何促销的，重大节日又是如何促销的，详细记录相关促销活动的过程和细节，并说明理由。

（2）报告呈现的形式各组自定，报告不少于2000字。

5. 实训时间（2课时）

在学生学习本项目内容开始时，即可让学生分组，布置本实训任务，利用课余时间去企业进行调研，并积极撰写调研报告。在本项目学习完后，用2个课时让各小组介绍展示本组报告，其他组同学可发表个人意见，最后由老师点评。经过展示点评，各组认真修改完善实训报告，并把修改后的报告在班级微信平台展示交流。

6. 实训评价（见表7－13）

表7－13　　促销策略实训评价表

项　　目	评价标准	分　值	小组个人自评（30%）	小组成员互评（30%）	教师评价（40%）	小　　计
素养培养（∑30）	参与实训的态度端正，积极性高，纪律性强，小组讨论积极踊跃	10				
	养成细致、严谨的工作作风，能主动提出关于促销策略的相关问题，商业伦理道德和信息安全意识强	10				
	能够结合实训认识到促销策略在营销活动中的重要价值	10				
能力提升（∑20）	能将所学的促销策略知识运用到实训任务中，学以致用	10				
	正确分析促销策略的时机和方法选择	10				
知识应用（∑20）	了解促销、人员促销、营业推广、广告促销、公共关系促销等知识	10				
	掌握常用促销方式的注意事项	10				
项目成果展示（∑30）	能够独立完成实训，完成任务及时、主动，并能主动提出问题，解决问题	10				
	促销策略实训报告结构完整，无错别字	10				
	促销策略实训报告展示形式新颖，语速恰当，语言流畅，有感染力	10				
合计		100				

参考答案　　项目七 PPT

主要参考书目

1. 郭国庆:《营销理论发展史》，中国人民大学出版社 2009 年版。
2. 詹姆斯·L. 伯罗:《市场营销》，电子工业出版社 2011 年版。
3. 李宇红:《职业教育分级制研究》，中国财富出版社 2012 年版。
4. 王妙，冯伟国:《市场营销学实训》，复旦大学出版社 2007 年版。
5. 程淑丽:《营销管理工作细化执行与模板》，人民邮电出版社 2008 年版。
6. 侯贵生，彭澜:《市场营销学概论与实务》，中国财政经济出版社 2015 年版。
7. 科特勒:《市场营销原理》，机械工业出版社 2013 年版。
8. 侯贵生:《市场营销综合实训教程》，重庆大学出版社 2005 年版。
9. 任会福，李娜:《市场营销理论与实务》，人民邮电出版社 2011 年版。
10. 何永祺:《基础市场营销学》，暨南大学出版社 2004 年版。
11. 胡德华:《市场营销实务》，人民邮电出版社 2011 年版。
12. 李萍:《市场营销》，冶金工业出版社 2008 年版。
13. 范慰慈:《营销师》，中国劳动社会保障出版社 2006 年版。
14. 李宇红:《市场营销理论实践教程》，人民邮电出版社 2009 年版。
15. 吴勇:《市场营销（第三版)》，高等教育出版社 2012 年版。
16. 张卫东:《市场营销理论与实训》，电子工业出版社 2011 年版。
17. 方凤玲:《市场营销理论与实训》，人民邮电出版社 2011 年版。
18. 贺慈浩，贺燕敏:《市场营销学》，科学出版社 2000 年版。
19. 杨丰盛，吴志军:《市场营销学》，经济管理出版社 2001 年版。
20. 陶铁胜:《市场营销理论与实务》，上海三联书店 2000 年版。
21. 陈水芬，余丽，叶枫:《现代市场营销学》，浙江大学出版社 2001 年版。
22. 吕一林:《市场营销学》，中国人民大学出版社 2014 年版。
23. 吕一林，岳俊芳:《市场营销学》，科学出版社 2016 年版。
24. 张润琴:《市场营销基础》，高等教育出版社 2017 年版。
25. 于丽娟:《走进营销》，高等教育出版社 2016 年版。
26. 张素洁:《营销素养训练》，东北财经大学出版社 2015 年版。
27. 孟韬:《市场营销——互联网时代的营销创新》，中国人民大学出版社 2018 年版。
28. 郭国庆:《市场营销通论》，中国人民大学出版社 2016 年版。